Christoph Reuter

Alle sind musikalisch (außer manche)

CHRISTOPH REUTER

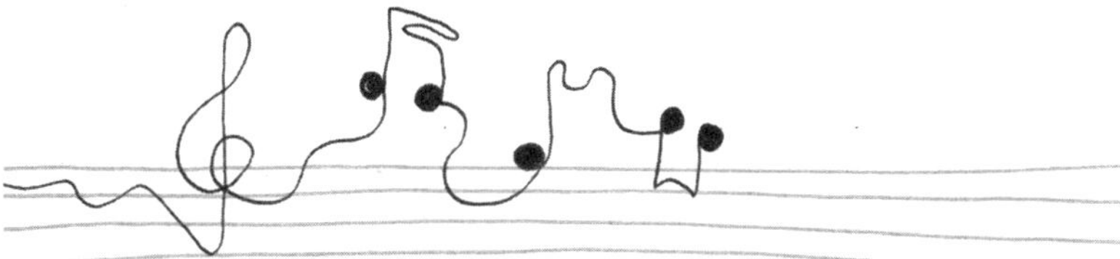

ALLE SIND MUSIKALISCH

– außer manche

Alles über die
wunderbare Welt der Musik –
und der Beweis, dass wir
viel musikalischer sind,
als wir denken

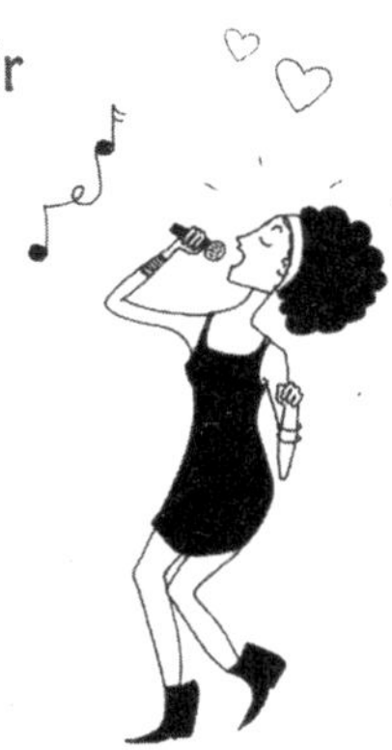

**Mit Illustrationen
von Inka Hagen**

HEYNE

Im Interesse der Lesbarkeit wurde auf geschlechtsbezogene Formulierungen verzichtet. Selbstverständlich sind immer Frauen und Männer und andere gemeint, auch wenn explizit nur eines der Geschlechter angesprochen wird.

MIX
Papier aus verantwortungsvollen Quellen
FSC® C083411
FSC www.fsc.org

Penguin Random House Verlagsgruppe FSC® N001967

Originalausgabe 2021

Redaktion: Angelika Winnen
Illustration und Umschlaggestaltung: Inka Hagen, www.inkahagen.de,
unter Verwendung eines Fotos von © Frank Eidel
Satz: Satzwerk Huber, Germering
Druck und Bindung: CPI books GmbH, Leck
Printed in the Czech Republic
ISBN: 978-3-453-21803-1
www.heyne.de

INHALT

GEBRAUCHSANLEITUNG

Was erwartet Sie in diesem Buch? Ein humorvoller Einblick in die unerschöpfliche Welt der Musik und der ultimative Beweis, dass Sie musikalisch sind! Ich gebe zu, das ist gewagt. Aber es wird definitiv Spaß machen! Zumindest meistens. Die einzelnen Geschichten habe ich mit viel Freude zusammengestellt, um Ihnen dieses Thema in überschaubaren Portionen näherzubringen. Lassen Sie sich nicht von der Vielzahl der Kapitel aus dem Takt bringen. Sie können dieses Buch an jeder Stelle zu lesen beginnen und auch springen. Es sind kurze Kapitel, die in sich geschlossen sind. Das Buch folgt keinem klassischen Aufbau, der rote Faden ist meine Begeisterung für die Musik. Im Mittelpunkt stehen Geschichten über die Musik im Allgemeinen, über einzelne Instrumente, Musiker, Erfinder, musikalische Stile, über Kreativität und wie man sie etwas besser koordinieren kann. Im hinteren Teil des Buches finden Sie sogar einige Kapitel über die Musiktheorie. Hier können Sie auf entspannte Art das Notenlesen lernen und bekommen die Bedeutung der Harmonie erklärt. Die Theorie ist ein weites Feld und heißt ja Musiktheorie, weil es eine Theorie ist und nicht ein Musikgesetz, das man mathematisch beweisen kann.

Lesen Sie wild durcheinander oder ordentlich. Wie Sie mögen. Es gibt in der Musik kein »richtig oder falsch«. Am Ende geht es um die ewigen Fragen: War es interessant? Hat es mich erreicht? Habe ich etwas dazugelernt? Und diese Fragen beantwortet der Beethovenliebhaber erwartungsgemäß anders als ein Stefanie-Hertel-Fan. Bleiben Sie neugierig.

Für wen ist dieses Buch? Für Musikliebhaber. Wenn Sie am Abend vor dem Einschlafen noch drei unterhaltsame Seiten lesen wollen und dabei Neues oder Kurioses erfahren möchten, ist das Buch perfekt für Sie. Wenn Sie alles in einem Rutsch durchforsten, natürlich auch. Und wenn Sie normalerweise *nur* Klassik oder *nur* Schlager oder *nur* Jazz hören, werden Sie feststellen, dass es viel mehr Verbindendes zwischen den Musikstilen gibt, als man gemeinhin denkt.

Am Ende jedes Kapitels bekommen Sie einen oder mehrere Ohrwürmer aus den unterschiedlichsten Genres geboten. Die dürfen Sie gerne laut nachsingen und Ihre Umgebung erfreuen. Sie können auch weitere Ohrwürmer hinzufügen, seien Sie aktiv. Seien Sie musikalisch!

Am Ende von einigen Kapiteln können Sie sogar Ihr Wissen testen und eigene Gedanken aufschreiben.

Wenn Sie Fragen haben, schreiben Sie mir eine Mail oder kommen Sie gern zu meinen Livekabarettprogrammen. Willkommen in der großen Welt der Musik!

ALLE SIND MUSIKALISCH!

(AUSSER MANCHE) – DER ULTIMATIVE 100-PROZENTIG GEPRÜFTE TEST IHRER MUSIKALITÄT

Bin ich musikalisch? Diese Frage haben sich fast alle Menschen schon gestellt. Sie sich sicherlich auch, denn wenn Sie dieses Buch in den Händen halten und den Titel aufmerksam gelesen haben, gab es möglicherweise diese kleine Stimme im Kopf, die Sie nicht in Ruhe ließ. Bin ich musikalisch? Nun, wie lautet Ihre Antwort? Ja / Nein / Vielleicht. Jetzt ehrlich. Was würde Ihre Mutter sagen? Ihr Ex-Partner? Warum glauben Sie, dass Sie musikalisch oder unmusikalisch sind? Kurz und knackig in fünf Sekunden? Keine Bange, diese zentrale Frage können Sie nach der ersten Seite zufriedenstellend beantworten.

Wenn Sie denken, oh, ich gehöre sicher zu den »manchen«, dann machen Sie den folgenden Test. Summen Sie ganz leise den Anfang von »Happy Birthday« (jetzt summen). Danke, das reicht. Haben Sie die ersten zwei Töne gesummt? Ja? Gratulation! Dann habe ich eine unglaublich frohe Botschaft für Sie: Jeder Mensch, der zwei Töne unterscheiden kann, ist wissenschaftlich gesehen musikalisch – und umgekehrt. Okay, historisch gab es Ausnahmen, Beethoven hat am Ende gar nichts gehört und war trotzdem sehr musikalisch. Aber Sie sind es auch! Klopfen Sie sich auf die Schulter und freuen Sie sich, egal, was der Musiklehrer in der Schule zu Ihren Fähigkeiten des Satzgesanges gesagt hat. Egal, welcher Herzensmensch meinte, dass Sie das sehr schön auf der Blockflöte gespielt hätten, aber Ruhe sei auch toll und die Musik sollte man doch Profis überlassen. Egal, ob Sie gefragt wurden: »Stimmst du noch oder spielst du schon?« Sie sind musikalisch!

Hören Sie, ob ein Ton tief oder hoch ist? Ja, na klar. Hören Sie, ob ein Ton laut oder leise ist? Ja, na klar. Hören Sie, ob die Musik traurig oder fröhlich ist? Ja, na klar. Hören Sie, ob Musik harmonisch schön oder sehr schräg klingt? Ja klar, Sie denken, was für doofe Fragen. Super, genau deswegen müssen Sie musikalisch sein, weil Sie diese Fragen locker beantworten können.

Sie sind sogar so musikalisch, dass Sie Musik hören, selbst wenn gar kein Instrument erklingt. Ich spiele für Sie nun auf meinem imaginären Flügel. Es ist ein großer schwarzer Flügel von der berühmten Firma Steinway & Sons, der allerdings nur in Ihrem und meinem Kopf existiert und ausnahmsweise auf dieser Buchseite zu sehen ist. Kostet weniger als in echt, klingt aber mindestens genauso gut. Ich spiele für Sie den berühmten Hochzeitsmarsch von Richard Wagner. Genau den, der im Film immer gespielt wird, wenn jemand heiratet. Sie wissen schon: dada dadaa, dada dadaa … Und, hören Sie ihn? Dass Sie auch nur zwei Töne vom Hochzeitsmarsch gehört haben, obwohl keiner um Sie herum etwas hört, beweist: Sie müssen musikalisch sein!

Fast alle Menschen singen unter der Dusche oder im Auto inbrünstig mit, fast alle haben als Kinder vor dem Spiegel mit der Haarbürste als Mikrofon Lieblingslieder geträllert und sich vorgestellt, auf einer großen Bühne zu stehen, fast alle.

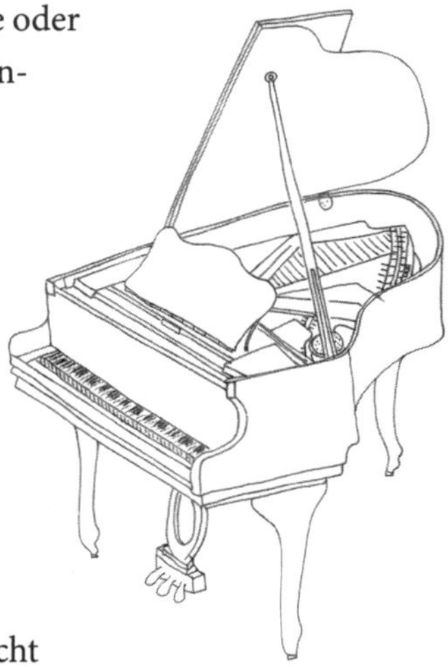

Wenn Sie also nicht zu den ganz wenigen amusischen Menschen zählen, die wirklich keine zwei Töne unterscheiden können und für die Musik nur Krach und ein ätzendes Geräusch ist, dann ist dieses Buch eine Einladung, in die wunderbare Welt der Musik einzutreten. Denn Musik macht nicht nur Freude – das sowieso –, wer Musik macht, hat mehr vom Gehirn fürs gleiche Geld. Musik ist eine Art Gehirndoping. Sie hat die Macht, unser Gehirn zu verändern, fast wie Knetmasse. Und das nicht nur in jungen Jahren, sondern bis ins hohe Alter. Vergessen Sie Kreuzworträtsel oder Sudoku. Machen Sie Musik. Singen Sie, spielen Sie ein Instrument. Ihr Gehirn wird es Ihnen danken.

Hier finden Sie nun ein Liste mit den ersten Ohrwürmern, die Sie gerne endlos erweitern können:

Ohrwurm der Stunde

* »Happy Birthday«
* »Hochzeitsmarsch« von Richard Wagner
* »Musikkritiker« von Georg Kreisler

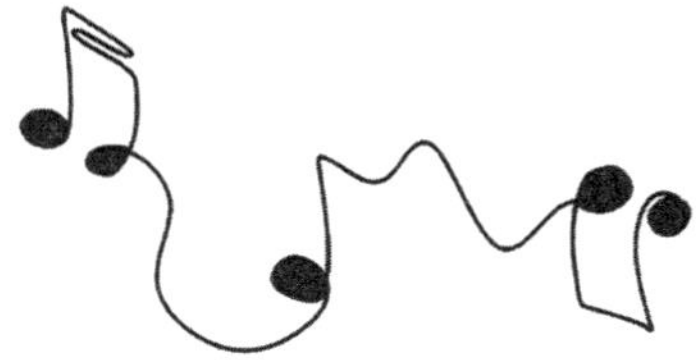

MUSIK IN DER NATUR

ODER WELCHES SIND DIE MUSIKALISCHSTEN TIERE?

Woher kommt die Musik? Die Wahrheit ist: Wir Menschen haben die Musik nicht erfunden. Wir sind dafür auf dieser Erde schlicht zu spät in Erscheinung getreten. Musik gibt es schon viel länger als uns Menschen. Wir kennen beispielsweise über 4000 Singvogelarten, darunter Amsel oder Lerche. Der Zaunkönig kann zehn verschiedene Lieder singen, das sind schon neun mehr als David Hasselhoff, der dachte, dass er mit seinem Lied »I've Been Looking for Freedom« die Berliner Mauer zum Einsturz gebracht hätte. Ich kenne keinen Zaunkönig, der das von sich behauptet.

Warum machen Vögel Musik? Nicht für uns. Die Wahrheit ist: Die Männchen der Vögel singen den Weibchen etwas vor, um sie zu bezirzen. Wenn sie das geschafft haben, dürfen sie sich mit der Vogeldame ihrer Wahl fortpflanzen. Das nennen wir Menschen ja auch umgangssprachlich »vögeln«. Aber im Ernst: Das Männchen gibt sich nur so lange Mühe, bis das Weibchen es ranlässt. Danach ist abrupt Schluss mit Musik und der ganzen Singerei. Das Männchen wird dick, maulfaul, pupst im Bett und schaut den ganzen Tag Fernsehen. Bei den Menschen ist es *glücklicherweise* anders.

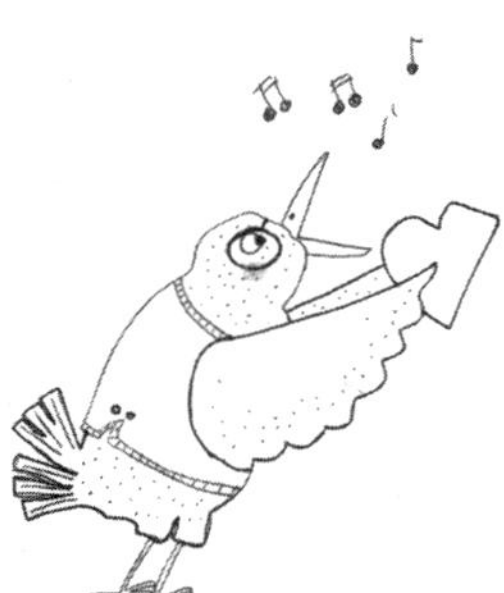

Die Musik der Natur hat unsere Sprache beeinflusst. Sie kennen den

Ruf des Kuckucks in dem Lied »Kuckuck, Kuckuck, ruft's aus dem Wald«. Und genau mit den ersten beiden Tönen vom Lied rufen wir jemanden zum Essen. »A-dam, Es-sen«, wird wohl Eva zu Beginn der Menschheit gerufen haben. Den Abstand zwischen den beiden Tönen, die auf den Silben des Wortes »Ku-ckuck« liegen, nennen wir in der Musik eine kleine Terz. Wenn Adam nicht zum Essen kam, gab es dagegen *großen* Terz. So wie eine große Terz klingt der Ruf dann auch. Der Beginn des Auszugs aus dem Paradies.

Es gibt allerdings Tiere, die noch länger auf der Erde sind als die Vögel. Wale gibt es seit ca. 50 Millionen Jahren. Sie haben die längsten und komplexesten Lieder im gesamten Tierreich. Ihre Lieder können über eine Stunde dauern. Wenn ein Wal in eine Wagner-Oper geht, sagen wir *Die Walküre*, sind das für ihn gefühlt nur vier Lieder. Unter Wasser braucht der Schall elf Stunden, um einmal um die komplette Erde herumzukommen, d.h. der Wal singt eine Stunde, wartet zehn und kann sich dann selbst zuhören.

Auch Haie sind musikalisch. Ein Forscherteam spielte einer Gruppe von Weißen Haien versuchsweise mit einem Unterwasserlautsprecher verschiedene Musik vor. Das Ergebnis: In der Hitliste der Haie lagen laute AC/DC-Rocksongs wie »Back In Black« vorn. Da blieben sie gerne an Ort und Stelle. Der Grund dafür ist, dass der Weiße Hai durch sein Seitenlinienorgan stark auf Musik reagiert. Noch lieber als AC/DC hört er Death Metal. Für den Normalsterblichen klingt diese Musikrichtung wie ein vorbeifahrender Güterzug in 10 Metern Entfernung, aber dieses Musikgenre erzeugt besonders tiefe Vibrationen. Ich glaube, dass der Hai diese starken Vibrationen eher mag, weil sie ihn an eine Beute erinnern, als wegen der Vorliebe für diese Art der Musik, aber lassen wir die Forscher in dem Glauben. Fakt ist, der Hai ist musikalisch und mag Rock und Death Metal!

Springen wir an Land: Musik hat Einfluss auf Kühe. Die Milchleistung wird nachweislich durch klassische Musik um bis zu 3 Prozent gesteigert. Unglaublich. Das heißt für die profitorientierte Massentierhaltung natürlich: 24 Stunden Vivaldi zwecks Ertragssteigerung. Viel Spaß. In der Schweiz gibt es Bergbauern, die ihre Kühe mit selbst gesungenen Liedern rufen. Diese Kommunikation funktioniert. Wenn die Kühe sich gerade etwas entfernt in den Bergen einen schönen Vormittag machen, wissen sie durch die Lieder des Bauern genau, was los ist und welche Wünsche der Meister hat – melken, trinken, nach Hause kommen. Da sieht man wieder: Musik hat einen Sinn – sogar für Kühe. Die sind musikalisch! Denken Sie ganz kurz daran, wenn Sie ins nächste Steak beißen.

Kommen wir zu den Pflanzen. In Pflanzen befinden sich Membrane, die auf Geräusche reagieren. Bei bestimmten Schallwellen öffnen sich die Poren und der Stoffwechsel wird angeregt, das Gegenteil passiert allerdings auch. Der französische Physiker Joël Sternheimer fand heraus, dass Pflanzen sanfte Töne von Beethoven, Verdi und Mozart bevorzugen. Laute Rockmusik lässt sie eingehen. Mit angenehmer Musik beschallte Pflanzen hatten größere Blätter und aromatischere Früchte. Probieren Sie es zu Hause aus! Die meisten Tests wurden an Wildpflanzen durchgeführt. Zierpflanzen seien nicht so empfänglich, heißt es. Aber wer weiß, vielleicht finden Sie die passende Musik für ihre musikalischen Chrysanthemen!

Ohrwurm der Stunde

* »I Am the Walrus« von den Beatles
* »Der Kuckuck und der Esel« – Volkslied
* »Da steht ein Pferd auf'm Flur« von Klaus & Klaus
* »Back In Black« von AC/DC

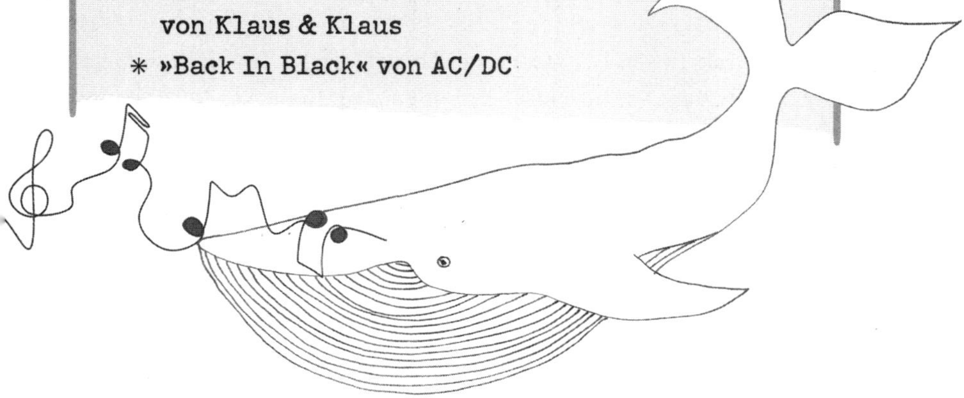

DER SOUNDTRACK DES LEBENS

ODER WARUM ICH ABBA LIEBEN MUSS

Es gibt Momente in unserem Leben, die sind unauslöschlich eng mit Musik verbunden. Ich habe als Teenager Bands wie Element of Crime und Keimzeit gehört und bin sofort, wenn das Lied »Singapur« von Keimzeit oder »Weißes Papier« von Element of Crime läuft, wieder ein 15-jähriger schlaksiger, leicht pickliger Kerl, der in seinem Zimmer andächtig diese Musik hört und träumt, einmal ein Musiker zu werden und solche Songs zu schreiben. Man kennt die kleinsten Nebengeräusche der Aufnahme, das Knacken oder Knistern. Eingebrannt ins Gedächtnis. Das ist ein Teil vom Soundtrack meines Lebens. Wie sieht es bei Ihnen aus? Welche Musik hat Sie begleitet?

Der Soundtrack des Lebens entsteht zwischen dem 15. und 25. Lebensjahr. In diesem Zeitraum machen wir viele Dinge zum ersten Mal. Im Idealfall beenden wir die Schule, beginnen eine Ausbildung oder ein Studium, verlieben uns, lernen die Freunde für unser Leben kennen, ziehen in eine andere Stadt. Wenn wir in unserem Leben Drogen nehmen, tun wir das zum ersten Mal in dieser Lebensphase. Mit 55 fängt keiner mehr an zu kiffen. Radiosender spielen meistens Musik aus einem ganz bestimmten Jahrzehnt. Wir hören oft den Sender, der das Jahrzehnt unserer Jugend bevorzugt. Das bedeutet: Wenn Sie in Ihrer Jugend Mozarts *Klavierkonzert Nr. 1* toll finden, werden Sie das bis ans Ende Ihrer Tage tun. Wenn Sie in Ihrer Jugend ABBA-Fan sind, werden Sie als hochbetagter Greis immer noch die Tanzmoves von »Dancing Queen« kennen und dazu text- und posensicher tanzen. Wenn Sie in Ihrer Jugend liebend gern Heavy Metal hören, werden Sie auch mit zwei künstlichen Hüftgelenken und ohne Haare auf dem Kopf headbangen. Versprochen.

Können Sie sich erinnern, welches Ihre erste selbst gekaufte Platte war, die Sie rauf und runter gehört haben? Und dass Sie sich mit all Ihren Freunden trafen, um sie gemeinsam zu hören und sich stundenlang darüber auszutauschen, was einem daran besonders gut gefiel? Wissen Sie noch, welches das erste Livekonzert war, das Sie tief beeindruckt hat? Oder welche Musik lief, als Sie das erste Mal mit jemandem geknutscht haben? Als die Zeit stehen blieb und Sie sich gewünscht haben, dieses Lied könnte noch 30 Minuten länger dauern? Ja? Gut, denn es ist sehr wahrscheinlich, dass die gleiche Musik, die schon zu Ihrem 18., 20. und 30. Geburtstag lief, zu Ihrem 80. Geburtstag laufen wird. Kinder der 1980er-Jahre sind textsicher bei Nenas »99 Luftballons«. Dieses Lied ist einem heute Zehnjährigen meist völlig unbekannt und löst überhaupt nicht die Reaktionen aus wie bei einer Frau mittleren Alters, die ihre Jugend mit Nenas Musik verbracht hat. Sie wird mit seligem Augenaufschlag von ihrem ersten Freund träumen, auch wenn der inzwischen eine Plauze hat und mit der doofen Jenny aus der 11c verheiratet ist. Beim Sound von Nena ist er wieder der schönste Junge der ganzen Schule, braun gebrannt und durchtrainiert.

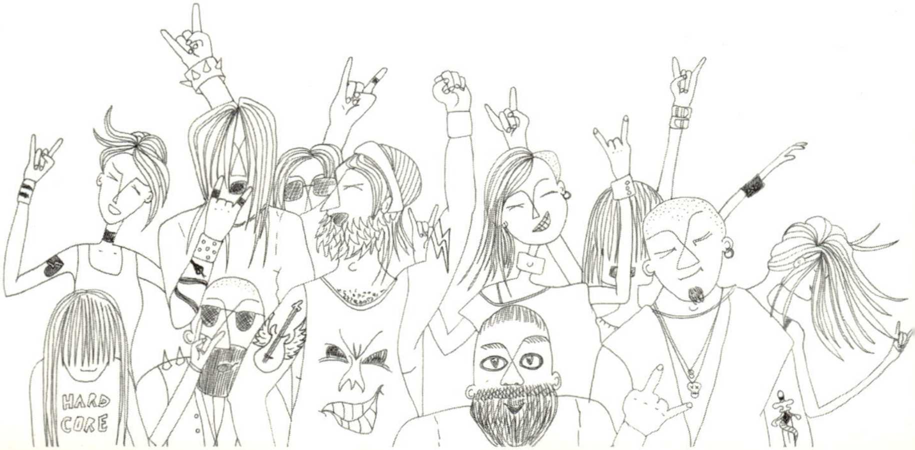

Eine Zeit lang dachte man, dass ein Klassik-Gen existiert, das dafür sorgt, dass wir alle ab einem bestimmten Alter klassische Musik bevorzugen. Das hätte bedeutet, dass beispielsweise ein eingefleischter Helene-Fischer-Fan pünktlich zu seinem 60. Geburtstag anfängt, Beethovens Sinfonien zu lieben, und bei den ersten Takten von Chopins Klavierkonzert in e-Moll feuchte Augen bekommt. Dieses Gen haben Wissenschaftler nicht gefunden, aber festgestellt, dass es viele Gemeinsamkeiten zwischen Klassik- und Heavy-Metal-Fans gibt. Beide sind höfliche und nette Menschen, haben nichts mit Drogen am Hut und gehen schwarz gekleidet in Konzerte. Liebe Salzburger Festspielbesucher, denken Sie mal darüber nach.

Schauen wir in die Zukunft. Da wird es keine Polonaise mehr geben: »Jetzt fliegen gleich die Löcher aus dem Käse«. Nein, in 20 Jahren wird bei der Nachmittagstanzveranstaltung in der Seniorenresidenz ein Technobeat laufen. Bum, bum, bum, bum, bum … und zwei werden sich anlächeln und sagen: »Hörst du Schatz, unser Song!«. »How much is the fish?«, »Hyper, Hyper« oder »Eins, zwei, Polizei«. Dann ist die Zeit des *Musikantenstadl* vorbei. Für immer.

Und die Seniorenresidenzen werden kräftig damit werben. »Kommen Sie zu uns: Wir spielen nur Scooter!«. Und die anderen: »Wir spielen nur

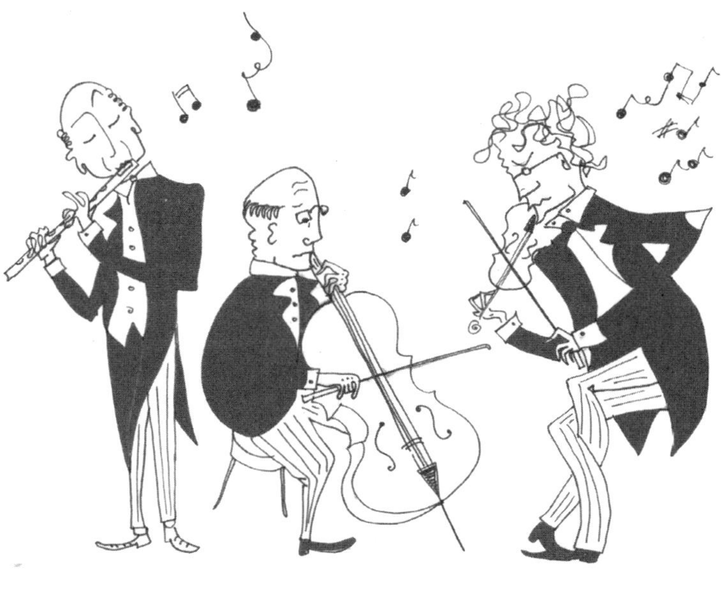

Metallica!« Das wird lustig. Mein Tipp: Verfolgen Sie gut, welche Musik Ihre Kinder hören, denn die wählen mal Ihren Heimplatz aus.

Jetzt sind Sie an der Reihe. Welche Lieder gehören zu Ihrem Soundtrack des Lebens? Los geht's, aufschreiben:

Zu meinem Soundtrack des Lebens gehört:

1.

2.

3.

4.

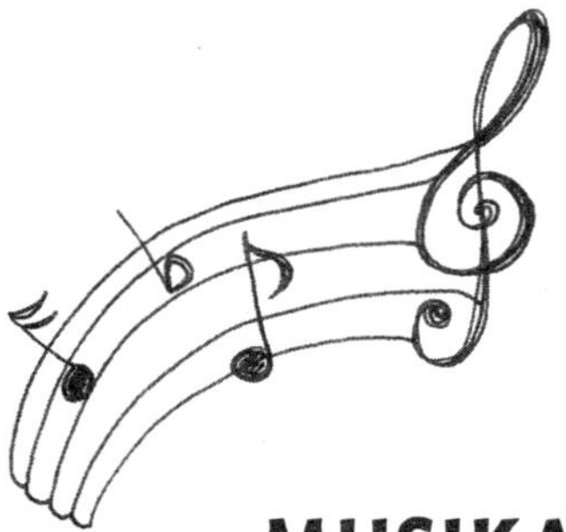

MUSIKALISCHES LEXIKON

ODER WAS MAN SICH SO ALLES MERKT

Die Zeit der Jäger und Sammler ist für unser Gehirn noch lange nicht vorbei. Wir sammeln täglich Dinge: Ohrenschmalz, Staubflusen und Erfahrungen. Unser Gehirn sammelt mit. Dazu gehört die Musik. Wir sammeln das ganze Leben Musik, ob bewusst oder unbewusst, und so haben wir alle ein riesiges musikalisches Lexikon gespeichert. Jede Musik, die wir hören, ob durch das Küchenradio oder auf Youtube, im Fahrstuhl, Kino oder im Konzert, wird gespeichert. Unser Gehirn wählt nicht aus nach gut oder schlecht. Es speichert einfach jede Musik.

Wenn Sie beim Lesen von »Merci, dass es dich gibt« sofort die Melodie aus der Werbung hören, dann ist es Ihr musikalisches Lexikon, das sich meldet. Oder: »Oh, wie verführerisch sind Choco Crossies«. Der Haken ist: Wir können nichts löschen. Man kann nicht sagen, Verdis *Rigoletto* – aus dem die Melodie der oben genannten Schokolade stammt – oder Musik von Tony Marschall oder aus *Benjamin Blümchen* möchte ich nicht speichern. Fehlanzeige.

Es gibt durchaus Lieder, die ich lieber nie gehört hätte, z.B. »GMBH«. Das ist der Text eines Liedes, das ich mal auf einer Party kennengelernt habe. Das Lied hat den sehr geistreichen Text: »Geh mal Bier hol'n, du wirst schon wieder hässlich.« Dieses Lied ist für immer in meinem musikalischen Lexikon gespeichert – vielleicht auch in Ihrem. Keine Angst, man kann diese Songs kurzfristig neutralisieren mit: »Danke, für diesen guten Morgen …« oder »I like to move it, move it, I like to move it, move it, You like to …«

Ich möchte an dieser Stelle auf meinem imaginären schwarzen Flügel, der nur in unserer Vorstellung existiert, Musik spielen. Sie könnten mitsingen, ohne dass ich den Titel ansage, denn Ihr musikalisches Lexikon ergänzt die Musik automatisch: »Sie treffen sich täglich um viertel nach drei … Ohooo, Ojäh …« oder »Always look on the bright side of life«. Sie hören und singen die Musik innerlich mit. Das geht nur, weil Sie sehr musikalisch sind. »Ich wollte dir nur mal eben sagen, dass du das Größte für mich bist …« Super!

Sie sind sogar so musikalisch, dass die Musik fast beliebig verändert werden kann. Sie erkennen sie immer wieder. »Yesterday« von den Beatles ist ein beliebtes Lied zum Covern. Es existieren etwa 3000 unterschiedliche Versionen. Und trotzdem wird die Komposition in allen 3000 Versionen wiedererkannt, auch wenn das Lied im Country-, Western-, Blues-, Pop-, Reggae- oder Barock-Stil arrangiert wurde. Das können Sie wiedererkennen, weil Sie Ihr musikalisches Lexikon mit der originalen Version von »Yesterday« gefüttert haben. Das Lexikon vergleicht das Lied, das es gerade hört, und schickt eine Nachricht ans Gehirn: Ah, kenn ich. Das ist »Yesterday« von den Beatles, das bei Paul McCartney den Arbeitstitel »Scrambled eggs«, also: »Rühreier«, trug. Das stimmt übrigens wirklich. Er wollte »Yesterday« zuerst »Scrambled eggs« nennen. Die Musikgeschichte wäre sicher mit diesem Namen anders verlaufen. Sie würden immer, wenn Sie sich Rühreier machen, an dieses Lied denken. Rekordverdächtig bei Coverversionen ist übrigens das Lied »Summertime« von George Gershwin. Es soll angeblich 40.000 Mal gecovert worden sein. Und wird meistens wiedererkannt.

Musik und Text sind eng verbunden. Unser Gehirn speichert beides zusammen ab. Wenn wir dann nur den Text lesen, singen wir ihn innerlich sofort mit: »Olé, olé, olé, olé, we are the champions« oder »Mit 66 …« oder »99 Luft …« oder »Es fährt ein Zug nach …« Ihr Gehirn setzt sofort die fehlenden Wörter und die Melodie ein. Das ist Ihr musikalisches Lexikon, ein Reflex, Sie müssen nicht darüber nachdenken. Musik und Text findet unser Gehirn sehr wichtig. Wer sie zuerst geschrieben hat, dafür interessiert es sich nicht so sehr. Wissen Sie, wer das Lied »Atemlos« komponiert hat? Nein, googeln Sie nicht. Ich sage es Ihnen: Kristina Bach schrieb es 2013, die 7. Großnichte von Johann Sebastian Bach. Das Lied musste mit einigen Plagiatsvorwürfen kämpfen. Es gibt eine verblüffende Ähnlichkeit zu einem Titel namens »Land of dreams« von Rosanne Cash aus dem Jahr 2012. Frau Bach und Frau Cash sagen einvernehmlich, dass dem Song ein irisches Lied zugrunde liege und daher die Übereinstimmung komme. Jack White, der bekannte Musikproduzent, behauptet hingegen, dass die ersten acht Takte von »Atemlos« von seinem Titel »Ein Festival der Liebe« (1998) stammten. Und falls Sie es sich einmal bei Youtube anhören: Erstaunlicherweise gibt es da wirklich einige Parallelen, die unser musikalisches Lexikon als bekannt einstuft. Aber, geremixt und plagiiert wird halt überall.

Ihr musikalisches Lexikon wird wachsen, je mehr Musik Sie hören. Genießen Sie es – und wählen Sie weise aus, was Sie hören möchten und was nicht.

Ohrwurm der Stunde

* »Ich war noch niemals in New York« von Udo Jürgens
* »Yesterday« von den Beatles
* »Summertime« von George Gershwin
* »La donna è mobile« aus Giuseppe Verdis *Rigoletto*

WELCHES INSTRUMENT PASST ZU MIR?

ODER DIE SUCHE NACH MR. PERFECT

Wir alle treffen täglich Hunderte Entscheidungen. Schnell und ohne große Diskussionen. Will man zum Frühstück lieber süße oder herzhafte Sachen essen, Kaffee oder Tee, Spiegelei oder Rührei. Da sind die Antworten klar. Warum fragen sich dann einige Menschen so lange Zeit, welches Instrument zu ihnen passt? Sie hadern ewig: Ich bin mir noch nicht sicher, ich mag ja Gitarre, oder vielleicht Geige, oder doch lieber Schlagzeug? Endlose Diskussionen. Weil es sich anfühlt wie die Suche nach Mr. Perfect. Aber da wissen wir alle: Je länger man wartet, desto unwahrscheinlicher wird es, einen geeigneten Kandidaten zu finden und nicht nur einen Tagesabschnittsgefährten. Ähnlich scheint es bei der Instrumentenwahl zu sein.

Ein sechsjähriges Kind macht sich wenig Gedanken. Entweder seine Eltern drängen es mit Nachdruck, das verstaubte alte Akkordeon des Großvaters spielen zu lernen, oder es will von selbst einfach Fagott lernen und zwar jetzt und basta. Okay, Fagott ist eher unwahrscheinlich, vielleicht Schlagzeug oder Klavier. In diesem Alter wird noch nicht berechnend überlegt, wie man den schnellsten und größten Erfolg haben kann, um seine Freunde zu beeindrucken. Es soll vor allem Spaß machen. Um der Sache willen. Das macht das Leben klar und einfach. Selig sind die Kinder, die sich nicht zu viele Gedanken machen und Eltern haben, die ihnen einfach ein Instrument in die Hand drücken.

Ab der Pubertät wird die Instrumentenwahl allerdings eine Entscheidung, die monate-, wenn nicht gar jahrelang in Pro- und Contra-Tabellen analysiert und mit allen Freunden, Ex-Freunden und der Familie in allen Facetten nächtelang diskutiert wird. In dieser ewigen Phase der Entscheidung hätte man locker die ersten Fortschritte auf irgendeinem Instrument gemacht und ein schönes Stück erlernt. Aber nein.

Es gab vor ein paar Jahren ein Videospiel mit dem Namen *Guitar Hero*. Das war kompliziert zu lernen. Ich bin der Meinung, dass die Spieler in der gleichen Zeit bei einem netten Gitarrenlehrer in der Nähe die Grundlagen des Gitarrenspiels hätten erlernen können. So konnten sie nach ein paar Monaten zwar das Computerspiel gut spielen, das heute übrigens fast keiner mehr kennt, aber für das Spielen einer echten Gitarre nutzte es nichts. Gar nichts.

Alles muss natürlich wohlüberlegt sein. Ob man als 15-jähriges Mädchen den gut aussehenden Mittelstürmer der Schulsportmannschaft aus der 10b mit einer Blockflöte bezirzen kann, ist fraglich. Übrigens ist mein Eindruck, dass Mädchen in der Pubertät öfter mit dem Musizieren aufhören, wenn das andere Geschlecht interessanter wird. Jungen dagegen sind Spätzünder, bis die realisiert haben, dass es noch etwas anderes außer ihrer Playstation gibt, haben sie (in elterlich verordneten Medienzeitpausen) die entscheidenden zwei Jahre mehr auf ihrem Instrument geübt und sind dadurch an Musikhochschulen etwas überrepräsentiert. Okay, einige meinen, das sehe man dem typischen klassischen Musikstudenten auch an. In jungen Jahren nicht immer auf die Mädels zu schielen, ist zusammenfassend förderlich für die männliche klassische Mu-

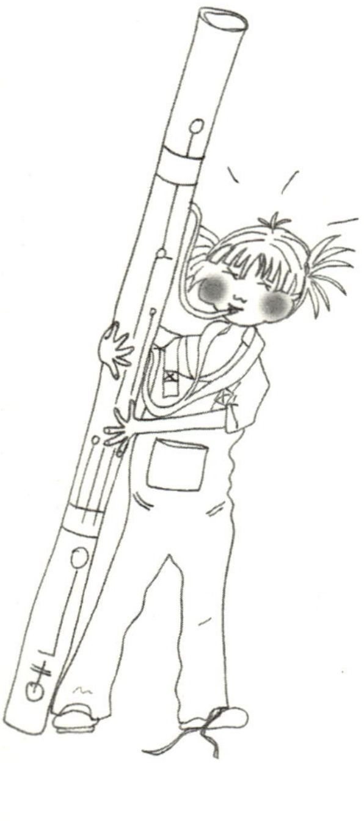

sikerkarriere. Für den Berufswunsch Rockmusiker wiederum muss man dieses Themengebiet schon früh belegt haben. Also – was hilft, sich für ein Instrument zu entscheiden?

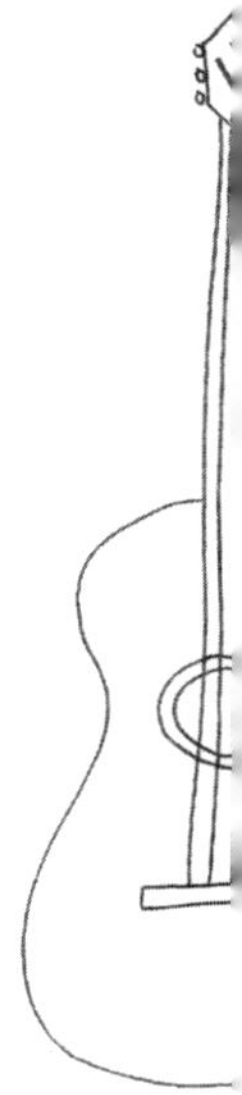

Erst mal einen Tee trinken und sich klarmachen, dass die meisten Entscheidungen nicht besser werden, wenn man lange darüber nachdenkt. Als Entscheidungshilfe gibt es an fast jeder Musikschule die Möglichkeit, bei einem sogenannten »Instrumentenkarussell« mitzumachen. Das ist kein besonderer Kick auf der städtischen Kirmes, es bedeutet nicht, auf einer Tuba sitzend im Kreis zu fahren oder sich so schnell zu drehen, dass man nur noch Trompeten hört, nein, das ist die Möglichkeit, jede Woche ein neues Instrument kennenzulernen. Dadurch bekommt man eine Übersicht über die sich zum Erlernen anbietenden Instrumente. Und mögliche diffuse Gefühle wie: »Zu mir müsste eigentlich eine Querflöte passen«, verfliegen, wenn man seine Lippen zum ersten Mal auf diese Messingröhre gelegt hat, nichts als ein *pffffft* entweicht, und einem der Gedanke durch den Kopf schießt: »Nun ja, Gitarre ist auch schön.« Das spart einem ein paar Lebensjahre, viele Nerven und das gute Verhältnis zur Nachbarschaft. Außerdem bekommen so auch mal Instrumente eine Chance, die nicht auf Platz 1 bis 3 der Lieblingsliste stehen wie Klavier, Gitarre und Violine. In den Top Ten der am meisten unterrichteten Instrumente in Deutschland folgen Blockflöte, Schlagzeug, Querflöte, Keyboard, Klarinette, Trompete und Saxofon. Alle anderen Instrumente hätten es ohne ein Instrumentenkarussell sicher noch schwerer, denn wer brüllt schon als 6-Jähriger seine Mama mit dem Satz an: »Ich will unbedingt Fagott lernen. Fagott, Fagott, Fagott!!« Und

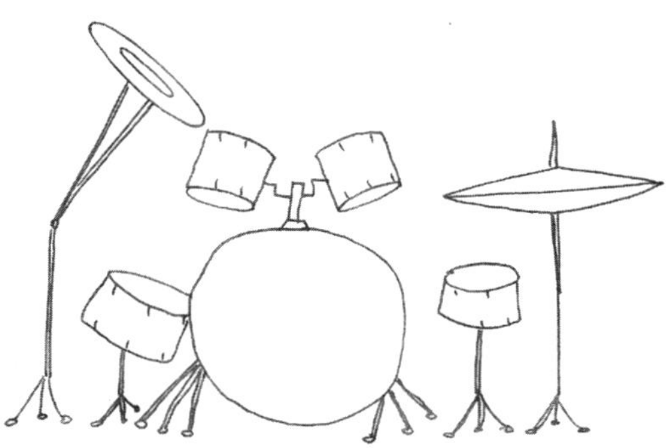

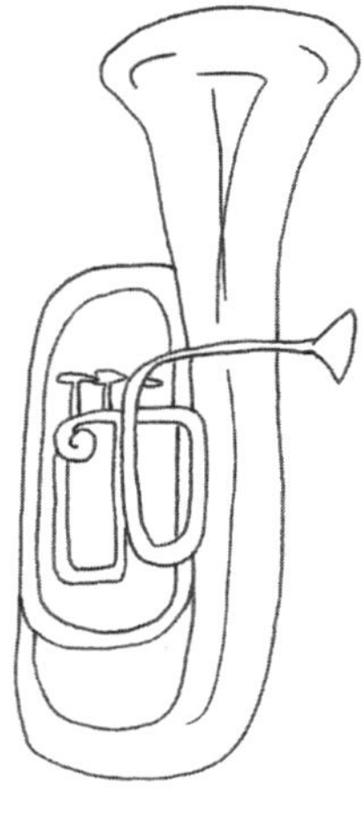

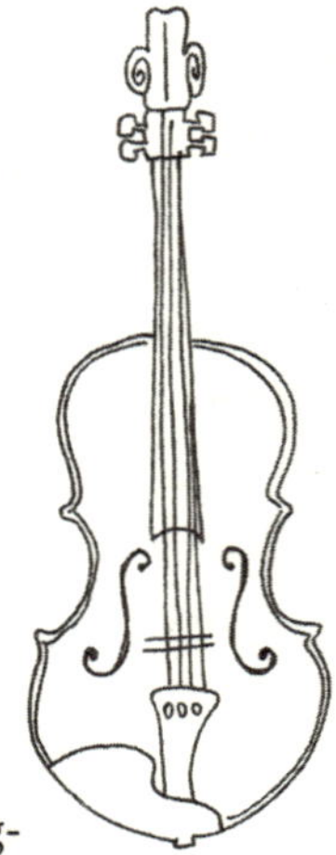

mal Hand aufs Herz, fällt Ihnen ein bekannter Fagottspieler ein, dem Sie gerne nacheifern würden? Googeln Sie nicht. Einige werden sich erinnern: Das ist doch das Instrument, durch das bei *Peter und der Wolf* der Großvater dargestellt wird. Ja, richtig, aber kennen Sie den Namen eines Fagottspielers? Ich nicht.

Sie können sich selbst nach gründlichem Ausprobieren beim besten Willen nicht zwischen Gitarre, Bass, Klavier, Horn, Geige, Bratsche, Cello, Keyboard oder Schlagzeug entscheiden? Machen Sie es sich nicht zu schwer. Oftmals entscheiden die Instrumentenwahl ganz banale Dinge. Die Sympathie zwischen Lehrer und Schüler ist wichtiger, als man denkt. Wenn der Lehrer gelangweilt Zeitung lesend am Schreibtisch sitzt und ohne aufzuschauen die Frage durch den Unterrichtsraum brüllt, wie viel man denn diese Woche geübt habe, wird das kaum zu einem entspannten, liebevollen Verhältnis zum Instrument beitragen. Die Grundfrage ist: Liebt der Lehrer sein Instrument? Liebt er es zu unterrichten? Dann gehen Sie gerne hin. Auf der anderen Seite ist es für einen Lehrer aber ebenfalls unmöglich, einen vollkommen desinteressierten Schüler in einen begeisterten zu verzaubern, wenn der lieber FIFA auf dem Computer zockt. Man kann einen Jäger nicht zum Jagen tragen.

Meistens ist der Instrumentalunterricht der einzige Unterricht eines Schülers im Laufe seines Schullebens, in dem er nur zu zweit mit dem Lehrer ist. Daraus kann im Idealfall eine lebenslange positive Bindung entstehen. Ich treffe meine erste Klavierlehrerin immer noch. Sie hat mir ihre Liebe zur Musik vorgelebt und vehement abgeraten, klassischer Pianist zu werden. So viel zu den guten Ratschlägen. Sie meinte, dass es in diesem Bereich einem Lottogewinn gleiche, von der Musik leben zu können. Und statistisch hat sie absolut recht. Es gab eine Erhebung unter klassischen Pianisten, die an einer deutschen Hochschule studiert haben: In den letzten zehn Jahren hat es kein einziger Absolvent einer deutschen Klavierfakultät geschafft, allein vom Konzertieren zu leben. Da ist ein Lottogewinn wahrscheinlicher. Andererseits gilt aber auch: Wenn je-

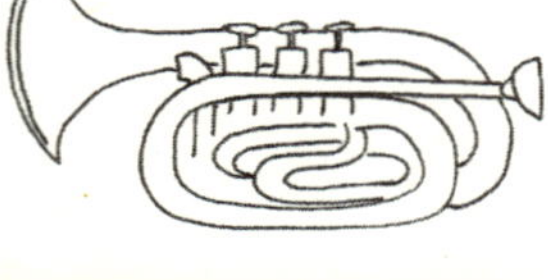

mand unbedingt klassischer Pianist werden will, dann muss er das machen. Auf jeden Fall nicht auf weise Ratschläge von anderen hören, die es gerne geworden wären. Also, weniger fragen, mehr wagen.

Das gilt auch für Sie: Finden Sie Ihr Instrument und fangen Sie einfach an. Egal, in welchem Alter Sie sind. Es gibt nichts Spannenderes, als neue Sachen auszuprobieren und zu erlernen. Die meisten Menschen haben alle grundlegenden Dinge wie Essen, Trinken, ein Zuhause, nette Kleidung und Accessoires am Start. Auf zu neuen Ufern! Wünschen Sie sich doch zum nächsten Geburtstag mal eine Unterrichtsstunde in der nächstgelegenen Musikschule oder verschenken diese. Zum Beispiel am Fagott. Sie sind schließlich musikalischer, als Sie denken!

Ohrwurm der Stunde

* »Man müsste Klavier spielen können« von Johannes Heesters
* »Der Mann am Klavier« von Paul Kuhn
* »Cello« von Udo Lindenberg
* »Der Mann mit dem Fagott« von Udo Jürgens
* »Der kleine Trompeter«

Meine Lieblingsinstrumente,
die ich gerne lernen würde:

1.

2.

3.

4.

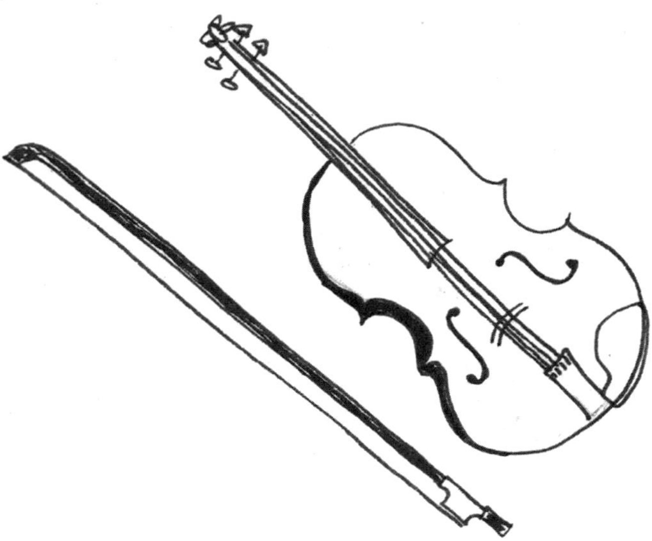

DIE KUNST DER WIEDERHOLUNG

UND WARUM SIE LIEBER ZUR 4. VORSTELLUNG ALS ZUR PREMIERE GEHEN SOLLTEN

Manche Dinge muss man oft wiederholen, bevor sie in Fleisch und Blut übergehen. Zähneputzen, Fahrrad fahren oder popeln. Das erste Mal auf den eigenen Beinen zu stehen, war ein großes Abenteuer. Nur durch ständige Wiederholung und Üben waren Sie in der Lage, aufrecht zu gehen. Welch Glück, sonst hätten Sie heute zur Arbeit krabbeln müssen. Ein nettes Wort dem Liebsten sagen oder die Nachttischlampe ausknipsen tun wir öfter als einmal im Leben. Ohne die ständige Wiederholung von Einatmen und Ausatmen wäre Ihr Leben schnell zu Ende. Und zwar ziemlich genau JETZT.

In der Musik gibt es wichtige Wiederholungen, die man gerne hört oder gerne spielt. Andere sind einfach lebensnotwendig. Manche Parts von Stücken müssen Tausende Male wiederholt werden, bis sie sitzen, wobei der Spieler selbst dann nie hundertprozentig sicher sein kann, dass sie klappen. Es bleibt bei schwierigen Passagen spannend. Manche Bewegungsabläufe übt man jahrelang, bis sie locker und entspannt wirken. Um auf einer Geige die richtigen Töne zu treffen, braucht es unzählige Wiederholungen einfacher Übungen. Da heißt es Geduld haben. Bisweilen ist es hart, aber manchmal kann die Übung und Wiederholung sehr erfüllend sein.

Tägliche Rituale und Wiederholungen kennt jeder Musiker. Man spielt sich ein. Man wiederholt. Beim Sport muss man sich auch aufwärmen, bevor man 100 Kilogramm Gewicht heben will, ansonsten bricht mal schnell ein Arm. Knacks. In der Musik können die wenigsten Musiker 100 Kilo heben, aber dafür ganz präzise Bewegungen mit den Fingern ausführen. Wiederholungen sind der Schlüssel zum Erfolg. Ich spiele am liebsten einige Stücke aus dem *Wohltemperierten Klavier* von Johann Sebastian Bach zum Aufwärmen. Hier verbinden sich wundervolle Musik und anspruchsvolle Fingerübungen auf meisterhafte Art und Weise. Diese Übungen gehen in Fleisch und Blut über wie Duschen oder Socken anziehen. Trotzdem kann ich sie nach Jahren der Wiederholung noch nicht hundertprozentig spielen. Das wird sich bei *mir* bis zum Lebensende wohl nicht ändern.

Warum gehen Menschen in Konzerte mit echten Musikern, die Lieder präsentieren, die man in einer perfekten Version auf Platte zu Hause doch auch hören kann? Wegen der Wiederholung. Von den Rolling Stones wollen die Fans immer »I can't get no satisfaction« im Stadion hören, und das bei *jedem* Konzert der Band. Sie gehen zum Konzert, um dieses eine Lied zu hören. Eine ständige Wiederholung. Sie lieben diese Wiederholung. Ich will »Roxanne« beim Sting-Konzert hören, selbst wenn ich das Lied schon tausendmal gehört habe. So ist das nun mal.

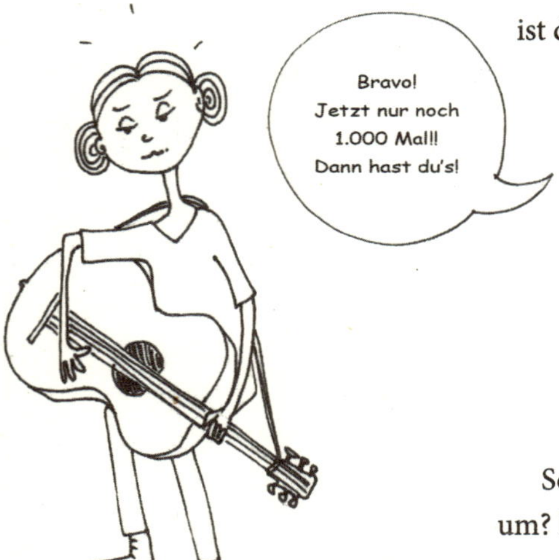

Warum gefällt uns beim zweiten Konzert der gleichen Band der Lieblingssong besser als beim ersten Mal? Die Band hat die gleiche Besetzung. Die Instrumente sind gleich gestimmt, die Jungs sind etwa im gleichen Bewusstseinszustand wie beim letzten Mal, es ist der gleiche Sound und doch ist es anders. Warum? Es ist die Kunst der Wiederholung.

Ich kann nur empfehlen, nicht immer nur zu den Premieren zu gehen. Da ist es wahrscheinlich, dass noch nicht alles eingespielt ist. Da ist noch keine Routine eingekehrt. Erst durch die Kunst der Wiederholung hat man während der Vorstellung als Künstler Zeit, sich mit anderen Dingen zu beschäftigen. Gehen Sie einfach zur vierten Vorstellung, da wissen alle, was zu tun ist. Bei Bands dauert es noch etwas länger. Dann, wenn man die Noten kennt, beginnt die Musik zu leben. Dann kann man als Musiker in diese oft gespielten Lieder etwas hineingeben, was man nicht mit Worten beschreiben kann. Erkennen wir die Kunst der Wiederholung an. Erkennen wir die Kunst der Wiederholung an. Erkennen wir die Kunst der Wiederholung an.

Ohrwurm der Stunde

- »Around the World« von Daft Punk
- »Satisfaction« von The Rolling Stones
- »Move On Up« von Curtis Mayfield
- *Etüden* für Klavier von Karl Czerny

Welche Stücke/Filme könnte ich in Dauerschleife hören bzw. sehen?

1.

2.

3.

4.

SINGEN MACHT GESUND

UND IST GUT FÜR EINSAME HERZEN

Seit Jahrtausenden singen Menschen. Heute schon gesungen? Nein? Dann legen Sie mal los: »Mein kleiner grüner Kaktus, steht draußen am Balkon.« Menschen singen aus Freude, Trauer und einfach so. Sie singen zu Ritualen, religiösen Zeremonien, unter der Dusche, für Angebetete und danach am Kinderbett. Der evolutionsliebende, wissenschaftlich interessierte Singmuffel fragt vielleicht skeptisch: »Was soll das bringen?« Viel, warten Sie ab. Erstens: Sie lernen Leute kennen. Die Einsamkeit ist vorbei. Ob gewollt oder ungewollt. Chorsingen klingt auf den ersten Blick nach einer kleinen Gruppe älterer Menschen, die sich mit christlichen Chorälen und altem Liedgut am Montagabend in der ungeheizten Dorfkirche die Zeit mit ihrer pensionierten Kantorin vertreiben. Das gibt es auch, aber da hat sich in den letzten Jahren einiges getan. Deutschland singt! In Deutschland gibt es über 5 Millionen Sänger in 180.000 registrierten Chören.

Denn Chorsingen macht nachweislich glücklich. Keine Psychotherapie ist so erfolgreich wie ein guter Chor. Das Singen in Gruppen stärkt das Gemeinschaftsgefühl. Man singt zusammen, freut sich auf Konzerte, isst zusammen, reist zusammen und lernt sich kennen. Das verbindet und ist eine gute Grundlage für eine Beziehung, egal welcher Art. Ja, auch in der Richtung, in die Sie gerade gedacht haben. Chöre sind exzellente Partnerbörsen.

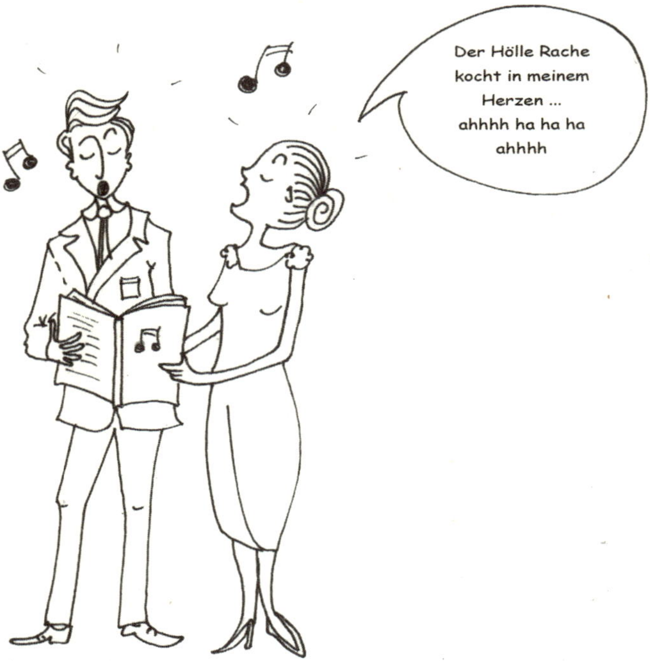

Und zweitens: Chorsingen ist gesund. Als Musiker kennt man die positive Wirkung von Musik auf den Körper, wenn es nicht gerade eine Mischung aus Zwölftonmusik und Rammstein ist. Vor ein paar Jahren erschien eine Studie der schwedischen Universität Göteborg im Fachjournal *Frontiers in Neuroscience*, was wirklich ein schön intellektuell klingender Name für eine Zeitung ist. Die Studie bewies, dass Singen gesundheitsfördernd ist. Die entscheidende Botschaft lautete, dass das kontrollierte Ein- und Ausatmen beim Singen wie Yoga wirken würde. Nun, da hätte ich einzuwenden, dass die Körperfiguren einiger älterer Chorsänger eher an russische Matroschkas erinnern, die, und da will ich wirklich keinem zu nahe treten, doch relativ weit von einer Yogafigur entfernt sind. Und was sollen da die Wildecker Herzbuben sagen, die singen schon ihr ganzes Leben. Jedenfalls wurde in dieser Studie der Beweis erbracht, dass gemeinsames Singen im Chor gut für das Herz ist, da Chorsingen die Bewegungen der Muskeln in großen Teilen des Körpers synchronisiert. Das

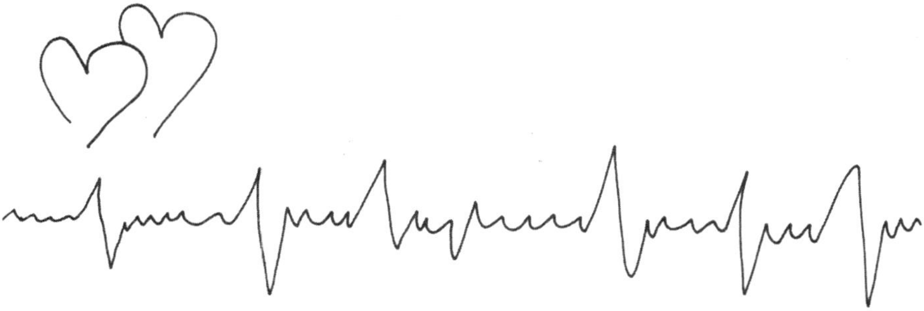

gilt auch für das Herz. Vergessen Sie Herztabletten, gehen Sie am Dienstagabend lieber zur Chorprobe. Haben Sie schon Lust, sich von Ihrem Arzt Chorsingen verschreiben zu lassen? 1 x wöchentlich Chorsingen. Ist fürs Herz. Herrlich. Da bekommt der Spruch »Diese Musik geht ans Herz« eine ganz neue Bedeutung.

Ich frage mich bei solchen Studien immer: Wie sind die durchgeführt worden? Wie viele Probanden waren denn dabei und wie gemischt war die Gruppe? Ich habe nachgeforscht: Diese schwedische Studie mit der Erkenntnis, dass Singen wie Yoga wirkt, wurde, und ich hoffe, Sie sitzen gerade, an 15 Jugendlichen (!) durchgeführt. 'Ne halbe Schulklasse soll für acht Milliarden Menschen der Beweis sein? Ein Hoch auf die Statistik. Diese Jugendlichen mussten im Chor üben, summen und ein langsames Mantra singen. Dabei kontrollierten die Spezialisten die Herzschläge und stellten fest, dass der Aufbau des Liedes sich in der Herzaktivität widerspiegelte. Das ist genau der Grund, weswegen niemand beim Joggen Balladen hören will. Schnelle Musik – schneller Herzschlag, langsame Musik – langsamer Herzschlag. Das hätte ich auch schon vorher sagen können. Die Forscher stellten fest, dass der Puls sich in der Gruppe synchronisierte. Fazit: Lange, langsame Lieder haben eine ähnliche Wirkung wie Atemübungen im Yoga. Der eigentliche Grund für die Studie war, dass man herausfinden wollte, wie man Gesang in der Rehabilitationstherapie nutzen kann, denn der positive Effekt des Chorsingens war schon lange bekannt. Das heißt, irgendwann gibt es in den Herzkliniken Chorsingen auf Rezept. Wir werden es erleben. Diese 15 jugendlichen Probanden werden die Therapien nachhaltig verändern. Herrlich. Und bis dahin: Singen Sie, auch ohne Rezept! Wer singt, lebt gesünder. Viel Spaß!

Ohrwurm der Stunde

* »Auf der Reeperbahn nachts um halb eins« von Hans Albers
* »Westerland« von Die Ärzte
* »Mein kleiner grüner Kaktus« von den Comedian Harmonists
* »Wo man singt, da lass dich ruhig nieder, böse Menschen haben keine Lieder« – Volkslied
* »Chorsingen ist Diktatur« von Dieter Wellmann

FAZIOLI IST KEINE NUDEL

UND STEINWAY KEIN HOLPRIGER WEG IN DEN ALPEN

Der gut aussehende Sohn eines reichen italienischen Möbelherstellers baut seit 1979 exklusive Flügel, nachdem er feststellte, dass seine Karriere als Pianist an seiner ausgeprägten Bühnenunlust scheiterte. Sein handwerklicher Perfektionismus sorgt für außergewöhnliche Instrumente, die nach ihm benannt sind: Fazioli. Einige denken jetzt an eine italienische Nudel, aber Fazioli hat nichts mit Nudeln namens Fusilli oder so zu tun, sondern Fazioli ist sein amtlicher italienischer Familienname – mit weich ausgesprochenem »z« in der Mitte. Paolo Fazioli.

Wenn Sie denken, den Namen Fazioli habe ich noch nie gehört, mir waren bisher nur die Klavierhersteller Steinway & Sons, Bechstein, Blüthner, Schimmel und Bösendorfer bekannt, sage ich: Es ist an der Zeit, Neues zu entdecken. Zur Zeit des Biedermeiers, also vor knapp 200 Jahren, gab es in Deutschland unzählige Hersteller von Klavieren. Jede Stadt hatte eigene Marken. Damals lernte die Tochter aus gutem Hause selbstverständlich Klavier.

Ganz egal, wie die musikalischen Voraussetzungen der Mädchen waren, Hauptsache, man konnte sagen: Ja, die Tochter spielt Klavier. Als es dann ein paar Jahre später für die jungen Damen auf dem Heiratsmarkt auf einmal um andere Fähigkeiten ging, als Klavier zu spielen, überlebten nur wenige Klavierbaufirmen. Selbst der renommierte Klavierbauer Schimmel baute für einige Zeit Möbel.

Zurück zu Fazioli. Fazioli bekam von seinen Beratern zu hören, dass kein Mensch Premiumflügel kaufen würde. Dieser Markt sei gesättigt, das liege alles in der Hand des Platzhirschs Steinway & Sons. Herr Fazioli ließ sich nicht beirren und tüftelte weiter. Geld hatte er selber und vom Vater bekam er die nötigen Räumlichkeiten in dessen Möbelfabrik. 1979 begann Paolo Fazioli mit dem Bau von Flügeln. Er wollte forschen, testen und einfach die besten Instrumente bauen in dem Markt, den Steinway & Sons seit 1853 beherrschte. Fazioli kümmerte das nicht. Er war talentiert, detailversessen, wissenschaftlich interessiert, reich und voller Tatendrang. Andere in seiner Umgebung gingen Golf spielen und verbesserten über die Jahre ihr Handicap. Er verbesserte seine Flügel.

Prominente Werbegesichter kurbeln bekanntlich das Geschäft an. Das wusste man schon vor 100 Jahren. Damals buhlten die unterschiedlichsten Flügelhersteller um die großen Pianisten der Zeit. Steinway & Sons durchschaute das Werbegeschäft am schnellsten und heuerte Anton Rubinstein an, den damals berühmtesten Pianisten der Welt, damit er gegen Bezahlung bei 215 Konzerten in Amerika auf ihrem großen Steinway spielte. Das machte großen Eindruck in der Szene. Auch Sergej Rachmaninow und Vladimir Horowitz, zwei damals sehr berühmte Pianisten, bekamen viel Geld von Steinway & Sons, damit sie ihre Konzerte auf Instrumenten mit diesem Logo gaben. Das hat sich inzwischen geändert. Heute zahlt Steinway keinen Cent mehr an die Künstler. Die Firma hat die unangefochtene Marktmacht auf den Konzertbühnen dieser Welt. Monokultur auf den Konzertbühnen ist eben nicht nur eine Folge bester Qualität, die diese Instrumente zweifellos haben, sondern oft vor allem kluges Marketing. Steinway hat heute etwa 1800 Künstler als Steinway-Artists unter Vertrag. Jeder Pianist träumt davon, auf dieser exklusiven Liste in einer Reihe mit Rachmaninow zu stehen, da sie den Ritterschlag in der Pianistengilde darstellt. Die Steinway-Liste bedeutet Ruhm und Ehre. Geld gibt es nicht. So geht erfolgreiches Marketing. Es existieren um die 160 sogenannte Steinway-Schulen, meist Musikhochschulen, an denen mindestens 90 Prozent aller Instrumente von Steinway sind. Vom Marktführer.

Und jetzt kommt der nette Herr Fazioli. Als er es schaffte, ein paar seiner Fazioli-Flügel an die berühmtesten Musikhochschulen der Welt zu verkaufen und einige weltweit wichtige Klavierwettbewerbe mit seinen Instrumenten auszustatten, sorgte das für großes Aufsehen in der Szene und bei Steinway war man verschnupft. Auch eine Mücke kann einen Elefanten ärgern. Aber Vielfalt tut dem Geschäft gut. Anders klingende Instrumente sind wichtig für Pianisten, um die Ohren und Finger fit zu halten.

Was macht Fazioli anders als die anderen? Zuerst stellte er alle alten Techniken des Klavierbaus infrage und überprüfte sie wissenschaftlich. Die jahrelange Detailarbeit zahlte sich aus. Für seine Resonanzböden nutzt er heute die gleiche Holzart wie viele Jahre zuvor der Geigenbaumeister Antonio Stradivari, und zwar Rotfichte. Nur einer von 200 Bäumen habe die richtige Akustik, meint er. Drei Jahre dauert die Fertigung eines Fazioli-Instruments. Steinway & Sons schafft es in nur einem Jahr. Fazioli baut 150 Instrumente im Jahr und erhöht keine Stückzahlen. Er will für jedes Instrument die gleiche Sorgfalt walten lassen. Die Modelle des italienischen Herrn kosten in der Serienfertigung um die 150.000 Euro und sind somit die teuersten der Welt. Die wenigsten Musiker können sich einen Fazioli leisten, selbst wenn der deutlich günstiger ist als eine Stradivari. Zielgruppe sind eher russische Oligarchen, die sagen können: »Ich habe den teuersten Flügel der Welt. Warum? Weil ich

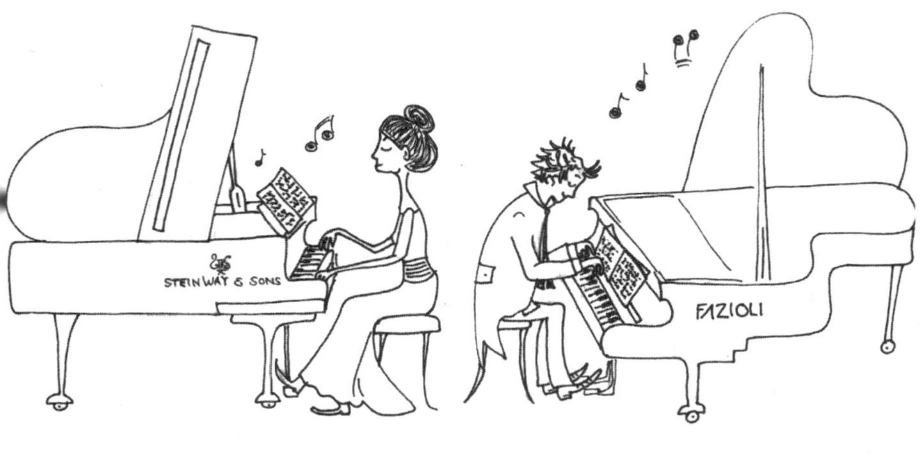

es kann!« Steinway baut etwa 2500 Flügel im Jahr. Die großen Stückzahlen kommen von anderen Herstellern. Yamaha verbinden wohl viele eher mit Außenbordmotoren auf Booten oder Motorrädern, aber die japanische Firma baut bereits seit 1902 Flügel und geschätzte 100.000 Klaviere jährlich. Falls Sie technisch und musikalisch interessiert sind, machen Sie doch mal eine Führung durch eine Klavierbaufirma bei Steinway in Hamburg, Bechstein in Berlin, Blüthner in Leipzig oder Schimmel und Steinweg in Braunschweig. Da bekommt man einen Einblick, welch grandioses Handwerk es ist, diese Instrumente zu bauen. Schließlich macht ein Klavier Ihre Familie durch seine pure Anwesenheit musikalischer.

Ohrwurm der Stunde

* »Träumerei« von Robert Schumann
* *Klavierkonzert Nr. 1* von Sergej Rachmaninow
* »Liebestraum« von Franz Liszt
* »Una Mattina« von Ludovico Enaudi – Filmmusik zu *Ziemlich beste Freunde*

DIE AUFNAHMEPRÜFUNGEN

ODER DER SCHNELLSTE WEG, WAHNSINNIG ZU WERDEN

Für den Fall, dass sich ein paar angehende Musikstudenten in dieses Buch verirrt haben – getrieben von Selbstzweifeln (bin ich musikalisch genug?) oder Überheblichkeit (wer außer mir soll denn jetzt bitte musikalisch sein?) – widme ich ihnen hier ein eigenes Kapitel.

Wenn Sie in Deutschland ein Leben als professioneller Musiker mit einem offiziellen Bachelor und Masterabschluss anstreben, dann gibt es davor ein paar kleine Hürden zu überwinden. Erst mal müssen Sie Ihre Eltern davon überzeugen, dass Ihnen diese brotlose musische Kunst so wichtig ist, dass Sie dafür Ihr Jurastudium sausen lassen und nicht als Partner in der Kanzlei einsteigen werden. Wenn die Familie den Schock verdaut und sich damit abgefunden hat, dass Sie wohl Ihr ganzes Leben auf ihre Kosten leben werden, gibt es nicht mehr viel, was Sie aufhalten könnte. Nur Talent, Disziplin, Ehrgeiz *und* eine Aufnahmeprüfung an einer deutschen Musikhochschule. Halb so schlimm, denken Sie. Warten Sie es ab.

Was ist eine normale Vorbereitung für den Tag der Aufnahmeprüfung als 19-jähriger Mensch? Beginnen wir in der Kindheit. Sie hatten Interesse daran, sich mit einem Instrument zu beschäftigen und nicht nur mit Bauklötzen oder Puppen. Sie sagten irgendwann zu den Erziehungsberechtigten: »Ich will ein Instrument lernen.« Sie wurden daraufhin von Ihren Eltern in jungen Jahren an einer Musikschule angemeldet und bekamen jede Woche Unterricht. Die Eltern haben, auch wenn es fürchterlich und schrecklich klang, gesagt: »Das hast du aber sehr schön gespielt«, obwohl alle, und da meine ich wirklich alle, das anders gesehen bzw. gehört hatten. Die ersten Jahre an einer Geige oder einem Blasinstrument sind wirklich kein Zuckerschlecken. An dieser Stelle ein Lob an alle Eltern, die das durchgehalten haben. Sie sind super! Dann sind Sie als Schüler drangeblieben. Sie haben in Ihrer Jugend geübt, waren fleißig. Sie haben kleine Konzerte gespielt und erfolgreich an zahlreichen »Jugend musiziert«-Wettbewerben teilgenommen. Sie haben Ihre Sommerferien in Musikakademien und auf Orchesterfahrten verbracht. Sie haben zusätzlich zum Instrumentalunterricht eine Ausbildung in Musiktheorie und Gehörbildung bekommen. Das heißt, seit Ihrer Kindheit sind Sie regelmäßig in eine Musikschule gegangen. Bis zu Ihrem 19. Lebensjahr haben Sie das durchgehalten, haben nicht aufgegeben, nur weil die Freundin Sport besser fand, haben dem exzessiven Spiel an der Playstation widerstanden, sind weder Fußballer noch Cheerleaderin geworden, nein, Sie sind bei der Musik geblieben. Gratulation! Das verlangt Disziplin und Ehrgeiz. Jetzt sagen Sie mal, bei welchem Studiengang muss man schon als Kind beginnen, sich auf das Studium vorzubereiten? Selbst für ein Atomphysikstudium können Sie sich in der schwierigsten Phase der Pubertät noch mit Partys die Zeit vertreiben. Da macht die Musik eine Ausnahme. Wenn Sie da nicht früh angefangen haben, ist der Zug abgefahren.

Und dann kommt das Initiationsritual. Die Aufnahmeprüfung an einer Musikhochschule. Ich darf nicht vergessen zu erwähnen, dass Sie sich ungefähr ein Jahr speziell auf diese Aufnahmeprüfung vorbereiten sollten. Alle Bewerber, außer den Pianisten, müssen Klavier spielen lernen. Sie werden in ihrem Hauptfach, in Musiktheorie, Gehörbildung und Klavier geprüft. In Deutschland ist das Studium an 30 Musikhochschulen oder 9 Kirchenmusikhochschulen möglich. Sie haben sich dort pünktlich beworben, ganz förmlich mit allen Zeugnissen und Lebensläufen, Repertoirelisten und Passbildern. Der erste Schritt ist geschafft. Ein Anfang. Dann kommt der finale Tag. Nach über zehn Jahren Vorbereitung. Leich-

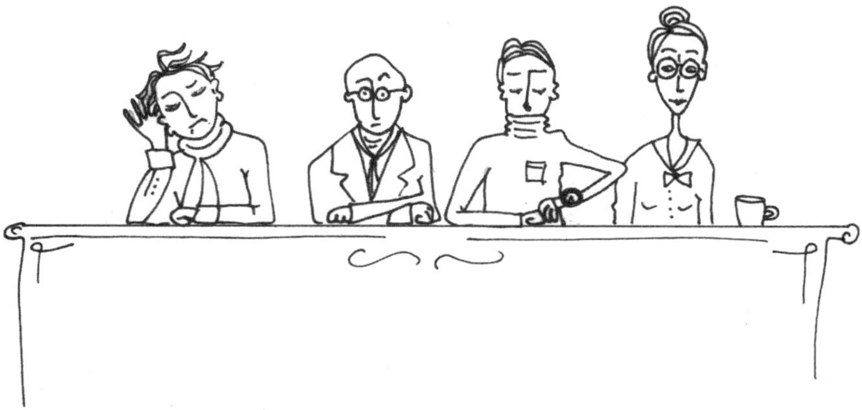

te Aufregung. Panik. Kann ich den Anforderungen entsprechen? Bin ich gut genug? Sitzt mein Hemd? Bin ich musikalisch? Wie ist die Prüfungskommission besetzt? Ich muss auf die Toilette! Was soll ich auf die Frage der Kommission antworten: Warum wollen Sie Musik studieren? Weil … äh ... na, weil … ähh …? Fragen über Fragen, die Ihnen durch den Kopf schießen. Aber jetzt geht es los. Der Gang in den Saal, in der Mitte ein Flügel. Eine vierköpfige Prüfungskommission mit ernstem und gelangweiltem Blick, da diese Jury heute schon mehr als 20 Prüflinge mit den gleichen Stücken angehört hat. Ansonsten ist der Saal leer. Ein Tribunal. Ein kurzes »Hallo. Sind Sie gesundheitlich fit?« – »Ja.« Dann der Spruch des Kommissionsvorsitzenden: »Na, dann legen Sie mal los, überraschen Sie uns!« Das ist genau die Atmosphäre, die man sich wünscht, um musikalisch frei und spontan schöne Musik zu spielen. Aber was soll's, das Leben ist kein Ponyhof. Man spielt. Man schwitzt. Man verspielt sich. Man schwitzt noch mehr. Ein Tropfen rinnt schon nach fünf Sekunden die Stirn hinunter. Dann Abbruch durch die Prüfungskommission. Danke. Kopf hoch. »Haben Sie noch ein anderes Stück vorbereitet?«, wird man gefragt. »Dann bitte das noch anspielen.« Anspielen? Man hat das ganze Stück jahrelang geübt wegen dieser vier Pappenheimer und die wollen nur den Anfang hören. WAAASSS? Contenance. Man spielt. Man schwitzt wieder. Abbruch. Ein kurzes »Danke!«, das war‘s, man ist wieder draußen vor dem Saal. Keine vier Minuten hat das alles gedauert. Dann warten. Nochmals warten. Dann Auswertung. Man geht mit gesenktem Kopf wieder in den Saal. Diesmal nicht ans Instrument, sondern auf einen Stuhl vor der Kommission. Herzklopfen. Erste Frage: »Was wollen Sie studieren?« Man hofft, nicht die folgende Frage beantworten zu müssen: »Haben Sie noch andere Talente wie Naturwissenschaften oder Sprachen?« Falls die Kommission nette Fragen stellt, ahnt man schon Gutes oder auch nicht. »Weswegen wollen Sie bei uns Musik studieren?« Oh mein Gott, das war genau die gefürchtete Frage, na, weil ... ich Musik mag. Dann ist es schon wieder vorbei. Jetzt heißt es durchatmen. Vor Gericht, auf See und bei einer Aufnahmeprüfung an einer deutschen Musikhochschule ist man in Gottes Hand. Wenn es klappt, ist man froh, aber es ist erst der Anfang von ganz anderen Prüfungen, die das Musikerleben für einen bereithält. Das weiß man aber zu diesem Zeitpunkt glücklicherweise noch nicht. Wenn es an der ersten Musikhochschule nicht klappt, keine Angst. Sie haben noch 29 weitere Möglichkeiten. Sie schaffen das schon. Sie sind doch musikalisch!

Ohrwurm der Stunde

* »Wahnsinn« von Wolfgang Petry
* »Für Elise« von Ludwig van Beethoven
* »Ich bin der Beste« von Kurt Mikula

Was war meine schwierigste (Aufnahme-)Prüfung?

1.

2.

3.

4.

PERFEKTION GIBT ES NICHT

UND BASTA

Für viele Menschen ist Perfektion eine wichtige Eigenschaft. »Perfektionistisch« ist für sie ein Kompliment. Sie tragen stets die perfekte Garderobe, das perfekte Make-up, haben das perfekte Auto, die perfekten Kinder. Sie wollen den perfekten Job mit noch mehr Geld und Ruhm und obendrauf noch den perfekten Partner. Und wir alle wissen, den perfekten Partner gibt es nicht auf dieser Welt, zumal der ja auch den perfekten Partner sucht, und jetzt mal ehrlich: Sind Sie perfekt? Schlau, gut aussehend, ich meine: sehr gut aussehend, reich, smart und … perfekt? Falls Sie nur kurz gezögert haben und denken, nun ja, mein Sixpack ist noch nicht ganz so perfekt – aus. Vorbei. Perfektion gibt es nicht. Hören Sie auf zu weinen, das wäre ja wieder nicht perfekt.

Spielen Sie gerne *Mensch ärgere Dich nicht*? Ja? Perfekt? Nein, aber es macht trotzdem großen Spaß, stimmt's? Fahren Sie gerne Fahrrad? Ja? Perfekt? Nein, aber es bringt Sie trotzdem gut von A nach B. Spielen Sie gerne Schach? Ja? Perfekt? Nein, aber es gibt Ihnen dennoch viel. Schwimmen Sie perfekt? Tanzen Sie perfekt? Kochen Sie perfekt? Schnüren Sie sich die Schuhe perfekt zu? Jaaaa, das kann ich! Und selbst wenn: Sogar ein Weltmeister wird eines Tages vom nächsten Weltmeister geschlagen werden und der wieder vom nächsten, so geht das immer weiter. Perfektion ist unmöglich. Bei der Musik ist sie unerreichbar. Jedes Stück kann man immer noch etwas mehr so oder etwas mehr so spielen. Noch schneller, noch genauer, noch ausdrucksstärker, noch langsamer. Und jetzt STOPP.

Das Leben ist nicht perfekt und das ist gut so. Musik ist nicht perfekt und das ist gut so. Genießen Sie die Musik. Nicht immer denken, der Karajan hätte das perfekt dirigiert, viel besser als mein Kapellmeister hier gerade in Detmold. Was für ein Dilettant. Machen Sie das nicht. Das bringt Ihnen nur schlechte Laune. Der Karajan wird deswegen nicht mehr auferstehen, auch wenn Sie sich noch so grämen. Imperfektion gehört dazu. Musik erklingt nur in diesem Moment. Nur für Sie. Das macht sie so einzigartig. Sie können sie nicht zurückholen und verbessern. Das ist fantastisch, gerade so wie eine Seifenblase nur in diesem Moment existiert und dann einfach verschwindet. Sie ist nur für diesen einen Moment sichtbar. Musik ist eine Kunstform auf Zeit.

Ihre Erinnerungen an ein Musikstück können sehr persönlich sein, vielleicht haben Sie es in einem besonderen Moment gehört, mit einer Person, die Ihnen wichtig ist, an einem Ort, der Ihnen wichtig ist, an einem Tag, der Ihnen wichtig ist. Ein Geburtstag, Hochzeitstag, eine Beerdigung oder ein Feiertag. Dieser Moment mit der Musik als Soundtrack wird Ihnen in der Erinnerung perfekt erscheinen, aber es ist wahrscheinlich, dass er es nicht war. Um jetzt mal etwas Realismus in die Runde zu bringen und meine Imperfektionsthese nicht allzu imperfekt erscheinen zu lassen: Nehmen wir an, es war eigentlich in dem »perfekten« Moment zu laut, zu warm, Sie waren zu aufgeregt, es gab einen Haufen Mücken, es hat geregnet etc. Aber das vergessen Sie alles irgendwann – und der Moment erscheint perfekt. Ein solcher Nachmittag

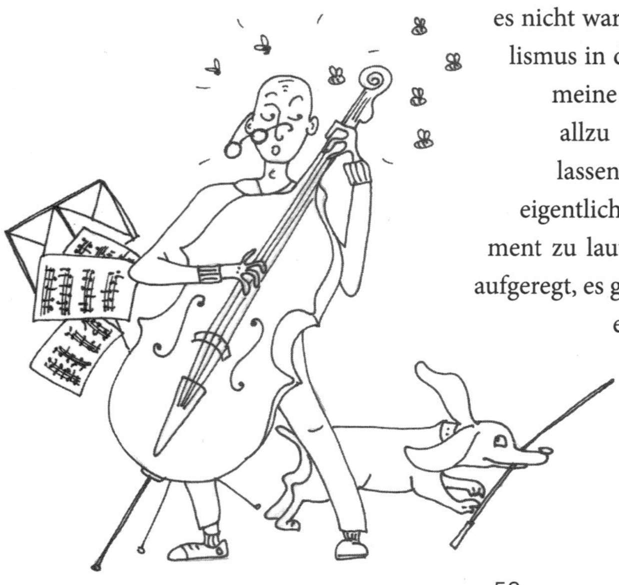

oder Abend wird meistens in der Erinnerung viel schöner, weil wir die Randumstände einfach vergessen. Da leistet das Gehirn tolle Arbeit. Ich nenne es gerne das goldene Tuch der Erinnerung. Alles erscheint viel besser, als es in Wirklichkeit war.

Sogar hochwertige CD-Aufnahmen sind nicht perfekt. Denn wenn es die perfekte Einspielung auf einer CD gäbe, warum sollte nur ein Musiker jemals wieder das gleiche Stück aufnehmen? Eben. Es geht nicht um die perfekte Aufnahme, sondern um die persönliche. Es gibt viele sehr berührende Aufnahmen, aber jeder findet etwas anderes toll.

Die Frage lautet daher immer – egal ob live oder auf CD –: Was will der Künstler mir für eine Geschichte erzählen? Höre ich ihm gerne zu in diesem Moment? Passt alles?

Dann lauschen Sie glücklich und freuen sich über die Perfektion der Imperfektion.

Ohrwurm der Stunde

- »One Moment in Time« von Whitney Houston
- »Egoist« von Falco
- »Ich bin der König von Mallorca« von Jürgen Drews
- *Carmen* von Georges Bizet

DIE GLASHARMONIKA

ODER WAS BENJAMIN FRANKLIN MIT MOZART UND DEM TOD VON BEETHOVEN ZU TUN HAT

Richtig feuchte Hände sind beim Musizieren unerwünscht und für einen Geiger mit erhöhtem Puls oder sogar blanker Panik verbunden. Das gesamte Griffbrett verwandelt sich in Sekundenbruchteilen in eine Wasserrutsche, die weder Halt noch Orientierung bietet. Furchtbar. Es gibt aber ein Instrument, wo feuchte Patschehändchen von existenzieller Bedeutung sind, da ohne sie kein Ton zu hören wäre. Der amerikanische Staatsmann und Wissenschaftler Benjamin Franklin war nicht nur einer der Gründerväter der USA und Erfinder des Blitzableiters, nein, er konstruierte auch 1761 die sogenannte Glasharmonika. Das Gerät besteht aus ca. 30–40 Glasschalen, die auf einer Achse ineinandergeschoben sind. Diese Glasschalen werden durch ein Fußpedal in Rotation gebracht. Dann erzeugen die feuchten Finger per Auflegen direkt an den Schalen die Töne. Das Ganze ähnelt in Mechanik und Aussehen einer alten Nähmaschine ohne Näharm, aber dafür mit querstehenden, ineinandergeschobenen unterschiedlich großen Salatschüsselchen. Zwei Oktaven reichen diesem zarten, leise und sehr lang klingenden Instrument als Tonumfang aus. Die Klänge sind sphärisch und elfenhaft. Die Zuhörer waren begeistert. Lange dauerte die große Zeit der Glasharmonika allerdings nicht. 1837 war alles wieder vorbei, da der neu aufkommende große und laute Orchesterklang mit der leisen Glasharmonika nichts anfangen konnte.

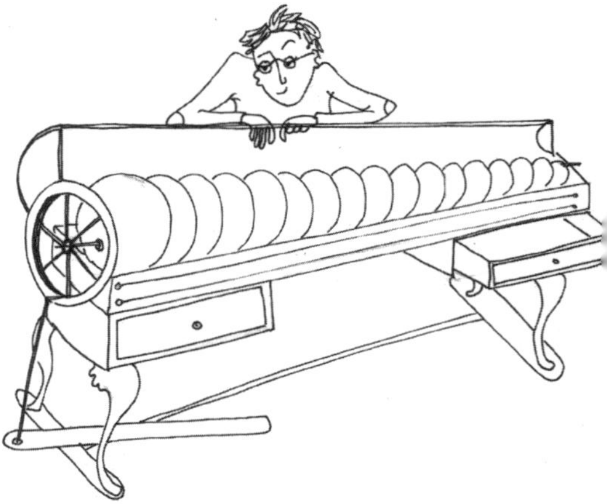

Ein weiterer Grund für das frühe Ende der Popularität der Glasharmonika könnte schlicht in der Transportproblematik gelegen haben. Glas hat es nun mal so an sich, dass es launisch wird, wenn man es auf holprigen Waldwegen transportiert. Das Aus für das Instrument. Klirr. Wenn Sie ein neues Instrument erfinden wollen, denken Sie bitte auch an die Transportierbarkeit. Gerade mal 78 Jahre für ein Instrumentenleben sind kurz, aber das wusste Herr Franklin bei seiner Erfindung glücklicherweise noch nicht.

Heute hört man die Glasharmonika nur noch ab und zu als Sphärenmusik in der Oper. Insgesamt gibt es weltweit um die zehn Glasharmonika-Virtuosen. Da könnten Sie noch Karriere machen, die Konkurrenz ist definitiv kleiner, als wenn Sie Ihr Glück unter 100.000 Pianisten versuchen. Andererseits ist das Instrument nicht ganz billig. Für etwa 50.000 Euro können sie eins beim einzigen Glasharmonikabauer in Deutschland erstehen.

Welche Voraussetzungen braucht man als Glasharmonikaspieler? Falls Sie gerne Ihre Hände eincremen, so ist das schlecht, da eingecremte Hände das Wasser nicht auf der Haut haften lassen. Raue und entfettete Haut ist da besser. Sie können sogar durch Ihr Essen den Klang des Instrumentes verändern. Klingt komisch, ist aber so. Ja, Essen scheint auch musikalisch zu sein, denn die Nahrungsaufnahme hat einen Effekt auf die Spannung der Haut, die beim Spielen der Glasharmonika wichtig ist. Viel Essen = wenig Spannung. Wenig Essen = viel Spannung. Viel Spaß beim Hungern! Es gibt aber auch einen großen Vorteil. Für alle Zeitgenossen, denen das Stimmen von Instrumenten schon immer auf die Nerven ging: Die Glasharmonika muss man nur alle paar Jahrhunderte stimmen! Im Vergleich etwa zu Gitarristen können da ganze Generationen von Musikern viel Lebenszeit sparen.

Die Glasharmonika wurde interessanterweise zu ihrer Blütezeit auch zur Behandlung psychischer Erkrankungen eingesetzt. Der berühmte Arzt Franz Anton Mesmer (1734–1815), nicht zu verwechseln mit dem Bergsteiger Reinhold Messner, begründete den für unsere Ohren sehr merkwürdig klingenden »animalischen Magnetismus«. Das hört sich schon sehr esoterisch an, und das ist es auch. Mesmer nutzte die Glasharmonika zur persönlichen Erbauung und zur Therapie von Patienten. Allerdings kam das Instrument bald in den Ruf, die Nerven eher zu schädigen als zu heilen. Was man damals halt so glaubte. Und jetzt kommen die ganz, ganz großen Namen ins Spiel: Bei Mesmer lernte der junge Mozart die Glasharmonika kennen. Seine Familie wollte eine kaufen, aber sie war ihnen zu teuer. Meister Mozart schrieb sogar als eines seiner letzten Stücke ein Quintett mit Glasharmonika.

Kommen wir zum nächsten großen Namen: Beethoven. Als vor ein paar Jahren ein wirres Haar des Meisters analysiert wurde, kam heraus, dass er an einer Bleivergiftung gestorben ist. Daraufhin entstanden mehrere Hypothesen. Die einen tippten auf verseuchtes Quellwasser, die anderen auf bleihaltige Donaufische, aber eine weitere Möglichkeit ist wahrscheinlicher. Beethoven starb womöglich an einer Bleivergiftung durch das Spiel auf der Glasharmonika. Heute werden die Klangschalen natürlich aus reinem Glas gefertigt. Früher war es Bleiglas. Und so könnte Meister Beethoven durch bloßes Spielen des Instruments die kritische Bleimenge aufgenommen haben. Überirdisch schöne Musik, die ihn aus dem Irdischen hinausbeförderte.

Somit hätte am Ende Benjamin Franklins Erfindung der Glasharmonika Beethoven um die Ecke gebracht. Dieses zarte göttliche Instrument, von dem Goethe meinte, »man höre das Herzblut der Welt«, also diese Glasharmonika, hat den Beethoven vergiftet. Auch wenn das heute nicht mehr zu beweisen ist, ist es immerhin eine schöne Geschichte.

Ohrwurm der Stunde

* »Adagio für Glasharmonika« (KV 617a) von W.A. Mozart
* »Message in a Bottle« von Police
* Filmmusik zu *The Hours* von Phillip Glass

DER LANGE WEG ZUM PUBLIKUM

ODER WIE WIRD MAN HEUTE BERÜHMT?

Haben Sie sich schon mal gefragt, warum eine Künstlerin, die Sie verehren, keiner außer Ihnen kennt? Das geniale Video Ihres Lieblingsliedes hat ganze dreizehn Aufrufe bei Youtube, wobei Sie das Video selber schon zehnmal angeschaut haben. Bei Spotify ist der Song unauffindbar und noch dazu gibt es keinen Eintrag bei Wikipedia. Wie kann das sein? Die Sängerin ist doch so genial? Wenn Sie vor Ihren Bekannten schwärmen, schaut Sie Ihre beste Freundin nur mitleidig an und meint: »Nee, kenn' ich nicht, wer soll das sein? Läuft die im Radio? Nicht? Na, merkste schon selber, oder?« Dazu kann ich nur sagen: HALT!

In der Argumentationskette Ihrer Freundin gibt es einen Haken, denn sie lässt ein paar entscheidende Punkte außer Acht. Es gab zu keiner Zeit auf der Welt so viel unterschiedliche Musik wie heute. Es war zu keiner Zeit so einfach, Musik zu verbreiten. In der Steinzeit war das schwieriger. Es gab nur das gemeinsame Singen des Stammes am Lagerfeuer. Nach der Erfindung des Papiers und der Notenschrift war man schon einen Schritt weiter und Kopisten sorgten dafür, dass die Werke der Komponisten zumindest regional verfügbar waren. Heute hat jeder ein mobiles Gerät in der Tasche, mit dem man Musik jederzeit aufnehmen und sekundenschnell um die Welt schicken kann. Musik ist rund um die Uhr überall verfügbar: gestreamt, geladen, gekauft, gebrannt, geyoutubed oder ganz oldschool im Radio gehört. Und was für eine Auswahl man da erst hat: Klassik – Barock, Wiener Klassik, Romantik, Impressionismus und Moderne – Gospel, Blues, die vielen Formen des Jazz – Ragtime, Dixi, Swing, Bebop, Cool Jazz, Free Jazz – Electro, House, Hip-Hop, Drum&Bass, Dance, Trance, Pop, Rock, Techno, Heavy Metal – oder Country, Western, Volksmusik … Bis Anfang des letzten Jahrhunderts gab es nur MUSIK. Keiner kann sich überall auskennen. Auch nicht Ihre Freundin.

Ein Musikspezialist ist heute meist Spezialist für ein Genre. Mehr schafft man bei der Fülle an verfügbarer Musik kaum. Daher vertrauen viele lieber auf den Mainstream, der bestimmt, was gerade angesagt ist und was nicht. Das vereinfacht die Situation, da man nur schwer allein gegen den Strom des Gruppengeschmacks schwimmen kann. Gemeinsame Anhänger eines Genres neigen zur Grüppchenbildung, deren Schnittmenge auch null sein kann. Menschen mit unterschiedlichem Musikgeschmack, beispielsweise ein Patrick-Lindner- und ein AC/DC-Fan, können nach dem gegenseitigen Feststellen desselben ganz schnell getrennter Wege gehen. Einen voll tätowierten Rockfanatiker kann man sich schlecht beim Nachmittagskaffee bei den Schwiegereltern mit einem ausgeprägten Faible für Cindy und Bert vorstellen. Da die meisten Menschen immer irgendwo dazugehören und nicht als einsame Wölfe durch die Welt tigern wollen, hat das zur Folge, dass unser Musikgeschmack meist eine große Schnittmenge mit dem aufweist, was unser »Stamm« hört.

Kommen wir zurück zu der herrlichen Sängerin, die noch keiner kennt. Es ist, um es platt zu sagen, vollkommen wurscht, ob außer Ihnen noch jemand diese Musik kennt. Wenn Sie diese Musik mögen, dann ist das Ihre Musik. Für die meisten Konzertgänger ist es schwierig, ein Konzert im Nachhinein Außenstehenden zu beschreiben. Sprache reicht da oft nicht, da ein Konzerterlebnis von vielen Facetten bestimmt wird – Stimmung, Spielfreude, Sound, Show oder vielleicht einfach nur die Sicht, die man hatte. Ich habe schon oft ein Konzert besucht und danach eine Kritik in der Zeitung gelesen, die absolut nichts mit meinem Empfinden zu tun hatte. Der Kritiker hatte definitiv ein anderes Konzert besucht als

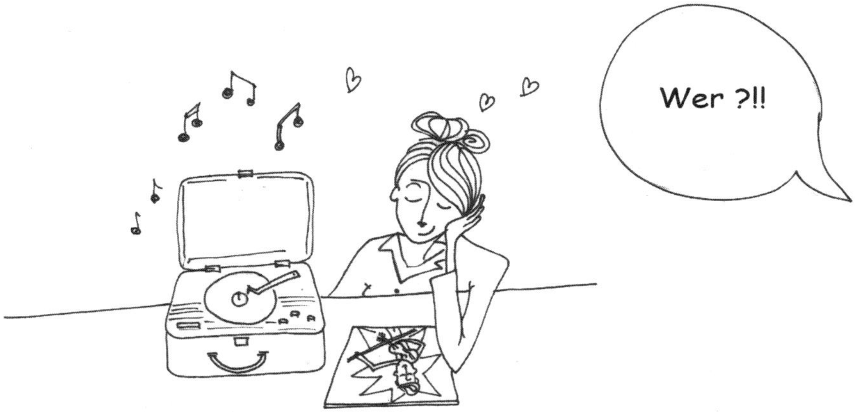

ich, oder er hat bei jemand anderem abgeschrieben und war schlicht gar nicht dabei, sondern im Café nebenan. Die Geschmäcker sind verschieden und das ist gut so. Sonst würden alle nur Coldplay hören und keiner interessiert sich für Jazz aus Dresden.

Für viele ist es wichtig, nach dem Konzert zu sagen, ja, war ausverkauft. Aber was sagt das aus? Es sagt unterschwellig aus, dass »ich« mich geschmacklich nicht so täuschen kann, weil viele andere diese Band auch toll finden. Es heißt: »ich« bin strukturiert, »ich« habe mir zeitnah Karten gekauft, »ich« war dabei, »ich« kenne den Zeitgeist, »ich« bin up to date. »Ausverkauft« sagt nichts über die Qualität eines Konzertes aus. Ein Bob-Dylan-Fan wird alles super finden, auch wenn der Meister am Konzertabend indisponiert war und man bei der Hälfte der Töne schon viel Fantasie brauchte, um sie mit dem Lied in Verbindung zu bringen. Er wird trotzdem nach dem Konzert und einem Obolus von 150 Euro für die Eintrittskarte sagen: »Es war ein grandioser Abend.« So ist das nun mal. Weil der Bob Dylan einfach gut sein muss.

Ich mache seit vielen Jahren Randgruppenmusik und bin glücklich damit. Es gibt eine unterschwellige Annahme, dass ein Musiker, der nicht im Fernsehen zu sehen ist, traurig und einsam ist. Das ist Quatsch. Meistens. In kleinen Clubs schöne Musik zu spielen, kann das Schönste für einen Künstler sein und für seinen Lebensunterhalt ausreichen. Falls Sie einmal den Film *Wie im Himmel* gesehen haben, wo ein Klassikstardirigent ausgebrannt in ein schwedisches Dorf kommt und den dortigen Laienchor übernimmt, können Sie besser nachvollziehen, dass es für einen Großteil der Musiker um die Liebe zur Musik geht, egal vor wie vielen Menschen sie spielen. Das Gefühl ist entscheidend. Die Ehe mit der Musik. Wenn man primär viel Geld verdienen will, ist diese Branche für 95 Prozent der Musiker nix. Wenn man allerdings seine Liebe zur Musik ausleben will, ist diese Branche der perfekte Ort. Es gibt allein in Deutschland Tausende grandiose Musiker, die keiner kennt und niemals kennen wird, da es eine Chinesische Mauer gibt zwischen denen, die die Musik machen, und denen, die die Musik vermarkten. Viele Musiker sind eben primär Musiker und können, vorsichtig formuliert, nicht überzeugend in 15 Sekunden der Person an der Supermarktkasse begreifbar machen, warum sie a) zu ihrem Konzert kommen oder b) ihre Musik kaufen soll. Man kann aus einer Gazelle keinen Elefanten machen.

Deswegen freuen wir uns, dass es diese musikalische Vielfalt gibt, und bringen unserem Freundeskreis auch mal eine neue musikalische Entdeckung nahe. Es gibt unglaublich viel tolle unbekannte Musik zu entdecken! Egal, was die anderen sagen!

Ohrwurm der Stunde

* »Thank You for the Music« von ABBA
* »Hey Boss, ich brauch mehr Geld« von Gunter Gabriel

Welche Musik mag ich, die mein Nachbar (noch) nicht kennt (aber unbedingt mal kennenlernen sollte)?

1.

2.

JÄGER UND SAMMLER

WARUM MAN RIESIGE PLATTENSAMMLUNGEN BRAUCHT ODER EBEN NICHT

Es gibt Leute, die nicht im Traum daran denken, soziale Kontakte zum anderen Geschlecht dem Hören eines raren Albums auf ihrer teuren Stereoanlage vorzuziehen. Wesen, die in mysteriösen Internetforen ihre heißesten Tipps austauschen, die sich bei Plattenbörsen mit Gleichgesinnten leise flüsternd über ihre Jagderfolge unterhalten und Unwissende mit dem ihnen eigenen abfälligen bis mitleidigen Blick bedenken. Ja, wir befinden uns bei den Jägern und Sammlern von Musik. Es gibt sie auf der Suche nach der exklusiven Platte, der limitierten Auflage des Albums, der verschollenen Aufnahme. Sie kennen sich in den entlegensten Winkeln der Musikwelt aus, fragen ihre guten Quellen regelmäßig ab und sammeln, sammeln, sammeln. Kurze Zwischenfrage: Woran erkennt man einen Veganer? Er sagt es dir alle fünf Minuten! Genauso ist es mit diesen Jägern und Sammlern. Sie erzählen dir sofort von ihren neuesten Errungenschaften und Beutestücken. Falls Sie sich nicht auskennen, werden Sie, da können Sie sicher sein, zwar mit einem herabwürdigenden Blick gestraft, aber der Jäger wird Ihnen im Anschluss sein ganzes Wissen mitteilen, falls Sie einmal zu wenig »Ach, das Thema interessiert mich nicht« gesagt haben. Obwohl die Zahl der Plattenläden überall stark abgenommen hat und der große Teil des Handels in digitale Welten abgewandert ist, existiert im Süden der Republik, in einem großen bayerischen Dorf namens München, die Musikabteilung in der fünften Etage des Kaufhauses Ludwig Beck. Hier trotzen ältere Herrschaften globalen Trends. Und das in der klassischen Form. Man kennt sich. Der Jäger und der Sammler und der, der Nachschub zum Jagen besorgen muss. Man grüßt sich mit dem Kennerblick. Seit Jahrzehnten. Fachwissen geballt. Man kennt sogar den Geburtstag der ältesten Tochter der Kassiererin und fragt, wie letzte Woche der Urlaub war. Das gute Münchner Kulturbürgertum, das sich exorbitant teure Stereoanlagen in das Musikzimmer stellt, um aus der perfekt sortierten, riesigen Plattensammlung die 500. Einspielung der *Waldstein-Sonate* von Beethoven aufzulegen. Dann regt sich der Kenner zum wiederholten Male auf, dass der 2. Satz viel zu schnell ist. Tatsächlich hat diese Musikabteilung von Ludwig Beck in München zwischen 1995 und 2005, den goldenen Jahren des Musikgeschäftes, 1 Prozent des weltweiten Klassikmarktes umgesetzt. In *einem* Laden und ohne Onlinehandel! Es gibt Exemplare der Spezies Jäger und Sammler, die jede Woche mehrfach in dieses Geschäft gehen und sich durch die geordnete Musikwelt hören und kaufen. Aber – das ist die trübe Nachricht – sie sterben aus. Die Jäger kommen in die Jahre. Die Branche bangt um die treuesten Kunden der Zunft.

Falls Sie wie ich in Mathe nicht die hellste Kerze auf der Torte sind, können Sie trotzdem mal etwas zusammenzählen. Nehmen wir an, Sie sind ein Sammler mit einer 5000 CD/LP starken Sammlung. Jede CD hat ca. 45 Minuten Laufzeit. Das sind schon mal 3750 Stunden reine Musik, und wenn Sie 24 Stunden am Tag Musik hören würden, wären das locker 156 Tage ununterbrochen Musik. Wenn Sie nur 8 Stunden am Tag Musik hören, was eigentlich keiner schafft, sind das bereits 468 Tage. Also entspannt mal 1,5 Jahre Musik. Viel Spaß! Da ist es für mich jetzt nicht sehr logisch, noch mehr Platten zu kaufen. Aber mit Logik braucht man Jägern und Sammlern eh nicht zu kommen. Hamstern gehört zur zentralen Charaktereigenschaft der Menschheit für die schlechten Zeiten. Als betagter Sammler mit 10.000 CDs ist es irgendwann rein rechnerisch nicht mehr zu schaffen, die gesamte Musikbibliothek anzuhören. Nicht zu viel darüber nachdenken. Die Kinder der Jäger und Sammler jedenfalls können mit dem Berg Tausender Klassikplatten meist nichts anfangen und haben keinen Platz zu Hause. Sie fahren mit dem Schatz des Vaters genervt zum nächsten Verwertungshof, um in den bereitstehenden Tonnen Silberlinge und Plastikhüllen getrennt zu entsorgen. Das erlebt der Jäger und Sammler glücklicherweise nicht mehr. Der ganze große, jahrzehntelang gesammelte Schatz. Einfach weggeschmissen.

Zurück zur Musik. Falls Sie als Musikliebhaber einmal einen gut sortierten Plattenladen als Sehenswürdigkeit anschauen wollen, fahren Sie nach München. Ansonsten aber gibt es in vielen Städten richtig gut sortierte Plattenläden mit Menschen, die für die Musik brennen und sich gut auskennen. Das ist etwas anderes, als im Netz mp3 anzuklicken. Den ganz großen Traum jedes Sammlers wiederum gibt es nur in Leipzig. Im Deutschen Musikarchiv finden Sie *alle* in Deutschland erschienenen Platten, CDs und andere Tonmedien, seit 1913. Das sind mehr als 2,2 Millionen. Das ist das wahre Paradies.

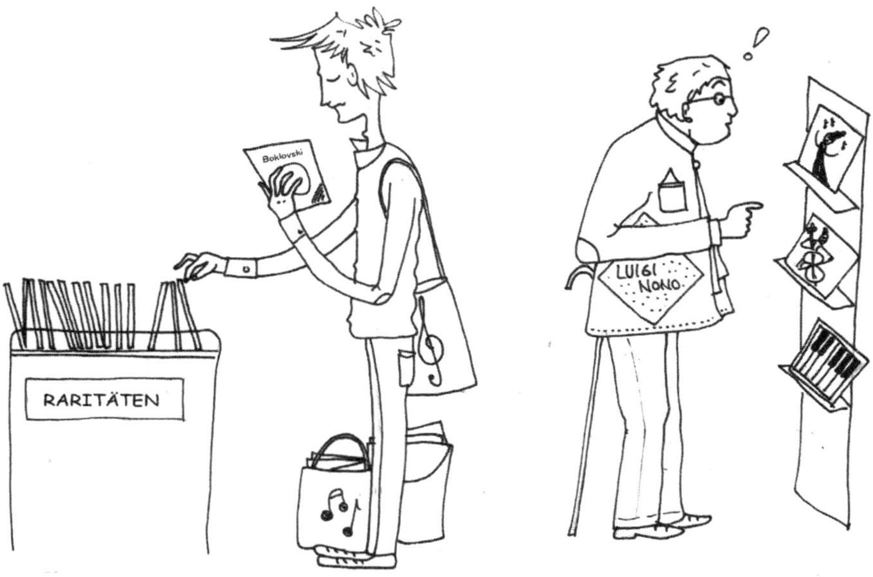

Ohrwurm der Stunde

* »Video Killed the Radio Star« von The Buggles
* »Love Me Tender« von Elvis
* »Bring den Vorschlaghammer mit« von Element of Crime

Wie viele 1.) Platten, 2.) CDs, 3.) Gigabytes voll Musik habe ich? Und 4.) welche doppelt oder mehrfach?

1.

2.

3.

4.

DIE BERÜHMTESTEN GEIGEN DER WELT

ODER WIE MEHRERE KALTE SOMMER EINEN MANN AUS CREMONA BERÜHMT MACHTEN

In jeder dritten Geige der Welt steht sein Name, aber eins ist sicher: Wenn der Name dieses Geigenbauers in einem Instrument zu lesen ist, ist es mit ziemlicher Sicherheit nicht von ihm. Schade. Es waren schon vor über 100 Jahren gefälschte Druckbögen mit seinem Namen im Umlauf, die man wertsteigernd in eine Geige kleben konnte. Bei unwissenden Käufern klappte das. Falls Sie also letzte Woche auf Ihrem Speicher eine alte Geige mit diesem berühmten Schriftzug gefunden haben, ist das eine schlechte Nachricht für Sie – oder zumindest kein Lottogewinn.

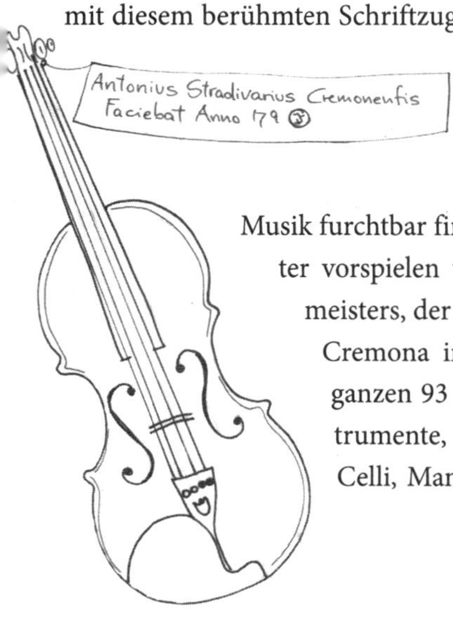

Interessanterweise kennt jeder, absolut jeder, auch wenn er klassische Musik furchtbar findet und nicht mal seinem toten Hamster vorspielen würde, den Namen dieses Geigenbaumeisters, der 1737 in einem kleinen Örtchen namens Cremona in Italien verstarb. Er baute in seinem ganzen 93 Jahre währenden Leben etwa 1100 Instrumente, darunter ein paar Gitarren, Bratschen, Celli, Mandolinen und eine Harfe, aber berühmt ist er für seine Geigen. Jeder kennt sie. Sein Name ist ... *Trommelwirbel*: Antonio Stradivari. Kenner sprechen, wenn sie über die Geigen reden, von einer »Strad«. Obwohl ein Kind der 1970er dabei eher an eine Stratocaster-Gitarre (liebevoll »Strat« genannt) denken würde, hat sich diese Abkürzung in den letzten 200 Jahren unter Klassikfans durchgesetzt. Wenn im Programmheft eines klassischen Violinkonzertes zu lesen ist, es werde auf einer Stradivari gespielt, führt das bei den anwesenden, meist älteren Klassikfans zu einem genussvollen Raunen: »Ah, eine Strad«. Das sagt bis zu diesem Zeitpunkt nichts über die Qualität des Solisten aus – genau genommen nicht einmal wirklich über die Qualität des Instruments, denn nicht jede Stradivari ist absolute Weltklasse. Es gibt allein Auskunft über seinen Geldbeutel oder die Beziehungen zu anderer Leute Geldbeutel. Kennen Sie eigentlich noch einen anderen berühmten Geigenbaumeister? Nein? Kein Problem, das ist für einen Kenner-Small-Talk gar nicht nötig.

Es gibt heute noch ungefähr 520 Geigen aus seiner Manufaktur, und wenn ein Spieler eine Stradivari zerstört, wie es angeblich dem Geiger David Garrett schon mal passiert ist, weil er über sie gefallen ist, steigen die restlichen 519 Geigen im Wert. Bäm! Falls Sie den Wert Ihrer Stradivari also abrupt steigern wollen, müssen Sie die anderen 518 Geigen schrotten, ins Wasser werfen, gegen Hauswände donnern oder »aus Versehen« fallen lassen. Das wiederum werden Sie nicht schaffen, da ein großer Teil dieser Instrumente ihr Dasein in Safes fristet, die Sie selbst als James Bond nicht knacken könnten und noch dazu 518-mal.

Wem gehören nun diese wertvollen Instrumente? Keinen Musikern. Das übersteigt deren finanzielle Möglichkeiten, außer der Vater ist rein zufällig Scheich. Die Instrumente gehören Anlegern, Investmentfirmen, Holdings, Fondsgesellschaften und ein paar steinreichen Freaks. Sehr unromantisch. Die meisten Eigentümer sind im Internet aufgelistet, wie z.B. der spanische König. Ein komplettes Streichquartett – zwei Geigen, Bratsche und Cello – ist im spanischen Königspalast deponiert und wird nur zu besonderen Anlässen aus der Vitrine geholt. Allerdings ist es für Musiker eine besondere Herausforderung, nur ein paar Stunden vor dem Konzert diese Instrumente zum Spielen zu bekommen, da man normalerweise Monate braucht, um sich auf »seinem« Instrument richtig wohlzufühlen. Aber so lange werden sie nicht verliehen, schließlich haben die Eigentümer Angst, dass das Instrument einen Kratzer bekommt. Verständlich, denn jeder Kratzer mindert den Wert beträchtlich.

Was ist das Besondere an diesen Geigen? Ganz klar: ihr Klang. In der Zeit vor Stradivari sollten die Geigen den Klang der Vögel nachahmen, eher piepsig und dünn klingen. Erst zu seinen Lebzeiten kam der Wunsch nach einem volleren Sound auf. Die Konzertsäle wurden größer, Orchester und Quartette lauter. Das Publikum lechzte nach mehr Kraft und Lautstärke. Der Ton einer Stradivari schafft es mühelos, bis in die hintersten Reihen eines großen Saals zu strahlen. Der Spieler hat das Gefühl, sehr leicht einen wunderschönen Ton erzeugen zu können. Wobei »leicht« so eine Sache ist. Ich würde selbst aus der teuersten Stradivari keinen auch nur annähernd schönen Ton herausbekommen. Nur das mickrige Kratzen des Bogens eines blutigen Anfängers auf den Saiten, das auf einer 89-Euro-Sperrholzgeige genauso furchtbar klingt wie auf einer Stradivari von unschätzbarem Wert.

Ein befreundeter Geiger hatte kürzlich eine »Stradivari« feierlich aus Paris ausgeliehen bekommen. Er konnte zwei Monate lang nicht richtig schlafen, weil diese 3,5-Millionen-Euro-Geige mit ihm im Schlafzimmer weilte, und meinte, für so viel Schlaflosigkeit hätte noch nicht mal seine Ex-Freundin gesorgt. Er hätte aus versicherungstechnischen Gründen, falls das Instrument länger in seiner Obhut gewesen wäre, Sicherheitsglas und ein teures Schloss für seine Wohnung gebraucht. Meiner Meinung nach hätten auch diese baulichen Veränderungen einen Meisterdieb nicht davon abhalten können, den Koffer nebst Instrument in seinen Besitz zu bringen. Noch dazu steigt der Wert des Instruments monatlich im Schnitt um mindestens 10.000 Euro. Der Kollege hat extra seinen einfachen Geigenkoffer behalten, um die Stradivari zu transportieren, damit nicht jeder sofort ahnt: Ah, in dieser vergoldeten Tasche muss ein Schatz von 3,5 Millionen Euro verstaut sein.

Was macht das Instrument so einzigartig klangvoll und damit zugleich so unglaublich teuer, dass man dafür als normaler Musiker über 100 Jahre

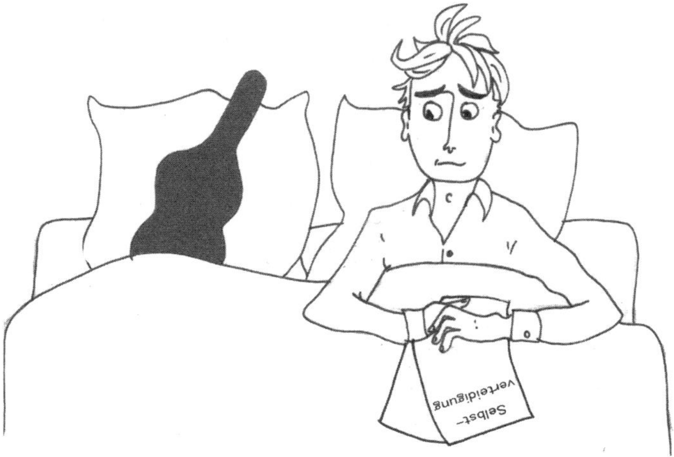

leben müsste, um es abzuzahlen? Einige sagen, die Besonderheit der Stradivaris sei das Holz. Zufälligerweise brach vor Stradivaris Lebzeiten ein Vulkan aus und sorgte dafür, dass die Temperatur sank, ein paar Sommer ausfielen und die Menschen hungerten. Die Hölzer wuchsen dadurch langsamer. Dieses Holz scheint ein Grund für den Erfolg der Instrumente zu sein. Es gibt wiederum Geigen, die aus dem gleichen Holz entstanden sind und nicht die Qualität einer Stradivari haben. Da kommt dann das meisterliche Handwerk des Geigenbauers zum Tragen.

Einige sagen, die Qualität der Stradivaris sei auch deshalb so gut, weil diese Geigen 200 Jahre lang mit Darmsaiten gespielt wurden. Das klingt im ersten Moment vielleicht unappetitlich. Aber es ist auch genau der Stoff, in dem heute Bratwürste verkauft werden, Naturdarm von Huftieren. Die Geigenbauer wickelten Teile eines Tierdarms so lange zu einer Saite zusammen, bis man darauf spielen konnte. Diese Naturdarmsaiten hatten noch nicht die Saitenspannung der heutigen Zeit. Heute spielt man in der historischen Aufführungspraxis noch Darmsaiten, aber meistens sind es moderne synthetische Saiten, die mit verschiedenen Materialien umsponnen werden – wie Aluminium, Silber oder Chromstahl. Diese Verbindung verträgt viel mehr Spannung. Die Hölzer der Geigen hatten ein paar Jahre Zeit, um sich an die Kraft der neuen Saiten zu gewöhnen.

Gut Ding will Weile haben. Aber schlussendlich weiß keiner, warum diese Geigen aus Cremona so sensationell klingen. Es gibt beruhigenderweise den Faktor Magie. Technisch können wir den Bau dieser Geigen nachvollziehen, aber bauen können wir sie trotzdem nicht. Freuen wir uns einfach über diese faszinierenden Instrumente!

Zwischen 1700 und 1725 baute Stradivari seine bedeutendsten und besten Meisterwerke. Fast alle seine Geigen bekamen von der Nachwelt Namen, sie wurden entweder nach einem Musiker oder nach dem Besitzer benannt. Eine von diesen Geigen ist noch besonderer als die anderen: Sie hört auf den Namen »Messias«, was per se schon einiges verspricht. Wie ein Messias halt so ist: Man wartet auf ihn, aber er kommt selten wirklich vorbei. Diese »Messias«-Geige hat Stradivari nie verkauft oder verschenkt, sie blieb bei ihm bis zu seinem Tod. Sie ist heute die einzige fast unbespielte Geige aus seiner Werkstatt, allerdings nur, falls sie nicht jemand gerade jetzt in diesem Moment aus Versehen runterfallen lässt oder ihre Echtheit infrage gestellt wird. Wenn Sie einen Blick auf dieses Exemplar werfen wollen, müssen Sie nur ins Ashmolean Museum nach Oxford fahren.

Ein kleines Detail: An jeder Geige gibt es am Hals eine hölzerne Spirale, die man in der Fachsprache »Schnecke« nennt. Diese ist für den Klang des Instruments völlig unerheblich, aber sie ist die Visitenkarte jedes Geigenbaumeisters. An dieser Stelle des Instruments kann er sich austoben, besonders fein und kunstvoll gestalten. Wenn diese Schnecke fehlt, dann verliert die Geige meist die Hälfte ihres Wertes. Die Musikwelt ist eben etwas merkwürdig. Aussehen zählt halt doch.

Auf der legendären goldenen Schallplatte, die in einem Raumschiff unser Sonnensystem vor ein paar Jahren verlassen hat, ist der Klang einer Stradivari-Geige verewigt. Ich bin mir nicht sicher, ob die Außerirdischen auch im Blindtest den Unterschied zwischen einer Stradivari und einer günstigen Chinageige hören würden, da sie ja China gar nicht kennen. Also warten wir ab, ob der Klang der Stradivari ein Grund für sie sein wird, der Erde einen Besuch abzustatten, um sie live zu hören. Dann werden wir sehen, wie musikalisch die Außerirdischen sind.

Ohrwurm der Stunde

- *Die vier Jahreszeiten* von *Antonio Vivaldi*
- »Air« aus der *Suite Nr. 3 in D-Dur* von Johann Sebastian Bach
- »Gavotte en rondeaux« aus der *Partita III E-Dur* von Johann Sebastian Bach für Violine Solo, gespielt von Arthur Grumiaux (ist auf der Voyager Golden Record enthalten)

MACHEN KOPFHÖRER SCHWERHÖRIG?

ODER BEI MIR GELTEN PHYSIKALISCHE GESETZE NICHT

Ich sitze in der Berliner U-Bahn. Neben mir nehme ich sehr laute, hohe Frequenzen eines der ahnungslosen Jugend zuzuordnenden Menschen mit weißen Ohrenstöpseln wahr. Ich kann ganz klar hören, was er hört. Sogar der unanständige Text ist verständlich. Wenn ich diese Klänge mit meinem Abstand zu seinem Kopfhörer schon als laut empfinde, wie betäubend wird das erst in seinen Ohren sein? An seinem Gesichtsausdruck lässt sich weder besondere Freude über diese Lautstärke noch Schmerz ablesen. Vielleicht ist er schon taub? Rational gesehen macht ein Kopfhörer, auch wenn man ihn zehn Stunden am Tag trägt, niemanden schwerhörig. Nur sobald laute Musik übertragen wird, ändert sich die Lage.

Was ist laut? Da hat jeder seine eigene Vorstellung. Die Großmutter läuft schon bei einer Lautstärke panikartig aus dem Zimmer, bei der ein normaler Pubertierender noch nicht einmal seinen müden Blick vom Handy hebt. Diskussionen sind da natürlich schwierig. Doch es gibt zum Glück objektive Maßstäbe. Ich möchte kurz die physikalische Einheit Dezibel, abgekürzt dB, vorstellen. Es ist die Einheit für Lautstärke und Schalldruck, die nach Alexander Graham Bell benannt ist – ja, genau dem, der mit der Erfindung des Telefons wohlhabend geworden ist. Diese Einheit wurde damals eingeführt, um die Verständlichkeit bei

Telefongesprächen zu beurteilen. Was hat das mit unserer Musik zu tun? Nun ja, die Lautstärke von Musik lässt sich in Dezibel messen. Lautstärke generell und speziell Lautstärke von Kopfhörern ist in Deutschland und der EU gesetzlich begrenzt, und das ist auch sinnvoll. In den 1970er-Jahren beispielsweise wehrten sich Autofahrer mit Händen und Füßen gegen die Anschnallpflicht. Das allgemeine Wissen über die Nützlichkeit dieser Anschnallpflicht hat sich aber glücklicherweise durchgesetzt. Das hat zwar gedauert, aber heutzutage schnallt man sich ohne Diskussion an, da es die Überlebenschancen bei einem Unfall wesentlich verbessert. Es ist in Europa alles ordentlich geregelt, so auch, ab wann wir ein ordentliches Pfeifen im Ohr bekommen. In Deutschland darf ein Kopfhörer gesetzlich nicht lauter als 100 dB sein. Das ist ungefähr die Lautstärke einer Kreissäge oder eines Presslufthammers in 10 Meter Entfernung. Zum Vergleich: Ein normales Gespräch liegt bei ungefähr 60 dB. Das wird, wenn es nicht gerade mit der Ex-Frau geführt wird, als ruhig und leise wahrgenommen. Ein startendes Flugzeug wird mit 120 dB gemessen. Und bei der Vorstellung, so eine Boeing 737 direkt am Ohr zu haben, wird verständlich, dass es da einige Startschwierigkeiten für die Ohren geben kann. Und dabei ist es Ihrem Ohr vollkommen egal, welches Geräusch es hört. Für Ihre Ohren ist alles nur Schall, reinste Physik. Und die lässt sich nicht bequatschen: »Hey, Dude, das ist doch die neuste Platte von Drake, die muss man so laut hören.« Wenn jetzt jemand sagt, aber meine Lieblingsmusik klingt nur so gut, wenn ich sie körperlich spüre, die *muss* so laut sein, nun, dann spreche ich einfach leise bei 60 dB weiter und lasse ihn sich in seiner schwächelnden Argumentationskette leise verheddern.

100 Dezibel ist in den meisten Discos als Maximallautstärke verpflichtend. Allerdings können im Orchestergraben bei Richard-Wagner-Aufführungen die Geigen schon mal 109 dB erreichen. Trompeten und Tuba sind sogar mit 110 dB dabei. Selbst die süßen kleinen Konzertflöten können lautstärketechnisch mit einem Presslufthammer mithalten und 118 dB erreichen. Wenn Sie Ihre Ohren außerhalb eines Orchestergrabens ruinieren wollen, kein Problem, kaufen Sie sich einen amerikanischen Kopfhörer. Da sind 113 dB möglich. Das liest sich in Zahlen zwar

gar nicht so schlimm. Ist es aber, denn harmlos aussehende, unschuldige 13 dB lauter entsprechen, da der Dezibelskala ein etwas komplizierter Logarithmus zugrunde liegt, einer Verdopplung der Lautstärke. Viel Spaß bei dem LÄRM.

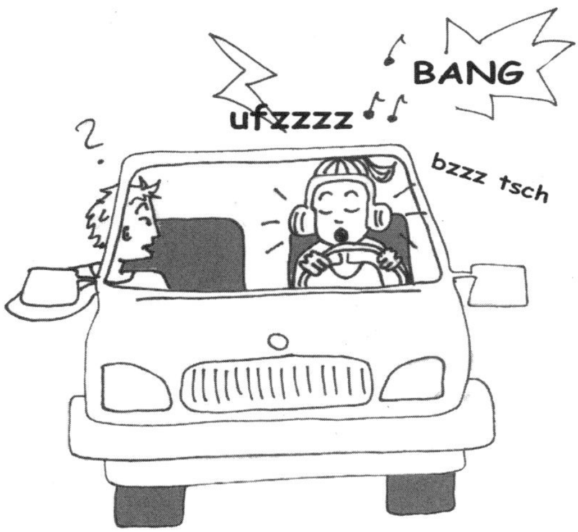

Durchschnittlich haben die Leute in den 1980er-Jahren zu Zeiten der ersten tragbaren CD-Spieler ungefähr sieben Stunden Musik pro Woche auf die Ohren bekommen. Zurzeit sind es durchschnittlich um die 18 Stunden in der Woche. Wie es der Durchschnitt so will, gibt es dabei Ausreißer. Einige Spezialisten sind mit 70 Stunden in der Woche Musik am Start und die werden in ein paar Jahren gute Kunden von Hörgeräteherstellern sein. Ich finde es interessant, denn die Durchschnittslautstärke an Arbeitsplätzen darf nicht höher als 80 dB liegen, ab dieser Dezibelzahl muss der Arbeitgeber einen Gehörschutz zur Verfügung stellen, sonst kann man ihn anständig verklagen. So sind wir Menschen: Am Arbeitsplatz prozessieren wir uns die erforderliche Ruhe ein, aber bombardieren unser Gehör in der Freizeit mit Lautstärken startender Großflugzeuge in der Disco.

Die Freunde der HNO-Abteilung meinen, wir sollten maximal 90 Minuten Musik am Tag bei 89 dB hören. Liebe Musikjunkies, ganz ruhig bleiben, tief durchatmen. Ich wollte das nur einmal gesagt haben. Das ist wie mit dem Alkohol oder anderen beliebten ungesunden Dingen. Wir wissen natürlich auch, dass fettes Fleisch nicht so gesundheitsfördernd ist, aber wenn das saftige Steak erst mal auf dem Teller gut drapiert vor uns liegt, sagen wir uns, ach, das Tier ist eh schon gestorben, auf geht's und rein damit – genießen.

Noch eine Randbemerkung, um zu verstehen, warum Musik so oft so laut gehört wird. Viele Menschen wollen mit der Musik die Umgebungsgeräusche, beispielsweise der vierspurigen Hauptverkehrsstraße, übertünchen, und das geht nun mal nur mit Lautstärke. Der Song muss mindestens so laut sein wie die Straße, aber dann hört man ja immer noch nichts, also muss er noch lauter sein. Zack, und schon sind wieder 30 dB mehr im Ohr. Mein Vorschlag: Wünschen Sie sich lieber zu Weihnachten einen Kopfhörer, der Umgebungsgeräusche herausfiltert. Dann haben Sie schon mal ein paar dB gespart. Und Ihre Ohren werden es Ihnen danken, denn die brauchen Sie ja noch, um erst die Musik zu hören.

Der Ohrwurm der Stunde:

* »Es liegt was in der Luft« von Peter Alexander
* »4'33"« von John Cage
* Musik von der Band Manowar, die steht im *Guinnessbuch der Rekorde* als lauteste Band mit 139 Dezibel

STIMMÜBUNGEN

ODER WAS, VERDAMMT NOCH MAL, IST DAS ZWERCHFELL?

Das einzige Musikinstrument, das jeder Mensch auf der Erde besitzt, von Afrika bis Australien, vom Süd- bis zum Nordpol, das in jedem menschlichen Exemplar als Grundausstattung mitgeliefert wird, ist die Stimme. Bisweilen wird sie bei den einen in der Luxusversion als Goldkehlchen ausgeliefert, bei anderen als »Ich gebe dir jetzt 20 Euro, wenn du sofort aufhörst zu singen«-Version. Aber selbst wenn man sich für den unmusikalischsten Menschen der Welt hält, so hat man bestimmt schon einmal ein leise gehauchtes »I love you« für seine Liebsten über die Lippen gebracht und genau dafür seine Stimme genutzt. Das ist schon gut für den Anfang. Aber wie kann man das nächste Geburtstagsständchen etwas besser performen, um von der Jury im Freundeskreis nicht gesagt zu bekommen: »Alle singen jetzt ›Happy Birthday‹, nur DU nicht.«

Der erste Schritt zum besseren Singen ist: Einsingen. Nun kommt das **Zwerchfell** ins Spiel. Kennen Sie Ihr Zwerchfell? Ihr erster Reflex: »Mein *was* bitte? Ist das was Unanständiges? Muss man das anziehen? Ich bin Tierschützer!« Seien Sie sich sicher, Sie haben eins, sonst könnten Sie nicht diese Zeilen lesen, nicht singen, nicht atmen, nicht mal Musik hören, denn Sie wären tot. Grundsätzlich trennt das Zwerchfell den Brustraum von dem Bereich darunter, dem Bauchraum.

In der Musik sprechen wir von der sogenannten »Zwerchfellatmung«. Diese Zwerchfellatmung brauchen wir, um gut singen zu können. Daneben gibt es noch die Brustatmung. In die Brust atmen wir, wenn wir flach und aufgeregt atmen oder wenn wir gerade einen 200-Meter-Sprint hinter uns haben und hecheln wie ein Windhund. Das ist Brustatmung. Entspanntes, tiefes Atmen läuft über das Zwerchfell. Eher so Sofafeeling nach dem dritten Glas Wein. Das Zwerchfell ist der wichtigste Atemmuskel, den wir haben, sieht halt nur keiner. Man kann diesen Muskel ganz entspannt trainieren. Und zwar mit dem folgenden 39-Sekunden-Workout.

1. Übung: pfffffffff (Dauer: 5 Sekunden)

Sprechen Sie ganz langsam mal »pfffffff«. Schön ausatmen. Ein langsamer gleichmäßiger Luftstrom strömt jetzt aus Ihrem Mund. Machen Sie das so langsam wie Sie können. Sehr gut. Pffffffffffffffffffffffff. Sie spüren, wie sich der Bauch zusammenzieht und das Zwerchfell nach unten wandert. Sehen Sie, Sie kannten das Zwerchfell schon. Pfffffffffff. Wenn Sie das ein paarmal hintereinander machen, werden Sie feststellen, dass Sie sich ziemlich schnell beruhigen können. Etwas regt Sie furchtbar auf? Pffffffffff. Die Chefin nervt? Pfffffff. Die Kinder schreien? Pffffffff. Nutella ist alle … pffffffffffff. Das Zwerchfell hat einen großen Einfluss auf alles. Sogar darauf, wie Sie Fußballergebnisse der letzten Woche verarbeiten oder einen Zettel in Ihrer leeren Wohnung, auf dem steht: »Ich habe dich noch nie geliebt, alle Orgasmen waren vorgespielt … Tschüssikowski!« Pfffffffffff.

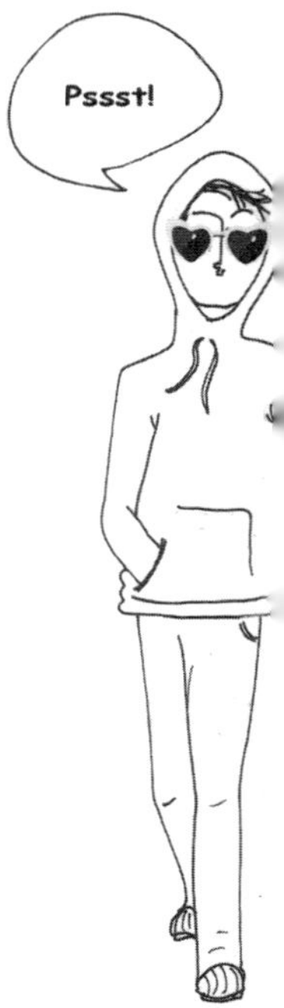

Jetzt noch die Zunge auf die untere Seite des Mundraumes legen und schon sind Sie noch entspannter. Herrlich. Na, merken Sie schon was, oder gehören Sie eher zu den menschlichen Exemplaren, die NIE, NIE, NIE mitmachen, wenn man bei irgendwas mitmachen soll, weil Sie das schon in der Kinderkrippe doof gefunden haben. Oder gehören Sie zu denen, die in der Disco nur an der Bar stehen und auch beim fettesten Beat nicht mal mit der rechten Zehe wackeln? Macht ja nix. Nur, das Mitmachen ist der Mehrwert dieses

Buches für den gleichen Preis. Falls Sie Schwabe sind, ist das nicht unwichtig zu erwähnen, denn Sie sparen selbst durch ein sehr zaghaftes Pfffff einige Stunden kostenintensiven Stimmbildungsunterricht.

2. Übung: »Psst« (Dauer: 1 Sekunde)

Sprechen Sie einmal »psst« sanft aus. So, wie wenn man in einem sehr ruhigen Bibliothekssaal seinen laut telefonierenden nervenden Sitznachbarn zur Räson bringen will. »Psst!« Legen Sie jetzt einmal Ihre Hand auf den Bauch und sagen Sie noch mal »pssst«. Wenn sich der Bauch etwas bewegt, haben Sie die Übung sehr gut gemeistert und Ihr Zwerchfell trainiert. Glückwunsch! Als Variante geht das auch mit kurzen Lauten, mit »p«, »t«, k«, »f«, »ss« und »sch«, wenn Sie darauf achten, sie nicht wie beim Buchstabieren auszusprechen, also pe, te, ka, sondern wirklich nur den Laut des Konsonanten. Diese Abfolge, relativ rhythmisch hintereinander gesprochen, hört sich an wie ein Schlagzeuggroove: P, t, k, f, ss, sch. P, t, k, f, ss, sch. P, t, k, f, ss, sch. Das ist Stimmtraining. Und Training Ihres Zwerchfells.

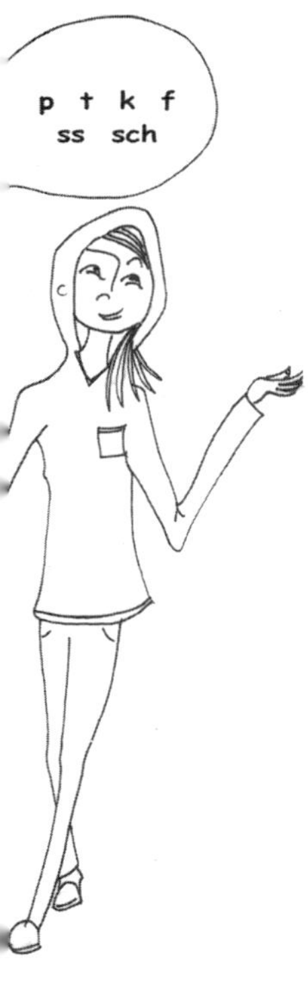

3. Übung: Mmmmmmmmm (Dauer: 3 Sekunden)

Stellen Sie sich vor, Sie essen Ihre Lieblingseissorte und beim ersten Kontakt der Zunge erzeugen Sie ein feines: »Mmmmmmmm«. Lecker. Das geht auch mit Denken an andere Dinge, falls Sie kein Eis mögen und es gerade Winter ist. Dabei geht das »Mmmmm« erst von der Tonhöhe nach oben wie bei einem startenden Mofa und fällt dann wie bei einem bremsenden Mofa nach unten. Stellen Sie sich einen guten Wein, Schokokekse oder einen Hirschbraten vor. Da sind Sie absolut frei in der Wahl, je nachdem ob Sie Veganer sind oder nicht. Diese Übung ist super für Ihre Stimme. Sie können das auf verschiedenen Tonhöhen machen. So tief Sie können und so hoch Sie können und natürlich dazwischen. Fertig? Dann geht es weiter.

4. Übung: Niemals! (Dauer: 10 Sekunden)

Sie haben sich gestern im Spiegel angeschaut und gedacht: Niemals! Ab heute keine Süßigkeiten mehr, keine Pommes! Niemals mehr! Keine Schokoriegel, keine Chips! Erinnern Sie sich an diese Entschlossenheit? Die brauchen wir jetzt. Wenn Sie relativ kräftig »niemals« aussprechen, spüren Sie wieder Ihr Zwerchfell. Es gehen auch andere Wörter wie »los«, »stopp« oder »halt«. »Genau« funktioniert übrigens »genau« so gut. Hauptsache, das Zwerchfell ist zu spüren, Sie haben Spaß und Ihre Nachbarn wundern sich über die komischen Geräusche aus Ihrer Wohnung.

5. Übung: Kiefer entspannen (Dauer: 20 Sekunden)

Es soll ja Leute geben, die Stress haben und dadurch möglicherweise einen verspannten Kiefer. Falls Sie nicht dazugehören, ist die folgende eine rein informative Minute, in der Sie sich einmal kurz mit dem Leid, oder verspannten Kiefer, anderer befassen. Öffnen Sie einmal bewusst Ihren Kiefer oder besser Ihren Mund. So weit, dass Sie fast gähnen müssen. Super, und jetzt streichen Sie mit den Händen die Wangenknochen von oben nach unten entlang. Sieht komisch aus, ist aber hilfreich. Und zur Krönung summen Sie noch ein »Ahhhhh«. Für die Stressgeplagten – schon besser?

So, zum Abschluss noch wie ein Gorilla auf den Brustkorb schlagen, nicht zu stark, aber schon merklich, und das Einsingen ist beendet. Ihr erstes Einsingen. Das können Sie so oft wiederholen wie Sie wollen oder bis das Buch auseinanderfällt. Und dann können Sie ja noch ein Exemplar kaufen.

Ohrwurm der Stunde

* »Can't Get You Out Of My Head« von Kylie Minogue
* »Mmm Mmm Mmm Mmm« von Crash Test Dummies

STIMMFÄCHER – WAS BIST DU?

VON DEN ANGEBLICH BESTEN SÄNGERN, KASTRATEN UND IHRER STIMMLAGE

Auch in der Musik gibt es Leute, die den sportlichen Aspekten dieser Kunst offen gegenüberstehen. Sie lieben Statistiken, die wenig Sinn ergeben, aber echt gut aussehen. Wie im Fußball. Da gibt es Statistiken über den Ballbesitz und gelaufene Kilometer jedes einzelnen Spielers, aber am Ende zählt immer noch, wer mehr Tore geschossen hat. Wie in der Musik. In diesen Statistiken geht es darum: Wer singt am höchsten? Wer singt am tiefsten? Wer verkauft die meisten Platten? Das sagt nichts über die Qualität der Musik aus, ist aber trotzdem interessant wie ein Blick in Magazine bei Zahnarzt.

Einer kam auf die Idee, Sänger zu vergleichen und eine Liste von »The world's greatest singers« anzulegen. Er analysierte die Gesangsleistungen der Stars auf ihren Tonumfang hin, danach baute er eine schöne übersichtliche Grafik, die Sie weiter hinten sehen können.

Das Ergebnis: Der Sänger Axl Rose von Guns N'Roses landete auf Platz 1, dicht gefolgt von Mariah Carey und Prince. Diese drei haben den größten jemals im Studio gesungenen Stimmumfang. *Vor* den aktuell beliebten Helden liegen die Helden vergangener Dekaden: Tina Turner, Whitney Houston, James Brown, Bruce Springsteen. Die aktuellen Popstarzeitgenossen wie Justin Bieber oder Katy Perry liegen auf den hinteren Plätzen. Es zählen heute ja auch andere Dinge als der Tonumfang. Da ist das Outfit und die Followerzahl bei Instagram entscheidender.

Konkret: Wie groß ist der Tonumfang von Axl Rose? Er kommt von F1 bis Bb6. Mariah Carey schafft es von F2 bis G7. Auf dem Papier sieht das leider völlig unbedeutend aus und liest sich wie ein unmöglicher Schachzug: Bauer von F1 auf B6. In Wirklichkeit ist dieser Tonumfang beeindruckend, auch wenn ich nicht weiß, ob er ohne leistungssteigernde Mittel entstanden ist. In der Musikwelt würde ein Dopingtest wohl nur beim Verdacht durchgeführt werden, dass jemand *keine* Drogen genommen hat. Im Ernst: Um diesen Stimmumfang gebührend bewundern zu können, schauen wir uns einmal die klassischen Stimmfächer an. Die meisten, die schon einmal in einem Chor gesungen haben, wurden gefragt: »Na, was bist du?« Und da wurden jetzt keine Antworten erwartet wie: »Äh, Mann oder Frau? Das geht dich gar nichts an!«, sondern das Gegenüber wünschte sich Auskunft über das Stimmfach. Die Idee der Mehrstimmigkeit und die Idee der Stimmfächer gibt es erst seit dem Mittelalter. Also im Vergleich zur Erdgeschichte noch nicht so lange, daher können die meisten es noch nicht wirklich wissen. Auf der nächsten Seite sehen Sie die Stimmfächer mit den jeweiligen Tonumfängen (in englischer Notation).

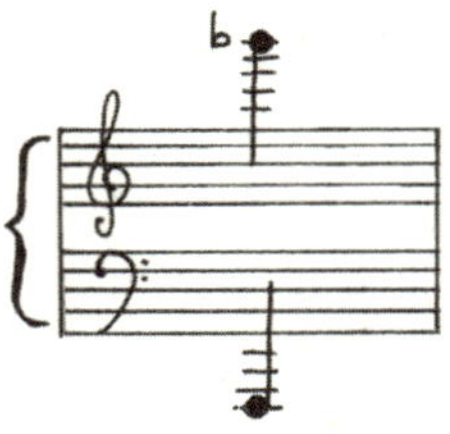

Die Frage nach dem Stimmfach wollen oft Leute aus Chören wissen, um eine erste Konversation unter Sängern zu beginnen. Also seien Sie freundlich und antworten Sie je nach Geschlecht. Das bringt das Gespräch ins Laufen. In der klassischen Musik und im Musical sind die Stimmfächer noch von Bedeutung. Da liebt man Vier- oder Fünfstimmigkeit. Im Popbereich wissen die meisten nicht mal mehr, was das bedeuten soll. Da unterscheidet man hauptsächlich in männlich oder weiblich. Und das ist manchmal auch nicht so klar.

Fangen wir mit den Stimmfächern von oben an. »Oben« heißt auf Italienisch tatsächlich *sopra*. Überraschung! Da haben Sie gleich noch ein Wort Italienisch gelernt. Genau deswegen ist der **Sopran** die höchste Stimm

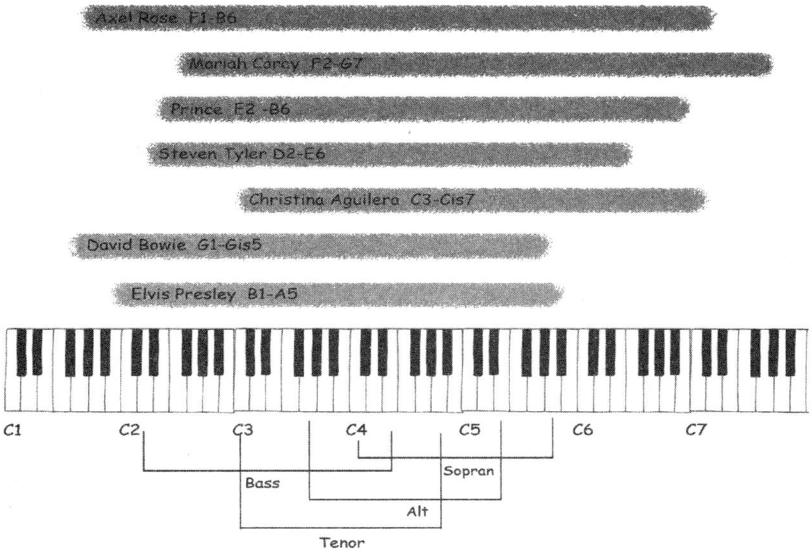

lage, die der hohen Frauen- und Kinderstimmen. Früher sagte man auch Diskant dazu. Diese Bezeichnung finden Sie nur noch als Beschreibung eines Sounds auf alten Kirchenorgeln, aber da schaut der geneigte Sänger erfahrungsgemäß nicht täglich nach. In den mittleren Tonlagen für Frauen gibt es den **Mezzo**sopran – *mezzo* bedeutet auf Italienisch mittel. Unterhalb des Mezzosoprans befindet sich die **Alt**stimme. *Altus* bedeutet auf Lateinisch »hoch« und ist für die tieferen Frauen- und Kinderstimmen gedacht. Und nein, mit Alt ist weder eine Altersbezeichnung noch eine gewisse Taste auf dem Computer gemeint, sondern die Stimmlage. Die hohe Männerstimme ist der **Tenor**. Das Wort kommt von italienisch *tenere*, was »halten« bedeutet. Es war früher die führende Stimme. Aber im Rahmen der Emanzipation hat sich das geändert. Frauen geben heute den Ton an, meist im Sopran. Bei den Männern ist die mittlere Stimme zwischen Tenor und Bass der **Bariton.** Das Wort kommt diesmal aus dem Griechischen und bedeutet »tiefklingend«. Die tiefste Männerstimme ist der **Bass**. *Bassus* heißt auf Lateinisch »stark, reichlich«. Wie Sie merken, können Sie Ihre Fremdsprachenkenntnisse in Latein und Italienisch mit Hilfe der Musik wieder auf Vordermann bringen. Man könnte natürlich profan einfach nur von hoch, mittelhoch, mitteltief und tief sprechen, das klingt aber nicht so intelligent. Natürlich gibt es weitere Spezialisierungen in den Stimmlagen. Die Opernfreunde lieben es komplexer. Da gibt es lyrische, dramatische und sehr arrogante Soprane.

In der Popmusik können einige Sänger auch sehr hoch singen, aber das ist die absolute Ausnahme. Wie Axl Rose. Die benutzen nicht die tiefe männliche Stimme, sondern singen in der Kopfstimme. Das machen die meisten Männer im Alltag, wenn sie in einen Kinderwagen blickend mit einem drei Monate alten Kind Kontakt aufnehmen wollen. »Na, dududu-dudududu« klingt dann auch höher als ein tiefer »Scheiße«-Schrei, wenn das Smartphone ins Klo gefallen ist. Diese hohe »Dududu«-Stimme der Männer liegt in der Tonlage der Frauen im Sopran oder Alt. Sänger wie Prince haben in Liedern wie »Kiss« (»You don't have to be rich, to be my girl…«) so hoch gesungen, dass das eine Frau ohne Probleme nachsingen könnte. Michael Jackson in »Billy Jean«, Lenny Kravitz in »It ain't over till it's over« oder Morten Harket von A-ha in »Take on me« singen ebenfalls richtig hoch. Wo kommt das historisch her?

In der Klassik nennen wir Männer, die sehr hoch singen können, Countertenöre. Der berühmte Countertenor Philippe Jaroussky erntet vor Schulklassen oder unbedarftem Fernsehpublikum bisweilen Gelächter statt Applaus, weil er als Mann so unglaublich hoch singt wie eine Frau. Und das wird für sehr unmännlich gehalten. Nach dem Motto »Ist der krank?«

Früher sangen nur Kastraten so hoch, ja, genau die Männer, die ihre Männlichkeit eingebüßt hatten. Sie wurden in der Pubertät kastriert in der Hoffnung, dass sie die Kinderstimme behielten und ihr Leben lang hoch singen konnten. Die Kastraten waren in ganz Europa vom späten 16. bis ins 19. Jahrhundert beliebt. Nur die Franzosen fanden das schon immer doof. Frankreich war das einzige Land, das die Kastraten offen ablehnte. Übrigens: Der berühmte Komponist Josef Haydn sollte eigentlich kastriert werden, aber sein Vater hielt das für keine gute Idee. Da die Kastration nicht von Ärzten unter sterilen Bedingungen durchgeführt wurde, kam es zu vielen schweren Verletzungen. Tausende wurden kastriert, aber nur ein paar machten Karriere mit einer göttlichen Stimme. Die musste erst mal mit viel Zeit und Geld geschult werden. Die wenigen bekannten Kastraten waren bei den Damen der höheren Gesellschaft sehr beliebt. Sie können sich denken, warum. Ein Grund für die Entstehung des Kastratentums ist, dass die katholische Kirche offiziell den weiblichen Gesang in den Kirchen seit dem 4. Jahrhundert untersagte. Wer sollte dann die hohen Stimmen singen? Da hatten sich die Herren wieder einmal keine Gedanken gemacht. Allerdings hielten sich viele Gemeinden nicht daran und ließen auch Frauen mitsingen. Im Vatikan ging das natürlich nicht. Ende des 18. Jahrhunderts waren allein in Roms Kirchen über 200 Kastratensänger beschäftigt. Alessandro Moreschi war der letzte Kastrat der päpstlichen Kapelle. Er starb 1922. Die Kastraten waren die ersten Superstars der Musik. In der Oper waren sie zu Hause. Interessanterweise sangen die Kastraten die männlichen Hauptrollen. Das können wir uns gar nicht vorstellen, dass ein König der Löwen mit höchster weiblicher Stimme im Körper eines Mannes singen würde … obwohl, lustig wäre es. In der Oper konnten die Kastraten ein Vielfaches von dem verdienen, was in der Kirche möglich war.

In der heutigen Zeit ohne Kastraten gibt es nach wie vor barocke Opern, die eine männliche Hauptrolle mit weiblichem Tonumfang brauchen. Das singen heute Männer im Falsett, mit der Kopfstimme. Sie können zwar nicht das stimmliche Volumen der Bruststimme wie bei den Kastraten erreichen, aber es gibt ein paar sehr gute Sänger. Philippe Jaroussky oder Andreas Scholl sind Meister in diesem Fach.

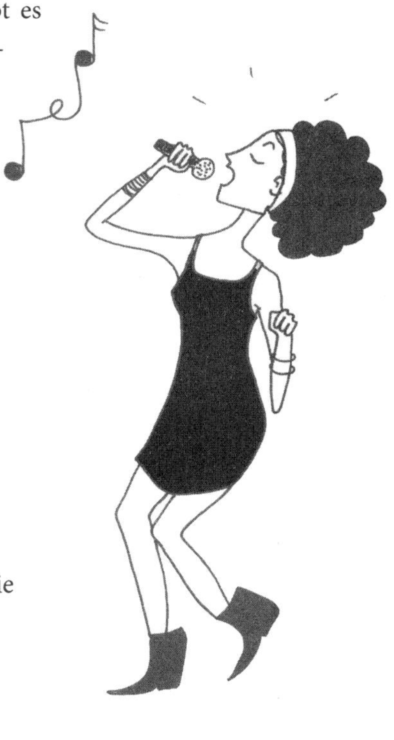

Wenn Sie nun auf die Frage »Und, was bist du?« korrekt antworten wollen, setzen Sie sich einfach einmal an ein Klavier oder eine Handy-App mit Klaviertastatur und testen Sie Ihren Stimmumfang. Sie werden erstaunt sein, wie schnell das geht. Sie sind halt musikalisch!

Ohrwurm der Stunde

* »O sole mio« von Enrico Caruso
* »Billy Jean« von Michael Jackson
* »Take On Me« von Aha
* »In diesen heil'gen Hallen«, Arie des Sarastro aus der *Zauberflöte* von W.A. Mozart

Welches Stimmfach bin ich? Bitte ankreuzen (kann je nach Tageszeit variieren).

- ☐ Sopran
- ☐ Mezzo
- ☐ Alt
- ☐ Tenor
- ☐ Bariton
- ☐ Bass

UNPASSENDE HOCHZEITSMUSIK

ODER WIE MAN MIT PASSENDEN LIEDERN SEINE EHE VERKÜRZEN KANN

Musik macht schlau, außer manche. Und diese »manchen« wünschen sich zu ihrer Hochzeit Lieder, die für ein schnelles Ende der Ehe sorgen. Ich spreche ganz konkret von der Wahl thematisch unpassender Songs auf Hochzeitsfeiern. Falls Sie erwägen, auf Ihrer Hochzeit »I will always love you« von Whitney Houston spielen zu lassen, habe ich eine schlechte Nachricht für Sie: Der Inhalt dieses Liedes passt nicht zum Anlass. Warum? Die direkte Übersetzung von »I will always love you« lautet korrekt »Ich werde dich immer lieben« – auf den ersten Blick sehr geeignet. Aber nicht ab der ersten Strophenzeile des Liedes. Diese beginnt mit: »If I should stay, I would only be in your way. So I'll go, but I know I'll think of you every step of the way and I will always love you.« Kunst- und schmucklos übersetzt etwa: »Wenn ich bei dir bliebe, wäre ich dir immer im Weg, daher werde ich gehen, aber ich weiß, ich werde an dich denken, bei jedem Schritt des Wegs, und werde dich immer lieben.« Nun, wie klingt das? Nach einer romantischen Beziehung? Nach Liebe, ewiger Treue und Frühstück im Bett? Nach gemeinsamen Kindern, Krediten und goldener Hochzeit? Nein, »I will always love you« handelt von einer schmerzlichen Trennung. Falls Sie mit diesem Wissen das Lied dem

Partner am Hochzeitsabend vorschlagen, wird Sie das der kommenden Scheidung näher bringen als einer heißen Hochzeitsnacht.

Das Wünschen von unpassenden Titeln zeugt von fehlenden Englischkenntnissen und/oder besonders hohem Alkoholkonsum. Es scheint mir ein weiterer plausibler Grund dafür zu sein, dass 50 Prozent aller Ehen in Deutschland nicht für die Ewigkeit geschlossen werden. Falls Sie sich gerade an Ihre eigene Hochzeitsfeier erinnern und an Ihr zu fortgeschrittener Stunde lauthals gegröltes »I will always love you«, dann überlegen Sie kurz: Sind Sie mit der Dame oder dem Herrn noch zusammen? Ja? Hut ab und Gratulation.

Kommen wir zu einem weiteren großen Hit auf Trauungen. »Every breath you take« von Sting. Klingt erst mal ideal für eine kirchliche Trauung. Aber der Text handelt davon, dass der Protagonist seine Ex-Freundin auf Schritt und Tritt verfolgen will. Heute Stalking genannt. Das macht man bekanntlich eher am Ende einer Beziehung als am Anfang.

Ein letztes Beispiel: Das Lied »Angels« von Robbie Williams war ein Riesenhit. Da viele Damen Robbie Williams anhimmelten und mit der deutschen Übersetzung »Engel« zufrieden waren, wurde der Song schon oftmals zur Überreichung der Eheringe gespielt. Aber Achtung! Dieses

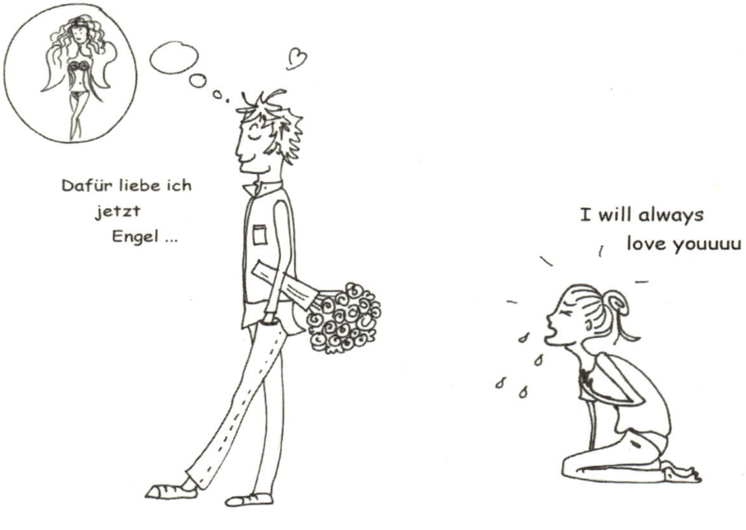

wundervolle Lied ist mit der Textzeile versehen: »And I feel the love is dead, I'm loving angels instead.« Da könnte man selbst mit rudimentären Englischkenntnissen das Wort »love« und das Wort »dead« zusammenbringen und herausfinden, dass diese Kombination eher unpassend für die Zusammenführung zweier Menschen ist, außer man ist Vampir. Übersetzt heißt die Zeile: »Ich fühle, die Liebe ist tot, dafür liebe ich jetzt Engel.« Klingt plötzlich nicht mehr so geeignet für eine Eheschließung, oder? Also: Augen auf!

Lesen Sie sich einen englischen Liedtext besser durch, bevor Sie ihn für Ihre Hochzeit auswählen, denn falls Gott Englisch versteht, könnte er Ihrer Liedauswahl eine falsche Botschaft entnehmen, und das wollen wir doch alle nicht.

Ohrwurm der Stunde

* »I Will Always Love You« von Whitney Houston
* »Hallelujah« von Leonard Cohen
* »Angels« von Robbie Williams

SCHNELL MAL GITARRE LERNEN

UND DIE WICHTIGSTEN FÜNF GITARRENGRIFFE

Ich habe einmal eine junge Dame kennengelernt und sie gefragt, ob sie Musikerin sei. Sie sagte, noch nicht, aber ab nächster Woche wolle sie als Straßenmusikerin mit der Gitarre ihren Lebensunterhalt verdienen. Ich dachte: Wow! Das ist sportlich, in einer Woche an der Gitarre zur Bühnenreife zu kommen. Aber nichts ist unmöglich …

Wenn man zum ersten Mal eine akustische Gitarre in der Hand hält und versucht, darauf wohlklingende Klänge zu erzeugen, ist das für die Finger, speziell die der linken Hand, eine echte Herausforderung. Welcher Finger soll jetzt wie wohin? Das sorgt für Fragezeichen im Gehirn. Wie soll das gehen? Von der Evolution wurden die Handstellungen für das Gitarrenspiel dummerweise bis heute nicht als überlebenswichtig erachtet. Daher ist die Gelenkigkeit der Finger in der Grundausstattung ab Werk nicht eingebaut. Dafür muss man etwas tun. Die Bereitschaft, seine Finger für das Gitarrenspiel zu quälen, steigt schlagartig, wenn man als Jugendlicher damit seine Chancen beim anderen Geschlecht verbessern kann. Dieses romantische Bild eines angehimmelten Gitarristen (das ist das Klischee, denn Gitarre spielende Mädchen werden auch angehimmelt) treibt Jahr für Jahr Tausende Jugendliche zu den Gitarrenlehrern dieser Welt.

Bevor es überhaupt nur einen vernünftigen Ton auf diesem Instrument zu hören gibt, muss man die erste große Hürde überwinden. Sie müssen Ihre Gitarre stimmen. Ich als Pianist kann da nur müde lächeln. Mein Instrument *wird* gestimmt. Der Gitarrist hat diesen Luxus nicht. Er stimmt sein halbes Leben, um in der anderen Hälfte auf der verstimmten Gitarre zu spielen. Wie stimmt man eine Gitarre? Die Pfiffigen sagen jetzt stolz: »Ich habe ein Stimmgerät für meine Gitarre, das geht ganz einfach.« Aber auch da müssen Sie wissen, welche Saite wie gespannt oder labberig sein darf. Nicht jede Saite kann jeden Ton übernehmen. Die Stimmung ist von der 1. (die tiefste) bis zur 6. Saite nach den Tönen durchgeplant und das sind die Töne: E, A, d, g, h, e'. Warum die Buchstaben klein oder groß geschrieben werden, erfahren Sie im Kapitel »Noten lesen lernen«. Die meisten Menschen benutzen als Eselsbrücke für die Reihenfolge der Stimmtöne einen Satz mit den entsprechenden Anfangsbuchstaben: **E**ine **A**lte **D**umme **G**ans **H**at **E**ier. Das ist total bescheuert, aber Generationen von Gitarristen können nicht irren. Und schon wissen Sie, wie Sie eine Gitarre stimmen müssen. Eine Alte Dumme Gans Hat Eier. Alternativ geht auch: **E**in **A**nfänger **D**er **G**itarre **H**at **E**ifer. Je nachdem, was Sie für sich passender finden. Wenn Sie das Stimmen gemeistert haben – Glückwunsch!

Der erste Gitarrengriff, den jeder Gitarrenschüler lernt, und Sie jetzt auch, ist der Griff für E-Dur. Für einen Pianisten ist das verwirrend, weil wir immer am Anfang die Tonart C-Dur mit keinem einzigen Vorzeichen auf den Notenlinien kennenlernen. E-Dur hat gleich mal vier Kreuze als Vorzeichen. Das sieht Furcht einflößend aus. Warum also E-Dur bei den Gitarristen? Weil der Akkord verdammt einfach auf der Gitarre zu spielen ist. Fragen Sie nicht weiter nach. Wie sieht der E-Dur-Gitarrengriff aus? So:

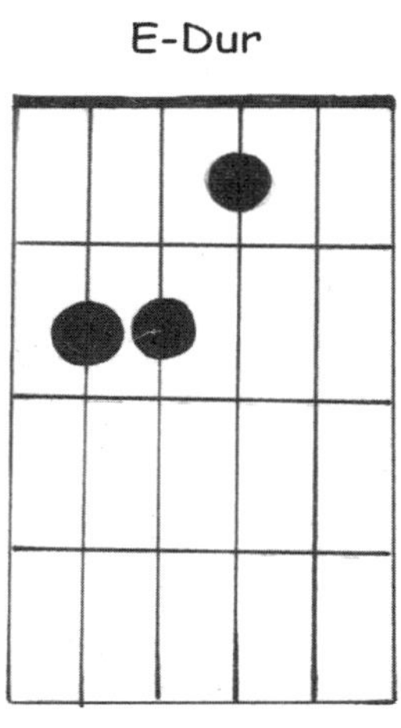

Wie liest man den? Wozu muss ich das wissen? Nun ja, Sie schauen sich im Internet ja auch Videos an, in denen Menschen aus Flugzeugen springen oder eine Bolognese kochen. Also? Da brennen Sie doch sicher darauf, wie E-Dur geht und nicht nur, welche neue Freundin Justin Bieber diese Woche hat. Sie sehen dieses Gitter mit einigen Rechtecken und dem großen Buchstaben E darüber. Das Muster zeigt für alle Gitarristen das Griffbrett am Gitarrenhals einer Gitarre an und die schwarzen Punkte sind die Positionen, an denen Sie im Idealfall Ihre Finger platzieren sollen. Sogar noch mit Zahlen für die einzelnen Finger. Die Bundstäbchen unterteilen das Griffbrett in Bünde, wobei man mit der Zählung am Gitarrenkopf beginnt. Dieses Griffbild hat sich auf der ganzen Welt durchgesetzt und ist auch nach zwei Bier gut zu lesen, wohingegen die Augen schon bei geringer Promillezahl mit der traditionellen Notenschrift überfordert sind. Wenn Sie jetzt bei Ihrer imaginär gut gestimmten Gitarre diese drei Fingerkuppen genau da auf die Saiten drücken, wo die schwarzen Punkte gemalt sind, und mit der anderen Hand die Saiten einmal beherzt durchschlagen, spielen Sie Ihren ersten E-Dur-Akkord. Yeah! Menschen mit langen Fingernägeln kommen jetzt ins Grübeln, wie das denn funktionieren soll, aber keine Angst, einfach abschneiden. Das ist der zuverlässigste Blick, um zu schauen, ob einer wirklich klassischer Gitarrist ist: ganz kurze Nägel an der linken und lange an der rechten Hand.

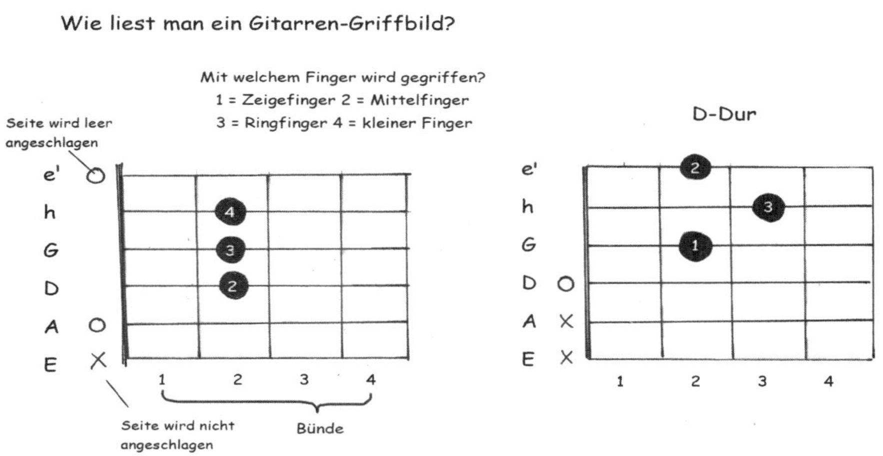

Alle weiteren Akkorde sind jetzt ein Kinderspiel. Fast. Der zweite Akkord, den Sie kennenlernen, ist A-Dur und der dritte Akkord D-Dur. Die Zahlen sind für die Finger gedacht. 1 ist der Zeigefinger, 2 Mittelfinger, 3 Ringfinger und 4 kleiner Finger.

Am schönsten ist es, wenn Sie zum ersten Mal ein kleines Lied begleiten und dazu singen. Mit diesen Griffen sind Sie gut dabei. So können Sie jetzt spielen:

A E D
Knock, knock, knockin' on heaven's door

Am Anfang Ihrer Gitarrenkarriere ist das größte Problem der schnelle Umstieg von einem Akkord auf den anderen. Dabei kann es zu einer unfreiwilligen Pause kommen, die aber für viel Spaß sorgt, denn die Auftrittszeit kann so von 3 auf 30 Minuten gestreckt werden, ohne eine weitere Textzeile oder Akkord. Country roads, take me … warten … warten … Akkord suchen … Akkord suchen … home, to the … warten … warten … Akkord suchen … Akkord suchen … place, I be… warten … warten … Akkord suchen … Akkord suchen …long. Lassen Sie sich nicht von Ihrem Weg abbringen. Üben Sie einfach weiter. Jeder, ich betone gerne, *jeder*, hat irgendwann den ersten Akkord seines Lebens gespielt. Danach gibt es kein Zurück mehr. Jetzt sind Sie Gitarrist. Für die Fleißigen gibt es noch zwei Bonusakkorde.

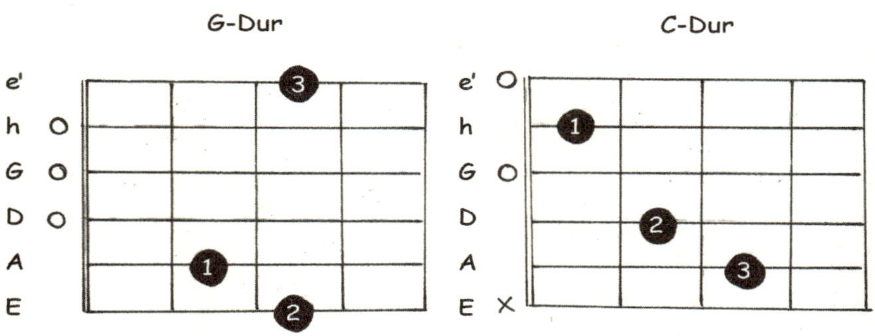

Wenn Sie wirklich einmal eine richtige Gitarre anfassen sollten und diese fünf Akkorde lernen, sollten Sie noch eine Regel beachten. Nämlich möglichst früh einen Manager zu haben. Da stehe ich dann gerne bereit, um aufopferungsvoll Ihre Stadiontourneen zu planen. Ich möchte Sie gerne darauf hinweisen, dass Sie durch das Lesen dieses Kapitels automatisch 20 Prozent Ihrer zukünftigen Gewinne als Rockstar an mich abtreten. Vielen Dank!

Ohrwurm der Stunde

* »Lady in Red« von Uriah Heep – 2 Akkorde, a-Moll und G-Dur
* »Give Peace a Chance« von John Lennon – 2 Akkorde, C-Dur und G-Dur
* »Whole Lotta Love« von Led Zeppelin – 3 Akkorde, A-Dur, D-Dur und E-Dur
* »Telephone« von Lady Gaga – 3 Akkorde, A-Dur, e-Moll und G-Dur
* »Country Roads« von John Denver – 4 Akkorde, G-Dur, e-Moll, D-Dur und C-Dur
* »Knockin' On Heaven's Door« von Bob Dylan – 4 Akkorde, G-Dur, D-Dur, C-Dur und a-Moll
* »Angie« von The Rolling Stones – 6 Akkorde, a-Moll, E-Dur, G-Dur, F-Dur, d-Moll und C-Dur

LAMPENFIEBER

ODER ZUHAUSE KONNTE ICH ES NOCH

Sie bereiten sich schon seit mehreren Monaten ganz konzentriert auf ein Konzert mit Ihrem geliebten Chor vor. Ein wichtiges Konzert. Es wurde ausführlich geprobt, die Titel und deren Reihenfolge sind akribisch festgelegt, sogar die Minuten wurden gestoppt, die das Konzert dauern soll. Es wurde daran gedacht, wer wem die Blumen nach dem Konzert auf der Bühne überreicht und wer eine Kerze für den Backstagebereich mitbringt, damit es schöner aussieht. Alles fertig. Alle glücklich. Der Tag kommt. Es geht los. Die Texte der Lieder können Sie im Schlaf. 100 Prozent. Sie gehen auf die Bühne und ... Blackout Sie haben plötzlich einen Frosch im Hals, kein Schlückchen Wasser weit und breit. Panik. Sie versuchen zu schlucken. Das geht nicht, alles trocken. Noch mehr Panik. Gleich kommt Ihr Einsatz. AHHHHHHH. Jemand hustet im Publikum. Ein Mann fragt: »Wann geht es denn los?« Bei der Ansage des Chorleiters funktioniert das Mikro nicht. Eine Frau in der fünften Reihe ruft: »Ich höre nichts!« Von Ihrer Vorfreude auf das Konzert bleibt nichts, aber absolut nichts mehr übrig. STRESS. Warum nur? Sie waren doch so toll vorbereitet. »Zuhause konnte ich es noch«, schießt es Ihnen in diesem Moment durch den Kopf. Peng. Aus. Es folgt eine Stunde, die in Ihrer Erinnerung unter »Bitte löschen, erase all« abgespeichert ist.

Ich darf Ihnen dieses allseits bekannte Phänomen vorstellen. Auf Deutsch heißt es **Lampenfieber,** es ist aber auf der ganzen Welt bekannt.

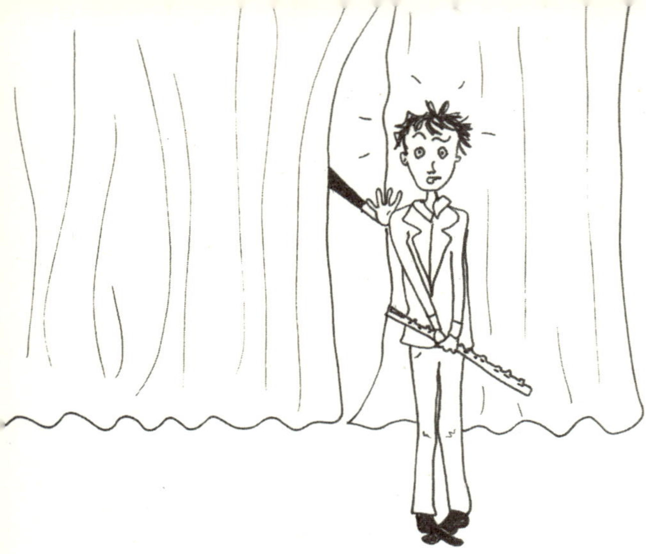

Lampenfieber ist vollkommen normal und alle Musiker haben das in der einen oder anderen Version schon erlebt. Nichtmusiker kennen das Phänomen auch. Es stellt sich zum Beispiel mit ziemlicher Sicherheit ein, wenn Sie in Ihrer Firma spontan vom Chef gebeten werden, mal eben schnell eine Präsentation zu halten, es seien wichtige Geschäftspartner kurzfristig zu Besuch. Na, da seien Sie jetzt mal spontan, lustig, unterhaltsam und präsentieren Ihre sensationelle Arbeit frei von der Leber weg. Da bekommen Sie flugs Lampenfieber. Auch Sportler haben die gleichen Symptome von Lampenfieber, wenn sie als Läufer oder Skirennfahrer in der Startbox stehen und unbedingt der Schnellste sein wollen. Da schnellt der Puls in die Höhe, bevor sie losgelegt haben.

Wissenschaftler sehen das sehr nüchtern und unterscheiden profan leistungsförderndes und leistungsminderndes Lampenfieber. Zusammengefasst: Es läuft durch den Stress entweder besser oder schlechter. Mark Twain sagte schon: »Das Gehirn ist eine großartige Sache, es funktioniert vom Moment der Geburt an – bis zum Zeitpunkt, wo du aufstehst, um eine Rede zu halten.« Als Musiker hält man weniger Reden, aber bei der ersten Aufführung eines neu einstudierten Stückes sind die Nerven bis auf das Äußerste gespannt, da reicht schon eine kleine Unsicherheit am Anfang, damit die Aufführung unter der Überschrift »Daran erinnere ich mich wirklich nicht mehr« in die persönlichen Memoiren eingeht. Es soll ja Menschen geben, denen macht nichts Angst oder Stress. Die stellen sich mit einem Lächeln vor ein großes Auditorium und legen los. Perfekt, alles top. Sind nie am Limit, immer gut drauf. Sorry, aber diese Geschichten nerven. Ich habe noch keinen einzigen Menschen ohne Lampenfieber kennengelernt. Keinen. Das wäre auch fragwürdig, da Lampenfieber auf einen uralten Überlebenstrick der Evolution zurückzuführen ist. Es ist mit dem sogenannten »Flucht oder Kampf«-Reflex verknüpft. Übersetzt in den Alltag: Kampf mit dem Edelstahlmahlwerkkaffeevollautomaten oder Flucht ins nächste Café? Früher war alles besser, denken Sie jetzt vielleicht, aber Vorsicht: In der Steinzeit ging es um Leben oder Tod. Wenn der Tiger kam, hieß es wegrennen oder kämpfen. Wobei Letzteres die Lebenszeit arg verkürzte. Die Evolution hat die Häufigkeit von frei laufenden Tigern in Deutschland im 21. Jahrhundert unseren Genen noch nicht mitgeteilt. Wie immer liegt es an der Kommunikation.

Welche **Auswirkungen** hat das Lampenfieber? Beginnen wir mit den **körperlichen.** Beim Lampenfieber läuft das Herz-Kreislauf-System auf vollen Touren. Der Atem geht schneller und flacher, da hört man Sätze wie »Mir bleibt die Luft weg« oder »Oh my God, ich muss mich mal setzen«. Parallel dazu arbeiten die Schweißdrüsen fleißig. Das führt dazu, dass der Schweiß über die gut gefeuchtete Stirn läuft. Tropf, tropf. Parallel dazu nimmt der Speichelfluss ab, der Mund wird trocken. Die Hände fangen an zu zittern. Das alles klingt nach einem hübschen Drogenrausch, ist aber absolut natürlich. Okay, das sagen die Marihuanaraucher auch. Die bewusstseinsverändernde Situation durch Lampenfieber ist aber kostenlos und selbst produziert. Na, das sagen Sie mal besser nicht weiter, sonst gibt es noch mehr Bewerber bei den Aufnahmeprüfungen an den Musikhochschulen, nur für den Kick …

Kommen wir zu den **mentalen** Auswirkungen von Lampenfieber. Das sind Symptome wie: Blackout, Panik, Unsicherheit, negative Gedanken. Ziel dieser Symptome ist es, dass der Kopf dem Körper auf smarte Weise mitteilen will, dass er auf jeden Fall NICHT auf diese Bühne gehen darf.

Wie wird Lampenfieber besonders effektiv erzeugt? Mit einem richtig gut gemachten Kopfkino. Unser Kopfkino produziert einen Blockbuster, der da heißt: »Warum mache ich eigentlich diesen ganzen Scheiß, warum habe ich nichts Ordentliches gelernt? Zuhause ist es viel schöner! Ich kann das alles nicht, ich will das NICHT. Hätte ich einmal in der Schule aufgepasst, müsste ich hier NICHT stehen.« Der Kopf arbeitet inhaltlich eine ganz bestimmte Themenpalette ab, in der es um Versagensängste, mangelndes Selbstbewusstsein, Vertrauensverlust in die eigenen Fähigkeiten, negative Erinnerungen an vollkommen verpatzte Auftritte und das Ausgelachtwerden vom Publikum geht. Ein befreundeter Dirigent hatte einen wiederkehrenden Albtraum: Ihm rutscht auf der Bühne die Hose herunter und das Publikum lacht. Was ich für eine lustige Sache halte, empfand er als furchtbar. Er überprüfte daher mehrfach seinen Gürtel vor dem Konzert. Ich kenne allerdings keinen einzigen Dirigenten, bei dem das jemals passiert ist. All diese negativen Themen werden in dem wiederkehrenden Film im Kopf in den schillerndsten Farben und Ausrichtungen präsentiert. In endloser Wiederholung und noch mal und noch mal und noch mal. Davon profitiert das Lampenfieber sehr.

Ich möchte für eine kurze Unterbrechung dieses Blockbusters sorgen. In dieser Pause werde ich positive **Lösungsansätze** bewerben. Es gibt so viele unterschiedliche Symptome von Lampenfieber, wie es Menschen gibt. Jeder ist individuell und spürt Lampenfieber anders. Kleine Kinder haben einen großen Vorteil: Sie kennen kein Lampenfieber. Meine schnellste Lösung: Bleiben Sie einfach Kind, dann ist das Problem gelöst.

Wenn das keine Option mehr ist, hier die **erste Lektion** für Erwachsene. Die Wahrheit: Das Lampenfieber wird Sie Ihr Leben lang begleiten. Dagegen können Sie nichts machen. Punkt. Aber Sie können Ihre Einstellung zum Thema verändern. Positives Denken ist die Lösung. Spannung und Entspannung gehören im Leben dazu und Lampenfieber ist eine Form der Spannung. Ohne diese Gegensätze wäre das Leben fade. Immer nur Sex und Schokolade ist auch langweilig. Genießen Sie Ihre Spannungen und Entspannungen im Leben. Denken Sie an einen schönen Urlaub, an positive Erlebnisse oder tolle Konzerte.

Die **zweite Lektion** zum Umgang mit Lampenfieber ist die Routine. Wenn man ein Stück mehrfach aufführen kann, lernt man bei jeder Aufführung etwas dazu, auch Dinge, die nicht in den Noten stehen. Die Routine gibt Ihnen die Möglichkeit, mit der jeweiligen Situation besser umgehen zu lernen. Sie können Selbstvertrauen aufbauen und wissen, wie es sich anfühlt, gestresst zu sein. Das lässt dann mit der Zeit nach. Dem Körper ist irgendwann langweilig. Er hat keine Lust, immer wieder das volle Actionprogramm aufzufahren. Die Verwandlung von Panik in ein angenehmes Kribbeln im Bauch ist das Ziel von Lampenfiebertraining.

Es gibt noch eine weitere Form der Routine: das Ritual. Das kann darin bestehen, während des Umziehens vor dem Konzert immer eine bestimmte schöne Musik zu hören. Einige Musiker klopfen sich auf die Schulter, bevor sie auf die Bühne gehen. Andere spucken sich über die Schulter, was bei einem ganzen Orchester eine ziemliche Sauerei ist. Wieder andere gehen noch einmal die Musik vor dem inneren Auge durch. Jeder individuell. Solch ein Ritual – welches auch immer – vermittelt Ruhe und Beständigkeit und lässt dem Lampenfieber weniger Platz. Sogar pfeifen zwecks Beruhigung ist erlaubt. Im Theater gibt es das ungeschriebene Gesetz, dass man nicht pfeifen darf, da das Unglück bringen soll. Es geht auf die Zeit zurück, als man Gaslampen im Theater benutzte. Die pfiffen, wenn das Gas ausströmte. Aber, liebe traditionellen Theaterbesucherfreunde, die Zeit der Gaslampen ist vorbei. Falls für Sie das Pfeifen im Theater immer noch tabu ist, warum fahren Sie mit einem modernen Auto und nicht in der Kutsche zum Theater?

Die **dritte Lektion** heißt: Perfektionismus ist der sicherste Weg ins Unglück. Akzeptieren Sie es. Es werden auf jeden Fall Fehler passieren. Damit müssen Sie sich anfreunden, auch wenn bei Ihnen zu Hause alles immer perfekt aufgeräumt ist, Sie viermal in der Woche ins Fitnessstudio gehen, immer alle Arbeiten rechtzeitig abliefern und noch nie einen Zahnarzttermin verpasst haben. Imperfektion gehört zur Kunst dazu. Absolut perfekt werden Sie nie spielen und das beruhigt ungemein. Keiner spielt perfekt. Auch ein Lang Lang macht Fehler, wenige, aber er macht sie. Unfehlbarkeit gibt es nicht. Sogar der Papst ist, wie er selbst sagt, »nur in den seltensten Fällen« unfehlbar. Gut, das Beispiel war jetzt weit hergeholt. Halten wir fest: Perfektionismus fördert die Bühnenangst, also weg damit. Es ist nicht das Ziel, ein Stück fehlerfrei zu spielen, es geht darum, etwas mit der Musik zu transportieren und da zählt der Gesamteindruck. War der Spieler entspannt, glücklich, berührend? Es muss irgendwas passieren, was man dem Publikum mitteilen will. Wenn man das schafft, verzeiht man viele Fehler. (Mehr dazu mehr im Kapitel »Perfektion gibt es nicht«.)

Die **vierte Lektion** heißt: ein gesundes Selbstvertrauen aufbauen. Auch hier hilft die Routine. Betrachten wir es statistisch: Wenn man von zehn Konzerten sieben prima gespielt hat, zwei sehr gut und nur eines gefühlt versemmelt war (wobei das vielleicht nur einem selbst aufgefallen ist), dann sind das immer noch 90 Prozent gut gespielte Konzerte. 100 Prozent geht sowieso nicht. Das schaffen nur Computer und die auch nur, wenn es keinen Systemabsturz gibt.

Die **fünfte Lektion** heißt: Beschäftigen Sie sich mit dem bewussten Steuern von Gedanken und mit Ihrem Atem. Damit haben viele Menschen gute Erfahrungen gemacht. Autosuggestion ist so ähnlich wie autogenes Training, bei dem man erlernt, die Temperatur von Körperteilen zu kontrollieren und sich schnell zu beruhigen. Das Prinzip lässt sich gut auf die Musik übertragen. Sprechen Sie mit sich selbst: »Ich habe dieses Stück schon viele Male super gespielt, das wird auch heute so sein.« Vertrauen erzeugen. Das hilft. Nach dem Motto »Selbstgespräche sicher führen«. Viele Musiker nutzen eine Atemtechnik, um sich zu entspannen und das Lampenfieber positiv zu nutzen. Das kostet nix und hilft. Manche stellen sich das Publikum unbekleidet vor, aber ehrlich, das hilft nicht immer. Ich habe es ausprobiert.

Die schlechteste Art, sich mit Lampenfieber auseinanderzusetzen, ist, beruhigende Tabletten zu nehmen. Es gibt Medikamente, die die Ausschüttung der beiden Hormone Adrenalin und Noradrenalin herunterregeln. Sogenannte Betablocker dämpfen dadurch die körperlichen Auswirkungen von Lampenfieber. Angeblich beeinträchtigen sie nicht die Feinmotorik und das Denken. Aber so richtig weiß man nicht, wie man in einer Ausnahmesituation reagiert. Denn wenn Sie einmal damit angefangen haben, glauben Sie irgendwann, dass Sie ohne diese Pillen nicht mehr spielen können. Und schon sind Sie ein williges Opfer der Pharmazie geworden. Machen Sie sich klar: Uns allen geht es immer besser als dem Skispringer auf dem Startbalken. Der muss diese riesige Schanze hinunterfliegen und im ungünstigsten Fall landet er durch Lampenfieber im Krankenhaus oder auf dem Friedhof. Das kann Ihnen nicht in Ihren kühnsten Träumen auf einer Bühne passieren. Es ist noch keiner dort gestorben. Zumindest nicht durch Lampenfieber. Vor kurzer Zeit verstarb ein Comedian, der Witze über Herzinfarkte gemacht hatte. Das Publikum dachte, er macht Quatsch, aber der Kollege verstarb auf der Bühne tatsächlich an einem Herzinfarkt. Leider gar nicht komisch.

Das Schlimmste, was Ihnen auf der Bühne als Musiker passieren kann, ist: Sie bleiben irgendwo im Stück stecken und werden rot dabei. Das ist definitiv besser, als von der Riesenschanze abzustürzen. Und jetzt kommt das schlagendste Argument: Erinnern Sie sich mal bitte an die letzten Konzerte, die Sie als Gast besucht haben. Wie viele Fehler haben Sie da gehört? Können Sie sich noch an die Fehler erinnern? Nein, denn Sie merken sich meistens mit einem längeren Abstand zum Konzert nur die Stimmung. Waren die Musiker gut drauf, glücklich, entspannt? Das merkt sich unser Gehirn viel besser als alles andere. Vergessen Sie die Fehler, aber bereiten Sie sich auf jeden Fall so gut es geht vor. Dann begrüßen Sie Ihr Lampenfieber und freuen sich, dass Sie es spüren, denn dann sind Sie ein echter Mensch. Und mit einem Abstand von zehn Jahren können Sie sich an diesen Abend eh nicht mehr genau erinnern – bzw. nur noch an das Schöne daran. Sorry, das Ende des Blockbusters haben wir total verquatscht. Oder mögen Sie den jetzt wirklich noch zu Ende schauen?

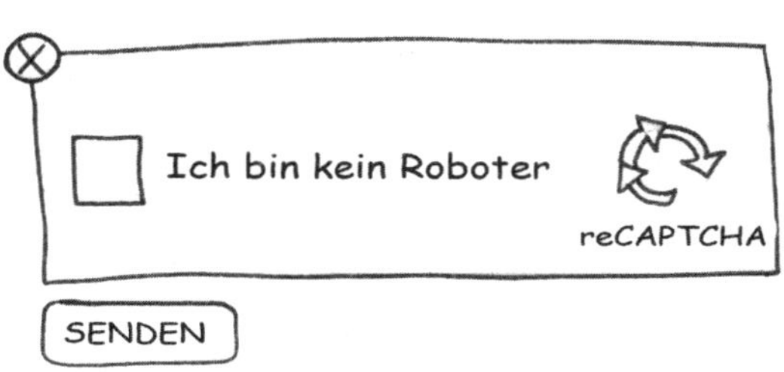

Ohrwurm der Stunde

* »Le Freak« von Chic
* »Alles klar auf der Andrea Doria?« von Udo Lindenberg

Wann hatte ich das letzte Mal Lampenfieber?

1.
2.

Was ist mein bester Tipp dagegen:

PLAGIATE, GEMA UND KOPIEN

WAREN IMMER SCHON BELIEBT UND EIN KLEINER DANK AN RICHARD STRAUSS

In einem Supermarkt in Colombo, Sri Lanka, entdeckte ich zufällig in der Kosmetikabteilung eine Zahncreme namens Clogard. Ich dachte, die hätten sich verschrieben, aber genau darüber lag die Zahncreme mit dem Namen Colgate, die wir bei uns kennen. Gleiche Aufmachung, gleiche Farben. Mein erster Reflex war: Dürfen die das? Das gleiche Design, das gleiche Produkt, ein paar Buchstaben gedreht und für 50 Prozent des Originalpreises verkauft? Ja, die dürfen das – und der Herr Ludwig van Beethoven hat das auch gemacht. Er nahm ein Thema von Händel, plagiierte das zu 100 Prozent und schrieb Variationen für Cello und Klavier dazu. Alle waren begeistert. Plagiate hatten zu Zeiten Beethovens allerdings ein anderes Image. Sie waren eine besondere Art der Wertschätzung. Wenn diese asiatische Zahncremefirma Colgate nachahmt, könnte man das quasi als Wertschätzung des Originalproduktes ansehen – wenn nur die kleine Sache mit dem Geld nicht wäre. In der Musik wurde für die Fragen der Bezahlung der Urheber die GEMA gegründet, hinter der sich das Wortungetüm »Gesellschaft für musikalische Aufführungs- und mechanische Vervielfältigungsrechte« versteckt. In ihr sind ca. 60.000 deutsche und 2 Millionen ausländische Texter, Komponisten und Musikverleger versammelt, deren Werke von ca. 1000 Mitarbeitern verwaltet werden. Die GEMA sammelt das Geld von Lizenznehmern wie Konzertveranstaltern, Radio- und TV-Sendern für die Urheber ein und verteilt es. Sie ist ein Verein, der keinen Gewinn macht, aber ordentlich kassiert. Bei jeder Veranstaltung werden die Beträge nach Größe des Raumes und der Höhe des erhobenen Eintrittspreises berechnet. Die GEMA beruft sich auf den verfassungsrechtlich zugesicherten Schutz geistigen Eigentums. Gegründet wurde sie unter dem schönen Namen AFMA 1903 vom Komponisten Richard Strauss. Im Grunde ist es eine tolle Idee (mit etwas merkwürdiger Umsetzung), die dafür sorgt, dass Komponisten Geld verdienen, wenn ihre Werke gespielt oder plagiiert werden. Denn bis 1903 zahlte ihnen bei der Aufführung ihrer Kompositionen keiner einen Cent, sie gingen leer aus und nagten am Hungertuch. Dann kam Strauss und die Komponisten bekamen bei den Konzerten einen Anteil der Abendeinnahmen. Das Publikum kam ja nicht nur wegen der Musiker, sondern auch wegen der Musik, die gespielt wurde. Heute ist das, wie so vieles im Leben, mit der GEMA komplizierter geworden, aber das Prinzip ist das gleiche. Ansonsten würden sich all die Komponisten, deren Lieder von anderen gecovert und plagiiert werden, kein Brötchen im Laden kaufen können. Die Urheberrechte an einer Komposition bleiben bis 70 Jahre nach dem Tod des Komponisten in der Hand der Hinterbliebenen. Somit haben die Nachfahren auch noch etwas von talentierten musikalischen Vorfahren.

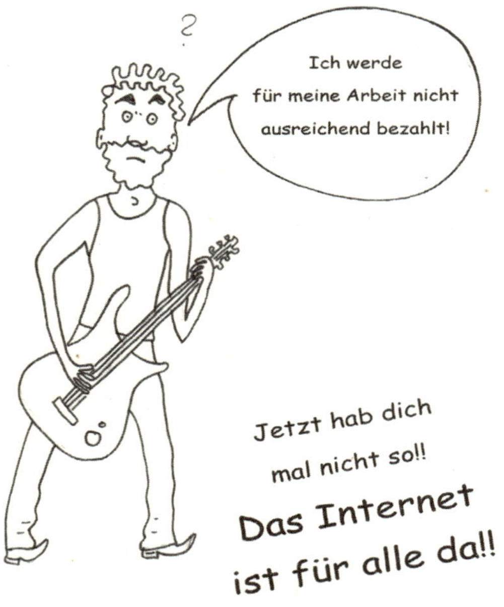

Jetzt denken Sie: »Pah, ich falle auf Plagiate gar nicht rein, ich erkenne immer, was original ist und was nicht. Und das nicht nur bei der Musik.« Sind Sie sicher? Viele Konsumenten halten sich für sehr schlau, kaufen aber zum Beispiel nachweislich Milchprodukte aus derselben Milchfabrik zu unterschiedlichen Preisen. Anhand des Herstellerschlüssels ist das zweifelsfrei festzustellen. Einmal wird, sagen wir, ein Blaubeerjoghurt für einen deutlich höheren Preis als Markenprodukt ins Regal gestellt, mit schickem Label und teurer Werbung, und einmal etwas tiefer im Regal als No-Name-Produkt. Trotzdem werden beide Produkte gekauft mit demselben Inhalt zu unterschiedlichen Preisen. Verrückt.

Die Popwelt ist voll von erfolgreichen Covern. Die erste große Boygroup der neueren Zeit war Take That Mitte der 1990er, damals mit Robbie Williams als Mitglied. Sie sangen ein Lied mit dem Namen »Relight my fire«. Alle feierten sie dafür, aber dieses Lied wurde von einem Komponisten und Sänger namens Dan Hartman 1979 geschrieben. Es ist ein Cover, ein Plagiat. Take That kamen damit erst 1993 um die Ecke. Jüngere Menschen halten das Lied immer noch für eine Eigenkomposition von Take That. Unter ihnen kennen die wenigsten den Namen von Dan Hartman. Aber dank der GEMA hat er immerhin etwas Geld dafür bekommen, allerdings starb er schon 1994. Pech. Oder nehmen wir den Titel »Nothing compares 2U«, mit dem Sinéad O'Connor 1990 einen Megahit landete. Das Lied ist ein Cover, das fünf Jahre vorher von einer Band namens The Family veröffentlicht wurde, aber ungeliebt blieb. Geschrieben hatte es Prince. Das wissen die wenigsten. Ein sehr schönes Plagiat, das von Sinéad zum Leben erweckt wurde. Oder nehmen wir den britischen Rocker Joe Cocker. Er wurde mit dem Beatles-Cover von »With a little help from my friends« 1969 berühmt. Plagiieren und covern gab es schon immer und wird es wohl immer geben. Es gibt halt nur 88 Tasten auf dem Klavier. Aber wie es gemacht ist, entscheidet, welche Version das Publikum ins Herz schließt. Und die GEMA sorgt dafür, dass der Urheber ein paar Euro dafür bekommt.

Ohrwurm der Stunde

* »Relight My Fire« von Take That (Dan Hartman)
* »Nothing Compares 2 U« von Sinéad O'Connor (Prince)

TANZEN IST GESUND

RUNTER VOM SOFA, RAUF AUF DIE TANZFLÄCHE

Samstagnacht. »Dancing Queen« läuft. Die Party tobt, aber Sie können nicht tanzen. Hier kommt Abhilfe. Ich gebe es zu: Ich kann auch nicht tanzen. Ich schaue lieber zu. Ach so, Sie können tanzen? Dann blättern Sie getrost weiter zum nächsten Kapitel. Die anderen Bewegungsmuffel heiße ich herzlich willkommen. Auf einer Hochzeit ist es von Vorteil, immerhin so gut tanzen zu können, dass das Festvolk einen nicht angewidert anstarrt. Denn wenn fehlende Tanzfähigkeit der erste Eindruck von Ihnen für die neue Familienhälfte ist, na dann, viel Spaß!

Viele von Ihnen haben in Ihrer Jugend vielleicht in einer netten Tanzschule Tanzstunden genossen. Vielleicht haben Sie ja auch nur mitgemacht, weil man da die Schönheiten aus der hinteren Schulbank oder den coolen Typen aus der zweiten Reihe offiziell anschauen und sogar anfassen durfte. Zwar nur auf der Schulter und an der Hand, aber immerhin anfassen. Die Tanzschulen waren meist familiengeführte Firmen, die in 50er-Jahre-Optik Gesellschaftstänze lehrten. Traditionell und tänzerisch absolut korrekt. Die Wahrheit ist, dass der Weg von und zur Tanzschule mindestens so wichtig war wie der Unterricht selbst. Denn da wurden die wirklich wichtigen Gespräche geführt. Wer mit wem wie getanzt hatte. Wer mit wem, na, Sie wissen schon. Nach dem Abschlussball verflüchtigt sich im Allgemeinen das tänzerische Wissen recht schnell. Und meist vermisst man es nicht weiter. Mit Standardtanz können Sie im heutigen

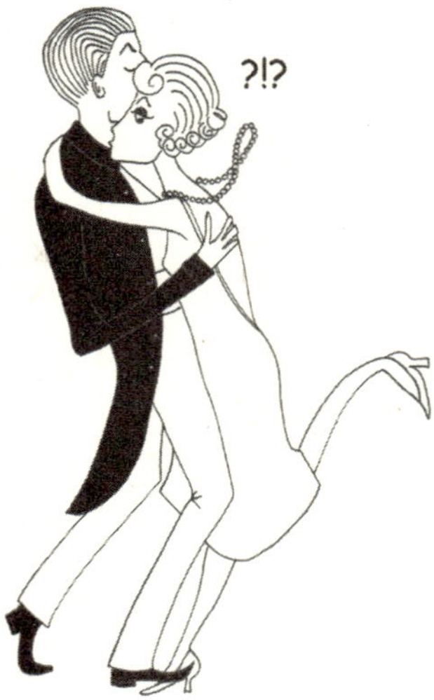

Alltag keinen Blumentopf mehr gewinnen. Bei der Betriebsweihnachtsfeier tanzt keiner mehr einen langsamen Walzer und in der Disco ist Foxtrott out. Da ist man nur der Held, wenn man Breakdance oder Hip-Hop-Moves draufhat. Wenn man besonders lockere Hüften hat. Oder die Bewegungen aus Videospielen nachmachen kann. Keiner fasst sich mehr beim Tanzen an. Miteinander tanzen gehen bedeutet, zusammen in die und wieder aus der Disco zu gehen.

Aber es gibt tatsächlich ein paar Anlässe im Leben, wo diese altmodischen Gesellschaftstänze plötzlich doch gern gesehen sind: an Hochzeiten der langsame Walzer, beim Wiener Opernball der schnelle, bei Onkel Peters 65. Geburtstag der Discofox. Und ganz nebenbei ist von neurologischer Seite betrachtet Tanzen das ideale Fitnessprogramm für Ihr Gehirn. Musik und Bewegung zusammen. Ein neurologischer Wunschtraum.

Alle Tänze waren einmal Gesellschaftstänze. Gedacht zum Zeitvertreib und zur gesellschaftlichen Unterhaltung in Fürstenhäusern und Königspalästen. Allerdings haben damit heute im Normalfall die wenigsten zu tun. Es gibt nun mal Smartphones und Fernsehapparate. Sogar bei der Queen. Bei den Standardtänzen werden sieben Stilgruppen unterschieden: Langsamer Walzer, Tango, Wiener Walzer, Foxtrott, Slowfox und Quickstep und die lateinamerikanischen Tänze. Im Welttanzprogramm haben wir es mit Walzer, Disco, Swing, Latein und Tango zu tun. Nun, wie lernen Sie tanzen? Heute auf dem Sofa mit dem Buch in der Hand. Sie lesen Ihren ersten Tanzschritt. Ganz entspannt mit einem Gläschen Wein in der Hand. Liegen Sie gut? Dann los: **Discofox**.

Stufe 1: Laufen Sie entspannt auf der Stelle. So schnell wie »Marmor Stein und Eisen bricht« oder »Schni, schna, schnappi« oder »Now I've had the time of my life«. Machen Sie das in Gedanken? Ich auch. Sieht noch etwas komisch aus, aber das wird schon. Bitte nicht so laut auftreten wie ein Tyrannosaurus Rex, sondern ganz entspannt laufen, wie auf dem Weg in den Park zum oder zur Liebsten. Leicht und beschwingt mit einem Lächeln auf den Lippen.

Stufe 2: Laufen Sie entspannt zwei Schritte nach vorne und zwei Schritte nach hinten. Zwei Schritte nach vorne. Dann gehen Sie zwei Schritte zurück, als wenn Sie gerade feststellen: »Oh, ich habe den Haustürschlüssel vergessen.« Aber nicht zuvor umdrehen, sondern rückwärtsgehen. Zwei Schritte vor. Zwei Schritte zurück. Ganz locker, keine Panik.

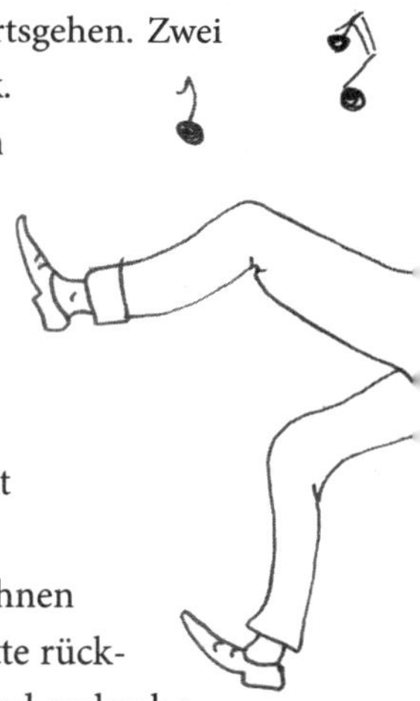

Stufe 3: Machen Sie am Ende der beiden Schritte in einer Richtung einen Tap. »Was ist ein Tap?«, fragen Sie zu Recht. Ein Tap ist ein kurzer Stopp mit einem leichten Tippen des Fußballens auf den Tanzboden, ohne jedoch den Fuß ganz abzustellen, also ohne Gewichtsverlagerung. Das geht einfach, wenn Sie sich kurz auf das rechte Bein stellen. Das linke Bein bleibt dabei in der Luft und macht diesen kleinen Stupser auf der Tanzfläche. Das ist ein Tap.

Stufe 4: Die krasse Kombination: Der Partner steht Ihnen gegenüber. Zwei Schritte vorwärts und tippen. Zwei Schritte rückwärts und tippen. Das ist alles aus der Sicht des Mannes und andersherum zwei Schritte rückwärts, tippen, und zwei Schritte vorwärts, tippen für die Frau. Yeah! Sie wissen schritttechnisch schon mal Bescheid. Männer starten mit dem linken und Frauen mit dem rechten Fuß.

Stufe 5: Die Tanzhaltung einnehmen. Das bedeutet, dass die linke Hand der Männer schön hochgehalten und die rechte Hand ans Schulterblatt der Frau gelegt wird. Die Frau legt ihre rechte Hand in die des Mannes und die linke Hand auf den Oberarm des Mannes. Fertig.

Zwei wichtige Tipps für das männliche Geschlecht. Erstens: Liebe Männer, bitte die Hand der Frau nicht wie ein Bauarbeiter drücken, das kommt nicht gut. Das Weiße bei den Fingerknöcheln sollte man nicht sehen. Und zweitens: Machen Sie keine riesigen Schritte, als wenn Sie es eilig hätten. Sie tanzen und flüchten nicht. Das ist der Discofox-Grundschritt.

Wie haben Sie vor Ihrem inneren Auge getanzt? Sah es schon gut aus? Ich bin beeindruckt. Wenn Sie sehr musikalisch sind, haben Sie sich vielleicht (wie auch ich, schon damals) über die Anzahl der Schritte beim Discofox gewundert. Das sind doch nur *drei* Zählzeiten in der Schrittfolge. Vor, vor, tap. Rück, rück, tap. Dazu zählt man 1, 2 und 3. Die Musik, die man zum Discofox spielt, steht aber immer im 4/4-Takt. Wie kann es dazu kommen? Sie tanzen ein 3/4-Tanzmotiv in einem 4/4-Takt. Warum, weiß keiner. Das haben wir schon immer so gemacht, lautet die Antwort. Tanz einfach! Logisch befriedigend ist das nicht, aber ein kleiner Trost für die musikalischen Mathematiker unter Ihnen mag sein, dass man nach jeweils 4 Schrittfolgen und 3 Musiktakten für einen Schlag lang wieder genau im Takt ist. Falls Sie das gerade nicht nachvollziehen konnten, kein Problem. Tanzen Sie einfach!

Kommen wir zum **Langsamen Walzer.** Der Standardtanz auf Hochzeiten. Den müssen Sie können! Wie geht das? Vorbereitungsmodus. Sie kennen ein Quadrat? Haben Sie in der Schule in Mathe aufgepasst? Stellen Sie sich ein Quadrat auf dem Tanzboden vor. Ungefähr 50 cm pro Seite. Vorbereitung abgeschlossen.

Stufe 1: Sie schreiten das Quadrat auf dem Tanzboden ab. Das ist alles. Das ist Walzer. Aus Sicht der Männer geht es so: Rechter Fuß einen lockeren Schritt nach vorn. Da die meisten Männer eine Rechts-Links-Schwäche haben, kurz erklärt: Mit der rechten Hand schütteln Sie zur Begrüßung die Hand. Und der Fuß, der sich unter dieser Hand befindet, ist der rechte Fuß. Also rechter Fuß einen lockeren Schritt nach vorn. Linker Fuß diagonal zur anderen Ecke. Dann holen Sie den rechten Fuß zu ihrem linken Fuß nach. Jetzt wieder rückwärts: Links einen Schritt zurück und rechts wieder quer über das Spielfeld zurück zum Ausgangspunkt und dann noch den linken Fuß dazu. Fertig. Das ist alles. Das ist Walzer. Zu komplex? Einfach noch mal lesen.

Die Damen verstehen das meist viel, viel, viel schneller und brauchen deshalb viel Geduld mit ihren Partnern. Sie fangen diesen Tanz mit dem linken Fuß nach hinten an. Dann den Ablauf wie gerade beschrieben. Jetzt immer schön bis drei zählen und leicht den Oberkörper drehen, schon bekommen Sie diese kreisende Bewegung des Walzers hin und sind happy, dass Sie Walzer tanzen können.

Wie schon gesagt, sind die Anlässe für diese Standardtänze zwar exquisit, aber im Laufe des Alltagslebens rarer gesät. Wenn Sie außerhalb von Tantengeburtstagen oder zu späterer Stunde bei Hochzeiten tanzen wollen, sollten Sie vielleicht noch ein paar neue, zeitgemäße Moves beherrschen. Wenn Sie Begriffe wie Kartenspieler, Haare stylen oder Scheibenreiniger bisher nicht mit Tanzen verbunden haben, möchte ich das ändern. Ja, das sind Tanzbewegungen, die an einem Samstagmorgen um 2 Uhr paarungswillige Menschen einander näherbringen können. Hier ein paar Möglichkeiten:

1. Kartenspieler. Wie geben Sie Karten aus? Locker an einem Tisch mit 5 Spielern. Genau so. Sehen Sie das vor Ihrem inneren Auge? Und jetzt stellen Sie sich dazu einen Technobeat vor. Umtz, Umtz, Umtz. Und bei jedem Umtz geben Sie imaginär Karten aus. Schön entspannt und rhythmisch. Okay, es sind keine echten Karten, und es gibt nichts zu gewinnen, aber es sieht verdammt cool aus. Verwegen gucken nicht vergessen und schön Karten verteilen.

2. Haare stylen. Wie läuft das normalerweise im Alltag ab? Fast wie bei diesem Tanzmove. Zuerst nehmen Sie das imaginäre Haarstylinggel aus dem Regal. Dann geben Sie das imaginäre Haarstylinggel in die Hände. Danach mit beiden Händen eine imaginäre Tolle rechts und links vom Kopf nach oben stylen. Ganz nach oben. Das schön rhythmisch immer im Beat. 1. Haargel nehmen, 2. in die Hand geben, 3. Tolle nach oben stylen, 4. Tolle nach oben stylen. Und wiederholen und wiederholen und wiederholen.

3. Scheibenwischer. Wie reinigen Sie Scheiben? Gleichmäßig mit wischend-kreisenden Bewegungen reinigen Sie das Glas. Genau. Und mit einem kleinen Abzieher. Diesen Abzieher gibt es auch in der imaginären Variante bei diesem Tanzmove. Sie ziehen rhythmisch im Takt einer nicht vorhandenen Scheibe von 2 Metern Höhe und 1 Meter Breite eine nicht vorhandene Wasserschicht ab. Von rechts nach links nach rechts, nach links. Ist total bescheuert, sieht aber cool aus.

Nun sind Ihnen Discofox, langsamer Walzer und drei neue Tanzmoves – Kartenspieler, Haare stylen und Scheibenwischer – bekannt. Probieren Sie es aus! Runter vom Sofa. Tanzen Sie. Nehmen Sie vielleicht noch eine Stunde Tanzunterricht, da macht man das Ihnen sogar live vor. Sie sind nicht nur musikalischer als Sie denken, sondern auch tanzfreudiger!

Ohrwurm der Stunde

- »I Like to Move It« von Reel 2 Real
- »Tanze Samba mit mir« von Tony Holiday
- »An der schönen blauen Donau« von Johann Strauss

WEIHNACHTSLIEDERTEXTE MERKEN

ODER KEINEN SCHIMMER VON DER DRITTEN STROPHE HABEN

Kennen Sie dieses Gefühl, jedes Jahr ungefähr Mitte November? Diese starke Sehnsucht nach Weihnachtsliedern? Mensch, so lange nicht mehr gehört. Der Sommer ist wirklich vorbei. Weihnachtslieder, die uns ungewollt auf Weihnachtsmärkten, im Supermarkt, im Fahrstuhl, im Fernsehen oder Radio präsentiert werden. Die die Lust am Kauf von Dingen, die wir nicht brauchen, unterstützen sollen.

Könnten Sie spontan, ohne nachzuschauen, die dritte Strophe von »O du fröhliche« singen? Einfach so? Nein? Ich auch nicht. Ich habe extra nachgeschaut. Die dritte Strophe lautet: »O du fröhliche, O du selige, gnadenbringende Weihnachtszeit! Himmlische Heere jauchzen dir Ehre: Freue, freue dich, O Christenheit!« Da verstehe ich, warum ich mir diesen Text nicht gut merken kann. Heute wird nur noch in Werbeclips gejauchzt, wenn man ein Paket mit neuen Schuhen ausgeliefert bekommt. Und selig sind die, die das nie gesehen haben. »O du fröhliche« haben Sie jedes, ich meine wirklich *jedes* Jahr zigfach gehört. Aber abgespeichert ist meist nur die erste Strophe. Was ist das Problem? Nun, wir können uns Assoziationen und Bilder viel besser merken als abstrakte Textzeilen. Da sich bei »O du fröhliche« pro Strophe nur zwei der sechs Zeilen ändern, ist die Merkleistung überschaubar, aber umso komischer, dass wir das nicht schaffen. Allerdings, wenn Sie sich das Wort »Weltchristhimmel« abspeichern, sind Sie auf einem guten Weg. Sie denken: »Was soll ich?« Nun, es geht um Gedächtnishilfen. In der ersten Strophe von »O du fröhliche« steht die Zeile »Welt ging verloren, Christ ist geboren«. Da wir oft nur eine Eselsbrücke brauchen, reicht uns hier das Wort »Welt« und unser Gehirn ist zufrieden und ergänzt den Rest der ersten Strophe. In der zweiten Strophe kommt die Zeile: »Christ ist erschienen …« und in der letzten Strophe: »Himmlische Heere jauchzen dir Ehre«. Wenn Sie sich also »Weltchristhimmel« merken, wird »O du fröhliche« ab sofort nur noch auswendig gesungen, denn Sie kennen nun alle wichtigen Eselsbrückenworte der drei Strophen. »Weltchristhimmel« – gespeichert.

Es gibt grob gesehen drei verschiedene Merktypen: visuell, auditiv und motorisch – mit vielen Überschneidungen. Da ist jeder Erdenbürger individuell. Der eine spricht sich den zu lernenden Text laut vor, der andere tanzt wild im Zimmer, um zu memorieren, der nächste malt ein Bild und hat es für immer abgespeichert. Welcher Typ sind Sie? Wenn Ihnen eine Person am Telefon den Weg zum Restaurant in einer fremden Stadt erklärt, finden Sie sich zurecht nach einmaligem Hören? Dann sind Sie ein auditiver Typ und richtig schlau. Arbeiten Sie beim Aufbauen Ihrer neuen Küchenzeile mit Abbildungen oder lieber mit geschriebenen Worten oder lassen Sie lieber Ihren oder Ihre Partnerin laut kommentieren, wie man hätte was machen müssen? Zählen Sie gerne mit den Fingern, um sich die fünf wichtigsten Telefonnummern Ihrer Familie zu merken? Überlegen Sie kurz. Haben Sie gerade Ihren Kopf zur Seite bewegt? Dann sind Sie ein hoffnungsloser Fall. Nein, das war nur Spaß. Dann ist alles in Ordnung – visuell, auditiv und motorisch.

Zurück zur Musik. Bei einigen moderneren Liedern reicht es übrigens oft nicht einmal für die erste Strophe! Wie steht es bei Ihnen mit der ersten Strophe des am meisten gespielten modernen Weihnachtslieds »Last Christmas«? »Once bitten and twice shy, I keep my distance, but you still catch my eye …« Klingelt da etwas bei Ihnen? Nein? Okay, bei mir auch nicht, aber sagen Sie nicht, Sie hätten das noch nie gehört. Mir fällt hier wirklich kein gutes Merkwort ein. George Michael schrieb den Song an-

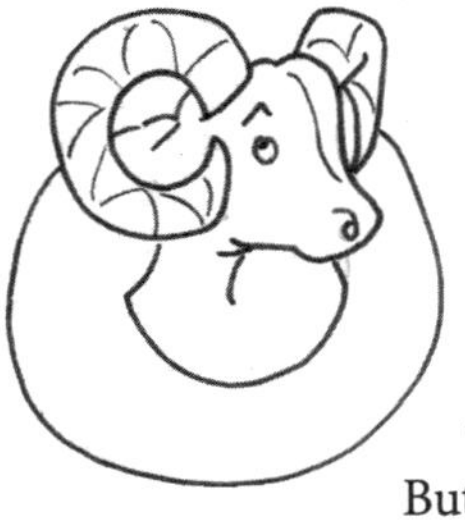

geblich in einer halben Stunde. 1984 wurde das Lied veröffentlicht. Und, da muss man kein Hellseher sein, der Text ist nicht nobelpreisverdächtig. Den Refrain aber kennen alle: »Last Christmas I gave you my heart, But the very next day you gave it away, This year, to save me from tears, I'll give it to someone special.« Ich sehe bei diesem Text vor meinem inneren Auge die Partygesellschaft des dazugehörigen Videos in einer Winterlandschaft eine Schneeballschlacht machen, da ist etwas Motorik dabei, die mir hier allerdings nicht hilft, mir den Text der ersten Strophe zu merken.

Anderes Beispiel: Die dritte Strophe von »Ihr Kinderlein, kommet«. Auch ein echter Klassiker der Weihnachtshits. Wie steht es damit? Textsicherheit? Ich helfe gerne: »Da liegt es, das Kindlein, auf Heu und auf Stroh, Maria und Josef betrachten es froh; die redlichen Hirten knien betend davor, hoch oben schwebt jubelnd der Engelein Chor.« Gut, textlich nicht ganz auf der Höhe der Ausdrucksweise des 21. Jahrhunderts. Aber trotzdem. Sie haben diese Nummer oft hören und singen müssen. Zumindest als Kind, um die Gaben unter dem Tannenbaum offiziell in Empfang nehmen zu dürfen. Haben Sie je darüber nachgedacht, was Sie da so singen? Was das bedeutet? Nun ja, es ist halt ein besonderes Gefühl, dass Generationen unserer Vorfahren diese Musik immer in der Weihnachtszeit gespielt haben und da fragt man besser nicht nach, was sie da gesungen haben und was es im Einzelnen bedeutet. Ein bisschen schön ist es trotzdem. Wie können Sie sich »Ihr Kinderlein, kommet« am besten merken? Wie wäre es hier zur Abwechslung mal mit etwas Motorik? Da Sie die erste Strophe am besten kennen, geht es nun um die Strophen 2 bis 4. Die zweite Strophe beginnt mit »O seht in der Krippe ...«, da kann man sich doch schon mal die Hand vor die Stirn halten und wie ein Indianer in die Ferne schauen. Motorikmerken Teil 1. Nun fällt Ihnen sicher der Rest der Strophe schon ein. Die dritte Strophe beginnt mit »Da liegt es das Kindlein«, nun wäre hinlegen wohl etwas viel verlangt, aber wie steht es mit einer Geste des Wiegens eines imaginären Kindes als motorische Merkhilfe? Okay, da ist schon etwas Fantasie nötig, aber wir wollen hier nicht zu kleinlich sein. Die vierte Strophe »O beugt wie die Hirten anbetend die Knie ...«, da kniet man sich als Gedankenstütze kurz nieder und hat prompt das Fitnessprogramm für den Tag schon mal gespart. Nun kennen Sie ein kleines motorisches Hilfsmittel, um sich dieses Lied zu merken. Sehen, Liegen und Beugen.

Wie steht es mit Ihrer Textsicherheit? Oder anders gefragt: »Wie viele Liedtexte könnten Sie spontan singen?« Gemeine Frage. Sie antworten natürlich leicht genervt mit: »Wozu brauche ich denn Liedtexte im Alltag, da kommt auch nicht der Chef ins Büro und sagt: ›Guten Morgen Frau Schmidt, wenn Sie die Gehaltserhöhung gerne hätten, singen Sie mir doch die zweite Strophe von *Fröhliche Weihnacht überall* vor, dann bekommen Sie 50 Euro mehr im Monat!‹« Dann würden wir bestimmt alle Texte lernen. Warum ist meistens schon nach der ersten Strophe Schluss? Interessiert der Text uns einfach nicht genug? Ist die Aufmerksamkeitsspanne bereits nach einer Strophe erschöpft? Nein, aber unser Gehirn kann sich Geschichten, Emotionen, Bilder und Assoziationen viel besser merken, also bauen Sie sich Eselsbrücken, die es für Sie einfacher machen. Ein Autor namens Werner Tiki Küstenmacher hat ein Buch mit vielen Bilder geschrieben – halt ein visueller Typ – , damit wir uns Weih-

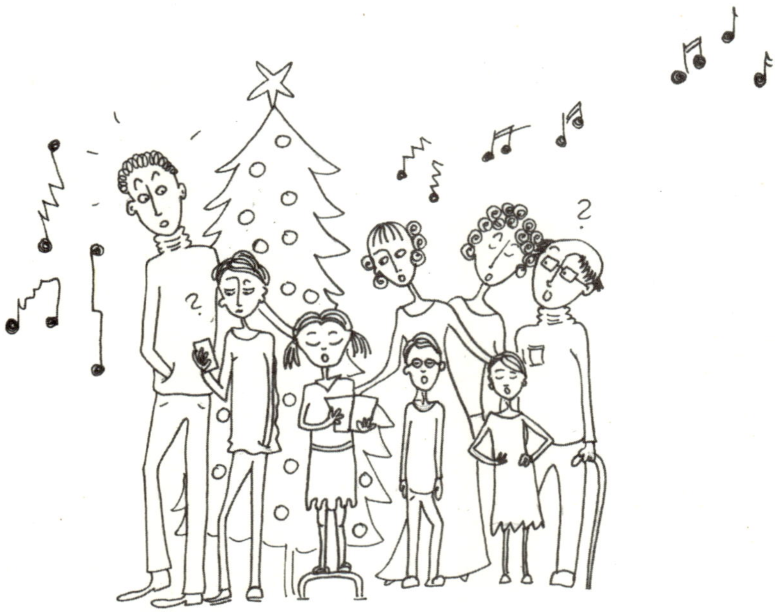

nachtslieder besser merken können. Es heißt *Alle Jahre widder*. Das hat mir geholfen, obwohl ich eigentlich ein auditiver Typ bin. Aber wie das so ist mit dem Wort »eigentlich«. Eigentlich bin ich sehr fleißig, komme aber so selten dazu …

Übrigens: »Feliz Navidad« wurde von einem Mann namens José Feliciano geschrieben, der 1970 damit einen Grammy einheimste. Er komponierte den Song in sage und schreibe fünf Minuten. Was man so alles in kurzer Zeit machen kann. Einmal Zähne putzen oder einen Welthit schreiben. Also dieser José Feliciano ist ein Freund der Wiederholung. Es kommt 21-mal die Wortkombination »Feliz Navidad« vor und 16-mal »I wanna Wish you a Merry Christmas«. Sehr effektiv. Da braucht man kein Merkwort. Aber selbst die wenigen spanischen Zwischenwörter sind vom normalen deutschen Musikkonsumenten nicht abrufbar. Oder wie sieht es mit »Prospero año y felicidad« bei Ihnen aus? Falls ja, Glückwunsch! Dann sind Sie besonders musikalisch und können sich alles merken: visuell, auditiv oder motorisch.

Ohrwurm der Stunde

* »White Christmas« von Bing Crosby
* »Stille Nacht«
* »Feliz Navidad« von José Feliciano

Meine liebsten Weihnachtslieder:

1.
2.
3.

INSPIRATION FÜR MUSIK – MIR FÄLLT NICHTS EIN

UND WARUM DAS NICHT STIMMEN KANN!

Stellen Sie sich vor, Sie sind freischaffender Komponist. Ja, ich weiß, das ist viel verlangt von Ihnen als beispielsweise gut situiertem Beamten mit einem monatlichen soliden Einkommen bis ans Lebensende. Es ist ja nur für die nächsten fünf Minuten. Sie schaffen das. Also, Sie sind jetzt Komponist und die Deadline der Abgabe von zehn neuen, von Ihnen zu komponierenden Songs rückt unaufhaltsam näher. Die Plattenfirma hat Ihnen zum ersten Mal diese Chance gegeben und Sie wollen unbedingt ein paar tolle Lieder schreiben, aber Sie kriegen nichts aufs Papier. Seit Wochen leiden Sie unter einem Mangel an Einfällen. Okay, vorher war es auch nicht sonderlich toll, aber jetzt ist es besonders schlimm. Sie fühlen sich leer und ausgebrannt. Morgen haben Sie vor, Ihre Karriere, die noch nicht einmal begonnen hat, zu beenden. Sie treten vor den heimischen Badezimmerspiegel und sagen: »Nach all den erfolgreichen und kreativen Jahren höre ich auf. Man soll aufhören, wenn es am schönsten ist. Ich habe fertig.« Was man halt in einer solchen Situation sagt. Für Rockstars und Komponisten kommen die folgenden genretypischen Abgangsmöglichkeiten infrage: Schrotflinte, Prügelei mit kräftigen Freunden der Groupies, Drogenrausch, Autounfall oder der Tod durch schleichende Unsichtbarkeit, was sicher das Schlimmste für einen egozentrischen, selbstverliebten Künstler ist. Bevor es so weit ist und Sie tatsächlich abdanken wollen, hätte ich einige positive Tipps für Sie.

Erst mal Entspannung. Kein Komponist, ich spreche Sie jetzt gnadenlos mit der Bezeichnung Komponist an, da müssen Sie jetzt durch, also kein Komponist vor Ihnen hat einfach so, ohne Vorbildung und Übung, etwas vollkommen Neues geschaffen. Das ist schlicht und ergreifend nicht möglich. Jeder Komponist studierte die Musik vor ihm, die Vergangenheit. Mal mehr, mal weniger. Auch jeder berühmte Komponist komponierte Lieder, die heute keiner mehr kennt. Man schreibt nicht nur »Satisfaction« oder die Arie der Königin der Nacht als wäre dies das erste und letzte Lied, das man schreibt. Nein, da gehören unzählige Lieder und Kompositionen davor und danach dazu. Keiner der Meister ist eines Morgens aufgewacht und war über Nacht superspitzenklasse. Auch ein Johann Sebastian Bach war eine Zeit lang Geiger im Weimarer Hoforchester und studierte Musik. Er schrieb jahrelang Musik, Tag für Tag. Komponisten haben viel mehr komponiert als bekannt ist. Das ist auf der einen Seite beruhigend – und auf der anderen auch nicht.

Jeder will einen Song, will Musik komponieren, die die Leute berührt und sie auf eine einzigartige Reise mitnimmt. In der Theorie klingt das so einfach. In der Praxis ist es komplizierter. Wenn Sie alleine in Ihrer Kammer auf keine guten Ideen kommen, da Sie sich dort nur mit sich selbst beschäftigen, brauchen Sie auf jeden Fall neuen Input. Der Musikwissenschaftler oder geneigte Konsument kann locker mit spitzem Stift über die Komponisten richten. Er kann kritisch über ideenlose und uninspirierte Stücke schimpfen und sagen, wer es viel besser kann. Er muss nicht eine Note selber aufs Papier bringen. So ist das nun mal. Sie fühlen sich als angehen-

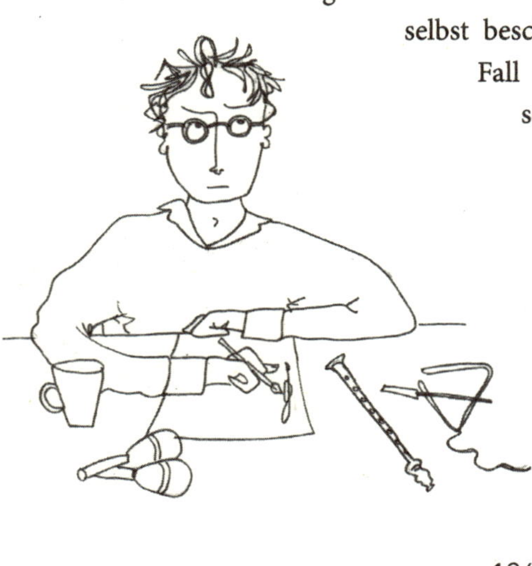

der Komponist immer schlechter, die Uhr tickt. Die erste Träne kullert. Aller Anfang ist schwer. Melancholie. Bringen wir etwas Hoffnung ins Geschehen. Welche Dinge schaffen Abhilfe? Folgende:

1. Neue Dinge erlernen. Frischer Wind fürs Gehirn ist für die Kreativität eine gute Sache. Ob man nun zu einem Tanz-, Whiskey- oder Häkelkurs geht, ist für das Gehirn egal, Hauptsache, es bekommt neuen Input. Das bringt Sie an andere Orte, mit anderen Menschen zusammen und auf andere Gedanken. Selber aktiv werden ist immer eine gute Sache, und wenn es nur der Gang in den Supermarkt ist nach einigen Tagen alleine vor dem Computer ohne Tageslicht. Was wollten Sie schon immer mal lernen? Den ersten Gedanken jetzt merken und den passenden nächsten Kurs in der Nähe buchen. Waaas? Kamasutra? Na, viel Spaß. Aber bleiben wir hier erst mal bei der Musik, dort gibt es auch viel zu entdecken. Lernen Sie eine neue Spieltechnik auf Ihrem Instrument, ein neues Genre, ein neues Instrument oder eine neue Gesangsart. Da sind Ihrer Kreativität keine Grenzen gesetzt. Die Zeit vergeht theoretisch immer gleich, aber sie macht definitiv mehr Spaß mit schönen Dingen des Lebens, die man zum ersten Mal macht. PS: Sie können natürlich auch ohne Kreativitätsprobleme einen Kurs buchen.

2. Den Körper mental und physisch pflegen. Gedanken haben Einfluss auf die Kreativität. Wenn Sie denken: »Ich will einfach nur einen Hit schreiben, einfach so, *jetzt*, aber jetzt könnte schon mal die erste Idee kommen«, ist es eher unwahrscheinlich, dass es funktioniert. Die Verfassung des Körpers hat Einfluss auf die Kreativität. Wenn beispielsweise Ihre Haut seit geschlagenen drei Wochen kein Sonnenlicht mehr gesehen hat, dann wird es kompliziert, ein positives Lied über die Sonne zu schreiben. Bei düsteren Liebesliedern sieht es da schon anders aus. Wenn Sie wochenlang von Fertigpizzen gelebt haben, wird das weder Ihren Cholesterinwert noch Ihre Kreativität positiv beeinflussen. Kochen Sie lieber etwas Gesundes. Seien Sie nett zu Ihrem Körper. Sie bekommen so schnell keinen zweiten. Warum kümmern wir uns um so viele wichtige Dinge wie Auto waschen, Computer kaufen, Internet checken, zum Friseur gehen, aber unseren Körper halbwegs fit zu halten, steht für uns oft gar nicht auf der Prioritätenliste. Sie wissen genau, was Sie die nächsten drei Wochen noch so zu tun haben, aber da ist keine Minute Zeit für etwas Bewegung oder einen Spaziergang eingeplant, weil das angeblich Zeit unnütz verstreichen lässt. Mut zur Muße! Wir wollen alle alt werden, aber nix dafür tun außer Pillen nehmen. Das wird schwierig. Auch schwierig für die Kreativität. Pausen gehören zur Kreativität, zur Musik und zum Leben dazu. Pausen bei einer Probe, beim Komponieren, beim Essen. Das Gehirn braucht einfach ein paar Pausen zwischendurch. Das ist vollkommen normal.

3. Gemeinsam statt einsam. Das Image des einsam rauchenden, grübelnden Komponisten in einem ungeheizten Raum mit viel Rotwein und wenig Licht klingt gut, ist aber verdammt öde und ungemütlich. Wenn man mit mehreren netten Zeitgenossen in einem Raum ist, entstehen oft die besseren Ideen. Mit angenehmen Getränken in der Hand und ein paar flotten Sprüchen sind schon einige Kreativitätsblockaden in Bruchteilen von Sekunden überwunden worden. Es ist extrem hilfreich, anderen Zeitgenossen seine Ideen vorzuspielen. Wenn man der Einzige sein will, der seine Musik gut findet auf der Welt, so ist das natürlich okay, aber schade (und außerdem finanziell wenig einträglich). Schon eine kleine Gruppe von unterschiedlichen Menschen kann ein repräsentatives Bild abgeben, ob ein Lied mehr Hörer finden kann als in diesem Raum. Es gibt halt Lieder, die nur ein einziges Mal aufgeführt werden – aus gutem Grund. Für andere Lieder ist es sehr schade, wenn sie nur ein einziges Mal erklingen. Gemeinsam mit befreundeten Musikern zu jammen, hilft vielen Songs auf die Sprünge. In einer lockeren Atmosphäre passieren die schönsten Dinge. Wählen Sie dafür gesprächige Menschen aus, von denen Sie auch Feedback bekommen werden, statt eines maulfaulen Einsiedlers. Denn es gilt die Regel: Wenig sagen wirkt mysteriös, aber gar nichts sagen ist einfach langweilig. Gemeinsam statt einsam.

4. Der Mitschnitt – einfach alles aufnehmen. Jetzt kommt ein Loblied auf die modernen technischen Möglichkeiten. Smartphone raus und mitschneiden. Viele musikalische Ideen sind nur in dieser einen Sekunde möglich, in der sie zum ersten Mal gespielt wurden. Das kann man nicht einfach wiederholen. Noten aufzuschreiben ist zu langsam und versagt bei der Beschreibung von Magie in der Musik. Welche Intention hatten Sie beim Schreiben, woran haben Sie gedacht? Daran kann man sich viel besser mit einer Aufnahme erinnern. Darin ist alles enthalten. Aufnehmen kostet heutzutage nichts und ist immer mit einem Smartphone oder einem anderen Aufnahmegerät möglich. Wenn nach mehrmaligem Wiederanhören nichts Verwertbares zu hören ist, kann es schnell wieder gelöscht werden und man muss niemandem davon erzählen.

Wayne Shorter ist ein sehr berühmter amerikanischer Saxofonist. Er wohnte nicht weit vom Pianisten Joe Zawinul entfernt. Die beiden trafen sich und improvisierten zusammen. Das nahmen sie auf und Joe hörte es sich an und komponierte Lieder aus den besten Momenten der Improvisationen. So geht eine Art des Komponierens. Ihre Band Weather Report, übersetzt: »Wetterbericht«, war sehr erfolgreich im Jazz. Sie sehen, es kann auch schnell gehen. Christina Bach, die Helene Fischers großen Hit »Atemlos« komponiert hat, erzählte in einem Interview, dass sie ihre Ideen mit einem Kassettenrekorder (!) aufnehme und nicht in Noten aufschreibe, das könne sie gar nicht.

Es gibt immer wieder magische Momente, wo alles passt. Das gilt es vorher zu erahnen und aufzunehmen. Ich gebe zu, dass das besonders selten ist. Da muss man ehrlich sein, daher spricht man so gerne darüber. Man redet lieber über den Fallschirmsprung, auch wenn der nur 4 Minuten eines Lebens gedauert hat, als über die langweiligen Bürojahre. Alltäglich sind diese Momente nicht, da ist einfach Arbeit angesagt. 99 Prozent Arbeit, 1 Prozent Inspiration. Aber dieses eine Prozent gilt es, schön auf Band zu bewahren, oder auf dem Smartphone.

5. Musik inhalieren. Wie geht die schnellste Art der Inspiration? Musik hören. Die großen Künstler hören, die kleinen Künstler hören. Jeder Komponist plagiiert auf die eine oder andere Art. Auch Mozart, Bach und Beethoven haben das getan. Wir leben von der Vergangenheit. Alle Töne wurden schon einmal gespielt. Es geht um neue Formen auf alten Mauern. Man studiert seine Idole. Einen Song wie von einem seiner Idole zu schreiben ist wenig sinnvoll, denn die gibt es ja schon. Auch George

Gershwin nahm Kompositionsunterricht in Frankreich bei dem berühmten impressionistischen Komponisten Maurice Ravel – genau der, der den »Bolero« schrieb –, nur um von ihm gesagt zu bekommen: »Du kannst dann klingen wie ich, aber das ist nichts, wenn du so klingen kannst wie George Gershwin.« Daraufhin ging Gershwin wieder zurück nach Amerika und wurde berühmt als der, der den Jazz und die klassische Musik zusammenbrachte. Er führte den Jazz in die Oper und die Konzertsäle ein mit *Rhapsody in Blue*. Sein berühmtestes Stück »Summertime« entstammt der Oper *Porgy and Bess*.

Es gibt viele Möglichkeiten, seine Inspirationsquellen wieder aufzufüllen. Bleiben Sie neugierig und es werden tolle Dinge entstehen!

Ohrwurm der Stunde

- »All I Wanna Do« von Sheryl Crow
- »Wenn bei Capri die rote Sonne im Meer versinkt« von Vico Torriani
- »Birdland« von Weather Report

WARUM GIBT ES MUSIK?

ODER WAS HABEN WIR DAVON?

Man geht davon aus, dass der moderne Mensch ungefähr vor 300.000 Jahren entstand. Musik muss es schon seit dieser Zeit geben, ansonsten hätte sie diesen festen Platz in unseren Genen nicht bekommen. Auf der ganzen Welt wird Musik praktiziert. Es wurde eine Panflöte gefunden, die etwa 35.000 Jahre alt ist, was beweist, dass die Panflöte älter ist als die Fußgängerzone dazu. Anthropologen fragen sich, welchen Sinn die Musik für unser Leben hat. Ich frage mich, was sind Anthropologen? Ich kann mir kein Leben ohne Musik vorstellen, eines ohne Anthropologen dagegen schon. Doch im Ernst, man kann ja mal fragen: Wenn die Musik evolutionäre Vorteile brächte, welche könnten das sein? Drei Thesen:

1. Musik verspricht Vorteile bei der Partnerwahl,
2. Musik hilft bei der Entspannung,
3. Musik hat einen Vorteil für die Gesellschaft.

Zur ersten These – Musik hilft bei der Partnerwahl. Der moderne Steinzeitmann, der ausdauernd und gut sang, stellte dadurch seine Kreativität zur Schau und bekam eine schicke Steinzeitfrau. Die meisten Pop-Platten werden von Männern um die dreißig produziert. Früher konnte man (oder frau) sagen: »Hey, kommste mit auf mein Zimmer, ich zeig dir meine Schallplattensammlung.« Heute hat keiner mehr eine Schallplattensammlung. Es gibt keinen Grund mehr, mit aufs Zimmer zu gehen.

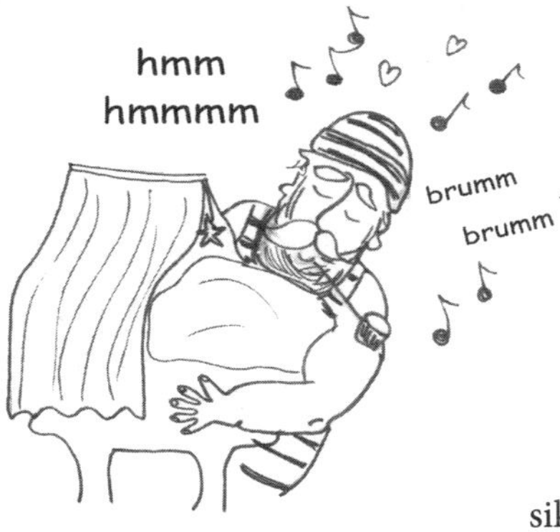

Allerdings sagte neulich eine ältere Dame zu mir, sie habe schon noch eine Schallplattensammlung, aber es komme keiner mehr mit hoch. Ungerechte Welt.

Zweite These: Entspannung. Es gibt die Theorie, dass nicht Männer die Musik erfunden haben, sondern Frauen, denn auf der ganzen Welt gibt es ähnliche Schlaflieder, sogenannte Lullabys. Ein Baby schläft nachweislich ruhiger und länger, wenn man ihm etwas vorsingt, als wenn man es anschreit: »SCHLAF, SCHLAF doch ENDLICH, ENGELCHEN!!«

Haben Sie sich schon einmal gefragt, warum Männer die tiefen und Frauen die hohen Stimmen haben? Das ginge anatomisch auch anders. Es gibt ja sowohl sehr kleine, dünne als auch sehr große, dicke Männer und Frauen. Vom Körperbau her betrachtet ist es anscheinend wurscht. Aber die Natur hat alle wichtigen Geräusche in hoher Tonlage angesiedelt: Babyschreien, Hilferufe, Handyklingeln. Warum? Es gibt *führende* Stimmen und *dienende* Stimmen. Im Orchester müssen die Geigen schweigen, wenn die Bässe gehört werden wollen. Im Chor müssen die Soprane schweigen, wenn die Bässe gehört werden wollen. Selbst wenn die Bässe sehr laut singen und die Soprane nur leise dazu trällern, werden sie dennoch immer nur als Begleitung wahrgenommen.

Wenn Männer etwas Wichtiges sagen wollen, ziehen sie sich Frauenklamotten an: Priester, Richter, Dudelsackspieler. Und sie sprechen in der Tonlage von Frauen. Zum Beispiel beim Militär. Beim Kommando »Rechts um« ertönt das »um« so hoch, wie eine Frau normalerweise spricht. Eine Oktave über der Sprechstimme des Mannes. Würde er das »um« tief intonieren, würde sich keiner umdrehen. Wir haben dreimal so viele Haarzellen im Ohr zum Erkennen von hohen Tönen wie Haarzellen zum Erkennen von tiefen. Die Natur möchte uns etwas mitteilen. Es gibt, wie gesagt, führende und dienende Stimmen.

Kommen wir zur dritten These. Musik hat einen Vorteil für die Gesellschaft. Wenn ich mit jemandem Musik mache, schlage ich ihm nicht den

Kopf ein. Musik verbindet. Und hat damit einen gesellschaftlichen Nutzen. Wir haben für jeden Anlass, jedes wichtige Ereignis Lieder: Volkslieder, Wiegenlieder, Kinderlieder, Arbeiterlieder, Seemannslieder, Augenlider, Liebeslieder, Trauerlieder, Totenlieder, Wanderlieder, schmerzende Glieder, Morgenlieder, Abendlieder, Schlaflieder, Frühlingslieder, Weihnachtslieder, Karnevalslieder, Kirchenlieder, Trinklieder, Trauerlieder, Lob- und Spottlieder, sogar Cheerleader. Die Natur möchte, dass wir singen, sonst hätte sie uns nicht mit diesem außergewöhnlichen Stimmapparat bedacht: Wir alle sind anatomisch in der Lage, vier Oktaven zu singen. Zwar nicht alle wie Maria Callas, aber darum geht es nicht. Hätten wir nur sprechen sollen, wäre dieser Aufwand unnütz, eine monotone Stimmlage hätte genügt. Also: Singen Sie! Zur Verführung, zum Einschlafen, allein oder im Verein. Sie sind musikalisch!

Ohrwurm der Stunde

* »Music was my first love« von John Miles
* »Minutenwalzer« von Frédéric Chopin
* »Weißt du, wie viel Sternlein stehen?« – Volkslied

DER BLUES

ODER WIE KOMMT MAN SCHLECHT GELAUNT DURCH SEIN GANZES BERUFSLEBEN?

Wie kommt man schlecht gelaunt mit drei Akkorden durch sein gesamtes Berufsleben? Mit dem Blues. Und den drei Akkorden Tonika, Subdominante und Dominante. Falls Ihnen diese drei Freunde im letzten Satz spanisch vorkommen, lesen Sie am besten das Kapitel »Einführung in die Harmonie«. Danach sind auch Sie Insider.

Der Blues entstand im Übergang vom 19. zum 20. Jahrhundert in den USA. Das Wort Blues leitet sich ab aus den Redewendungen: »I've got the blues«, »I feel blue«, was so viel bedeutet wie: Alles Mist, doof, doof, doof. Kurze Frage an Sie: Wie läuft es gerade in Ihrem Leben? Alles paletti? Beziehungen top, Immobilien top, Boote top, Job top? Gratulation!

Oder nicht so superspitzenklasse? Stress, die Arbeit nervt, in der Freizeit hetzt man von einer Verpflichtung zur nächsten, für die Beziehung bleibt viel zu wenig Zeit, zu Hause ist das Klo verstopft, alle drehen durch, kurz: Wahnsinn? Dann hätte ich einen Berufsvorschlag für Sie. Werden Sie Bluesmusiker! Dann wandeln Sie das alles einfach in Musik um und klagen auf einer verrauchten Bühne mit schummrigem Licht und Gitarre um den Hals der Welt Ihr Leid. Wie wäre das? Das wäre der Blues.

Was muss man wissen, um einen Blues hören zu können? Ein Bluessänger trinkt keinen Hugo mit Minze oder Roibuschtee, nein, ein Bluessänger trinkt … Whiskey, genau, oder stilles Wasser. Das Wasser ist so traurig, dass es ganz still ist. Wie viel muss ein Bluesmusiker trinken, um 0,5 Promille zu erreichen? Drei Tage lang gar nichts. Ein Bluesmusiker fährt auch kein Porsche Cabrio oder Mercedes-Benz. »Oh Lord, won't you buy me a…« Ein Bluesmusiker schiebt einen alten Pick-up-Truck oder er läuft. Ein Bluesmusiker spielt seinen Blues auch nicht in einem Fünf-Sterne-Golf-Hotel-Resort, sondern in einer Bar oder gleich in einem … Puff. Genau. Bei Politikern ist es wichtig, dass sie ein ordentliches Leben mit wenig Alkohol, Frauen und bewusstseinserweiternden Dingen verbringen. Bei einem Bluesmusiker sieht das anders aus. Der muss kräftig über die Stränge schlagen, da sonst seine Glaubwürdigkeit leidet. Augen auf bei der Berufswahl.

Was muss man für einen Blues theoretisch wissen? Der Blues ist ein Plagiat des 1873 geborenen Musikers W.C. Handy. (Das ist wirklich der Name des Musikers!) Dieser Mr. Handy war damals ein sehr berühmter Zeitgenosse. Er erfand die sogenannte zwölftaktige Bluesform. Was bedeutet das? Ganz einfach. Jeder Song besteht im Grunde aus zwölf Takten und diese zwölf Takte werden mit drei Akkorden in einer bestimmten Reihenfolge gespielt und so lange wiederholt, bis das Lied vorbei ist. Sprich, wenn Sie die Abfolge dieser zwölf Takte einmal gelernt haben, können Sie viele, viele, viele Bluessongs spielen. Das nennt man Effektivität! Handys Bluesform jedenfalls trat ihren Siegeszug durch die Welt an und begründete das Blues-Genre. Zwölf Takte, die die Welt eroberten.

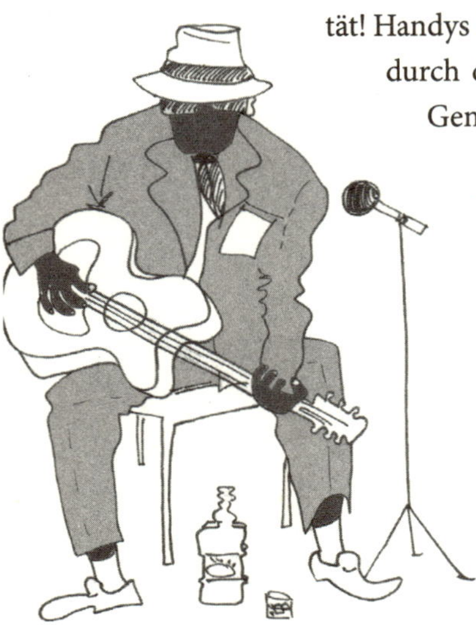

Und welche Akkorde sind das? Genau: Tonika, Subdominante und Dominante. Die Zeichenerklärung verrät Ihnen die Aufteilung: T steht für die Tonika, S für die Subdominante und D für die Dominante. Der Zwischenstrich ist ein Taktstrich. Der Blues steht meistens im 4/4-Takt, sprich: Bei jedem Akkord immer schön gleichmäßig bis vier zählen und dann kommt der nächste Akkord. Wenn Sie sich den Bluesrhythmus vorstellen wollen, denken Sie an einen Dampfzug im Wilden Westen. Sie sitzen in dem fahrenden Zug und hören die regelmäßigen Schweißnähte der einzelnen Schienen, über die der Zug fährt. Das macht dieses Ta-tak-Geräusch. Ta, tak, ta, tak, ta, tak, ta, tak. Das erste ta ist immer etwas leiser und schneller, dann kommt das tak. Das ergibt vereinfacht gesagt den Bluesrhythmus.

DIE BLUESFORM:
T | T | T | T
S | S | T | T
D | S | T | T

Aufgeschrieben sieht es aus wie ein Geheimcode, aber den können Sie jetzt lesen. Er lässt sich dank Ihres Wissens in die verschiedenen Tonarten übertragen. Wie steht es um Ihr Harmoniewissen? Schaffen Sie es, ohne nachzuschlagen bzw. vorzublättern? In G-Dur ist die Tonika ... Na? ... Genau: G-Dur. Und die Dominante von G-Dur ist ... Na? ... Genau: D-Dur und die Subdominante C-Dur. Jetzt können Sie sogar einen Blues in G-Dur spielen.

Warum müssen Sie wissen, wie die Bluesform geht? Sie wollen ja auch wissen, wie man Nudeln macht, und nicht nur Fertiggerichte in die Mikrowelle schieben, oder?

Genug der Harmonie, kommen wir zum **Text**. Eine ganz wichtige Textzeile des Blues lautet: »I woke up this morning, and my woman was gone.« (Übersetzt etwa: »Ich bin heute Morgen aufgewacht und meine Frau war weg.«) Damit hätten Sie schon 90 Prozent des Liedtextes geschafft. (Ein Blues beginnt übrigens nie so: Ich bin heute Morgen *nicht* aufgewacht, weil dann wäre es ja kein Blues mehr, sondern ein Requiem.)

Der Text wird mit dem sogenannten »Call and Response«-Prinzip gesungen. Das heißt, es gibt einen Vorsänger, der »ruft«. Er singt die erste Zeile und der Chor (»Response«) antwortet. Das Prinzip hat den Vorteil, dass man mit einigen wenigen Zeilen einen anständigen Blues schreiben kann und das Publikum sofort fähig ist mitzusingen. Praktisch. Nach zweimaligem Wiederholen des »Call and Response« gibt es eine »Conclusion«: die Schlussfolgerung. Schlussendlich brauchen Sie daher nur zwei Textzeilen, die Sie oft wiederholen, wobei jede Zeile in zwei Takten durchgesungen werden muss. Ein Beispiel:

Vorsänger: I woke up this morning. Nachsänger: I woke up this morning.
Vorsänger: And my woman was gone. Nachsänger: And my woman was gone.
Vorsänger: I woke up this morning. Nachsänger: I woke up this morning.
Vorsänger: And my woman was gone. Nachsänger: And my woman was gone.
Schlussfolgerung nur vom Vorsänger: Mist, wer macht jetzt den Abwasch?
Vorsänger: And my woman was gone. Nachsänger: And my woman was gone.

Sie merken schon, die Texte sind im negativen Themenspektrum angesiedelt. Einsamkeit, Verrat, Liebe, Suff, das Übliche. Daher ist es von großem Vorteil für eine Blueskarriere, ein griesgrämiger Typ zu sein und sehr gerne zu meckern. Lassen Sie uns einen kleinen Blues schreiben. Erste Frage: Wie haben Sie gestern Nacht geschlafen? Es gibt natürlich nur negative Antwortmöglichkeiten: schlecht, gar nicht, katastrophal. Jede Andeutung von positiven Dingen wollen wir tunlichst vermeiden. Wie war Ihre Antwort? Ich weiß, was Sie genommen haben. Also, dieser katastrophale Schlaf hat Auswirkungen gehabt. Sie bekamen dadurch a) schlechte Laune, b) Migräne, c) Kopfschmerzen. Und? Gewählt? Gut. Dann singe ich mit Ihnen Ihren Blues.

Vorsänger: Ich bin heut Morgen aufgewacht. Chor: Ich bin heut Morgen aufgewacht.
Vorsänger: Hab katastrophal geschlafen, die ganze Nacht. Chor: Hab katastrophal geschlafen, die ganze Nacht.

Vorsänger: Ich bin heut Morgen aufgewacht. Chor: Ich bin heut Morgen aufgewacht.

Vorsänger: Hab katastrophal geschlafen, die ganze Nacht. Chor: Hab katastrophal geschlafen, die ganze Nacht.

Schlussfolgerung nur vom Vorsänger: Die Migräne setzt mir zu.

Vorsänger: Nur auf dem Friedhof find ich Ruh. Chor: Nur auf dem Friedhof find ich Ruh.

Applaus. Jetzt haben Sie den Blues gespürt. Der Blues ist eine Lebensphilosophie. Sie fragen sich, was an diesen drei Akkorden besonders sein soll. In diesen drei Akkorden des Blues wohnt das Leben. Und da jeder unterschiedliche Dinge in seinem Leben doof findet und immer neue Dinge, die man doof findet, dazukommen, wird es wohl noch lange, lange, lange den Blues geben. Und da Sie jetzt wissen, was man für einen Blues braucht und wie man einen Blues schreibt, werden Sie ja vielleicht auch mal ein Bluessänger. Zu meckern gibt es immer was. Sie Bluesmusiker!

Ohrwurm der Stunde

* »Black Magic Woman« von Santana
* »Johnny B. Goode« von Chuck Berry

Über diese Themen könnte ich sofort einen Blues singen:

1.
2.
3.

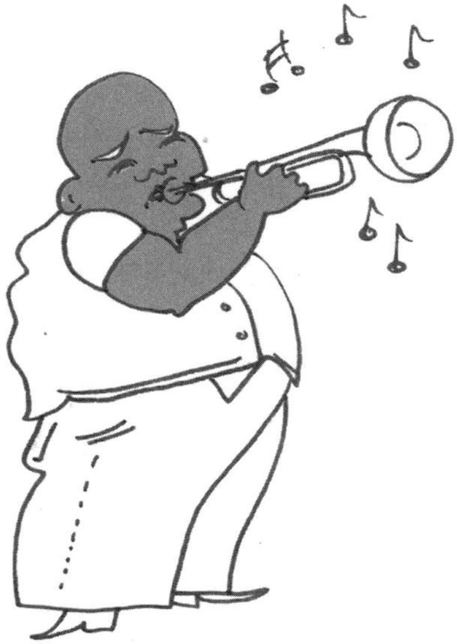

HINTERGRUNDMUSIK – MUZAK

ODER MUSIK, DIE NICHT BEIM BÜGELN STÖRT

Keiner sagt etwas. Stille. Die Sekunden dehnen sich wie Stunden. Hört sich das bekannt an? Um genau diese Situation zu verhindern, spielen Restaurants Musik, damit das erste Date nicht so peinlich verläuft und Sie, falls nötig, irgendwie nett aus dieser Sache herauskommen. Dass überall Hintergrundmusik läuft, fällt aber keinem mehr auf. Sie ist einfach immer da. Jederzeit. In Telefonschleifen, Fahrstühlen, Kaffeehäusern, Fitnessstudios oder Arztpraxen. Natürlich ist der eigentliche Grund, dass wir uns durch angenehme Musik wohlfühlen sollen, dadurch mehr kaufen und länger bleiben. Klar. Um nichts anderes geht es. Sonst würden die von den Marketingabteilungen keinen einzigen Cent für Musik ausgeben. Das bedeutet, dass Musik finanziell messbar wirkt und uns beeinflusst. Fakt. Aber wie soll das aussehen? Gibt es eine Theorie: Man nehme diese Musik und dann passiert dies und das? Fast. Vor ein paar Jahren wurde eine Studie in Weinläden durchgeführt. Überraschung: Bei Klängen von französischer Musik wurde dreimal so viel französischer Wein verkauft. Bei spanischer Musik – spanischer Wein. Und bei deutscher Musik – Bier. Das ist wirklich wahr.

Welchen Einfluss hat welche Musik auf unsere Kaufentscheidungen? Ihren Ursprung hat die Idee der Hintergrundmusik in Amerika in den 30er-Jahren des letzten Jahrhunderts, als man nach Mitteln sann, um Kunden länger in Kaufhäusern zu halten. Vorher mussten allerdings erst mal die technischen Voraussetzungen geschaffen und die Abspielgeräte erfunden werden. Die erste Firma für Hintergrundmusik war eine Firma namens Muzak, gegründet 1934 von dem US-General George Owen Squier, der im Ersten Weltkrieg Chef des amerikanischen Nachrichtenkorps war. Da steht man sofort stramm und tippt auf einen Liebhaber lauter Militärmusik. Aber Herr Squier war ein Tüftler und interessierte sich für Telefone und Radios. Nach einigen Unwägbarkeiten entschied er sich, Musik für Geschäftskunden anzubieten. Damit erfand er ein neues Genre. Er hat es geschafft, Hintergrundmusik mit dem Namen Muzak eng zu verknüpfen und Generationen von Musikern gegen sich aufzubringen. Denn seine Musik war Musik zum Nichthinhören. Das Gegenteil von einem schönen Konzert mit tiefen Emotionen.

Hintergrundmusik ist unaufdringlich und lenkt die Aufmerksamkeit von der Musik weg. Sie ist einfach da. Anspruchslose, gefällige, harmlose Musik. Bestimmte Musikformen wie Smooth Jazz und leichte Klassik ohne Gesang sind in Fahrstuhl, Restaurant oder Kaufhaus beliebt geworden. Gesang scheint die Aufmerksamkeit zu stark für sich in Anspruch zu nehmen, deswegen werden Sie wenig Stücke mit Gesang im Hintergrund hören. Es gab sogar spezielle Elevatormusic, also Fahrstuhlmusik, oder »Music for Airports« (1978) von Brian Eno. Eine neue Art von Musik zum Nichthinhören. Die Firma Muzak vertrieb bis 2013 ausgewählte Musikprogramme je nach Alterszusammensetzung und Bildungsniveau des Publikums. Immer schön angepasst an die Kunden. Im Jahr 2009 beschallte die Firma Muzak laut eigener Aussage 300.000 Räumlichkeiten mit ihrer Musik. Sie änderte ihren Namen 2013 in Mood Media und schreibt auf ihrer Homepage, dass sie 100 Millionen Menschen in 40 Ländern erreiche.

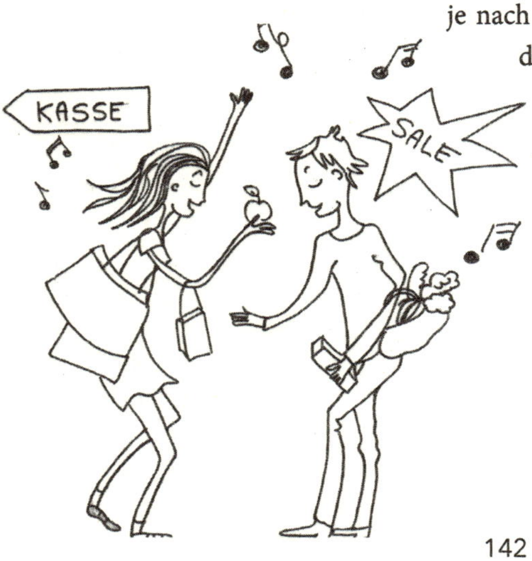

Das ist pure Unterhaltungsindustrie. Zusammengestellt werden die Samples aus vielen Stilrichtungen: Pop, Rock, Country, Soul, Dance, Hip-Hop R'n'B, Jazz, Latin, World … und unzähligen weiteren. Es ist ausufernd.

Es gibt natürlich inzwischen auch andere Firmen, die sich darauf spezialisiert haben. Diese Stimmungsmacher nennen sich im Fachjargon »Audio Architekten« und basteln für Hotelketten und Modelabels individuelle Playlists. Der Markt ist groß. Und wie immer sind Wirkungen mit Nebenwirkungen versehen. Die Musik in Läden soll Einfluss auf die Käufer haben, hat das aber auch auf die Verkäufer. Wenn der Verkäufer Schlager mag, wird er mit acht Stunden Countrymusik-Beschallung im Geschäft seine Probleme haben. Und selbst Käufer sind ja manchmal sensibel: Ich bin, sorry für alle Rosenstolz-Fans, einmal aus einem Restaurant gegangen, weil ich diese Musik zu meinem Mittagessen nicht ertragen habe. Jeder hat halt seine Vorlieben. Was der eine vergöttert, bringt den anderen dazu, das Lokal zu verlassen. Der Rosenstolz-Fan wäre sicher bei Klängen eines netten Jazztrios fluchend aus dem Raum gerannt. Jeder wie er mag. Aber auch da hat die Marktforschung Lösungen parat. Es soll ja immer für die Masse der Konsumenten für den bestimmten Ort passen, nicht primär für mich persönlich. Falls Sie also in einem Laden denken: »Was ist das für furchtbare Musik?« Dann wissen Sie, Ihr Musikgeschmack ist nicht im Algorithmus des Ladeninhabers enthalten. Sie sind halt besonders und sollten hier vielleicht nicht einkaufen.

Fazit: Am Ende entscheidet immer die Masse der Zielgruppe. Welche Musik macht was mit den meisten Menschen, die in einem bestimmten Laden sind. Jeden kann man nicht erreichen. Ich stelle einmal die groben Richtungen der Musik von Kaufhäusern vor.

#Klassik

Klassik, das Wort zeigt Stil. Die Klassik ist musikhistorisch in viele Untergruppen unterteilt. Grob in Barock, Wiener Klassik, Romantik, Impressionismus und Moderne. In der heutigen Zeit ändern sich Geschmäcker schnell. Da kann ein neuer Hit in zwei Wochen schon wieder out sein.

Die Klassik hatte da etwas mehr Zeit. Klassikfans werden an dieser Stelle die Nase rümpfen, aber der Soundtrack der nächsten Generationen wird nicht mehr mit Bach und Beethoven verbunden sein, sondern eher mit Lady Gaga und Mark Forster. Gewöhnen Sie sich lieber schon mal daran. Aus der ganzen Klassik wird für die Hintergrundmusik nur ein winziger Teil herausgesucht. Meistens nur leichte Stücke aus der Zeit der Wiener Klassik und Romantik. Nichts Schweres, nichts Lautes, nichts Dramatisches, nur Nettes. Diese »klassischen« Klänge versprechen dem Hörer Seriosität und Beständigkeit. Klassik hat den Ruf, die gehobenen Ansprüche der Konsumenten zu bedienen. Mit der Botschaft: »Wir teilen Ihre Vorlieben – konservativ, traditionell und ruhig.« Fakt ist: Im Supermarkt werden Sie keine *Goldberg-Variationen* von Bach hören. Das passt dann eher zum seriösen Herrenausstatter. In Spartenradios wie Klassik Radio werden Sie an der Programmauswahl feststellen, dass es streng genommen Hintergrundmusik ist. Da werden Sie keine dramatischen oder modernen Stücke hören. Die würde ein Algorithmus nie auf das geneigte Publikum loslassen. Zielgruppe: 40 Jahre aufwärts, finanziell gut ausgestattet, meist konservative Orientierung.

#Jazz

Jazz wird in der Hintergrundmusik ebenso wie die klassische Musik als besonderer Stil präsentiert. Jazz klingt nach Großstadt, international, nach luxuriösem Hotel. Auch hier werden Sie eher den Smooth Jazz, also sehr, sehr sanften Jazz hören, der nicht die Aufmerksamkeit auf sich zieht. Keinen lauten Freejazz. Oft mit elektronischen Beats, ohne große Dynamik, aber mit viel Coolness. Selten mit Gesang. Die Stücke werden langsam oder im mittleren Tempo sein, nie schnell und laut. Genießen Sie eine Zigarre und hören Sie Jazz. Cool, gediegen, entspannt. Das ist die Botschaft für das Publikum. Sie sind in der Oberschicht angekommen. Noch einen Whiskey? Zielgruppe: 50 Jahre aufwärts, kaufkräftig, cool, relaxed.

#Popmusik

Mit der Popmusik sind wir im Mainstream angekommen. Interessanterweise mit viel Gesang. Die kommerziell erfolgreichste Musikrichtung ist nun mal der Pop. Sie steht für Jugend, hippe Menschen und angesagte Bands. Komplett vernetzt und marketingmäßig ausgeschlachtet. Musik für die Mehrheit. Der Superhit erklingt im Radio bei Werbejingles, in Kaufhäusern und in Flugzeugen, um die Menschen zu unterhalten und sie zum Kauf zu verführen. Eingängige Melodien mit einfachen Rhythmen, die gut ins Ohr gehen. Musik, die nicht auffällt. Es gibt auch hier unzählige Unterkategorien, damit sich jeder wiederfindet. Zielgruppe: 8-40 Jahre, finanziell im Kommen, jung, hip und immer auf Höhe der Zeit.

#Dance und Electro

Hier geht es um Clubtauglichkeit. Computermusik. Underground, cool, jung, hip. Aber viel rhythmischer und mit weniger Melodie als die Popmusik. Die dröhnenden Viertel der Bassdrum laufen schön durch. Das Tempo ist im Schnitt 120 bpm, also 120 Schläge pro Minute. Dance und Electro stehen für die Nacht, die durchtanzten Nächte. Diese Musik wirkt stimulierend. Die Mitarbeiter in Läden arbeiten schneller und hektischer, die Kunden laufen schneller und hektischer durch den Laden, je schneller der Beat ist. Hier geht es um ein spezielles Publikum. Freunde von Tattoos, Energydrinks und mit den richtigen Turnschuhen, sorry Sneakers. Zielgruppe: 18–35 Jahre, oft leicht knapp bei Kasse, aber hip, jung, clubbig, tanzwütig.

#Hip-Hop

Mit Hip-Hop oder Deutschrap als Hintergrundmusik verbindet der Käufer das Klischee: Die bösen Jungs aus dem Ghetto, die in großen Limousinen leicht bekleidete Ladys mit dabeihaben, die sich später aufreizend am Pool räkeln. Alles ist cool. Zielgruppe: 18–35 Jahre jung.

#Soul

Musik, die nach der Seele benannt ist, hat erst mal einen guten Ruf. Soul hat viele Elemente des R'n'B, des Blues und des Gospels vereinigt. Es geht um sehr gefühlvollen Gesang. Die große Zeit des Soul waren die 1960er- und 70er-Jahre. Es gibt Ähnlichkeiten mit Funk, auch die Grenzen zu anderen Stilen verlaufen sehr fließend. Die Kunden kaufen gemütlicher ein und gaben bei Tests etwas mehr Geld aus. Die guten alten musikalischen Zeiten. Damals. Zielgruppe: 35–60 Jahre alt, finanziell besser ausgestattet, nicht mehr ganz jung, sich aber immer noch sehr jung fühlend.

#Rock

Der Rock als Dauerberieselung in der Jeansabteilung verspricht Bodenständigkeit, Naturverbundenheit und »echte« gute Grundsätze. Gesang, Gitarren, Bass, Schlagzeug. Fertig. Vergessen Sie den ganzen anderen Schnickschnack. Das Gefühl von Geradlinigkeit, Ehrlichkeit. Und mit unzähligen Unterkategorien: 90er-Alternativ-Rock Akustischer Rock, Adult Alternative, College Rock, Gitarrenrock, Stadionrock und noch viel mehr. Das ist was für die langhaarigen Fans der lauten Gitarren und echten Schlagzeuge. Aber auch für Menschen, die dieses Freiheitsgefühl mit lauten Motorrädern spüren wollen, obwohl sie mit dem SUV samt Klimaanlage und Sitzheizung durch die Gegend fahren, ist Rock passend. Zielgruppe: 35–70 Jahre alt. Gerne auch ein pensionierter Anwalt mit neuer Harley oder ein älterer Student mit langen Haaren. Alle fühlen Freiheit und die Ursprünglichkeit des Rock. Diese Musik ist nicht für den 80-jährigen Herrn Prof. Schmidt und seine Gattin geeignet, um sie beim Nachmittagstee zu unterhalten.

Am Ende des Tages denken wir, dass wir nur das kaufen, was wir wollen oder wirklich brauchen. Das glauben wir, aber achten Sie beim nächsten Gang in die Öffentlichkeit einmal darauf, wo überall Musik und vor allem welche erklingt, sprich: wo überall das Kundenerlebnis gesteigert werden soll. Wo halten Sie sich gerne auf? Was wird da für Musik gespielt? Und wenn jetzt das Telefon läutet oder Sie sich mal wieder in einer musikalischen Warteschleife befinden, ohne die Musik wirklich wahrzunehmen – das ist Muzak.

Ohrwurm der Stunde

* »Musik sein« von Wincent Weiss
* »Kein Bock zu gehen« von Clueso
* »Und heut Abend hab ich Kopfweh« von Ireen Sheer

WIE KOMMT MAN IN DIE CHARTS

UND GEWINNT IMMER DER BESTE ODER DER CLEVERSTE?

Wenn eins in der Musikwelt als sicher gilt, dann, dass ein Musiker mit einer Top-Platzierung in den Charts sehr erfolgreich ist. So viel zur Theorie. Nehmen wir diese Aussage als Ausgangspunkt zu einer kleinen Reise in die Welt der Charts. Wie kommen die überhaupt zustande? Wer zählt alle Zahlen zusammen? Und stimmt es, dass sieben von fünf Kindern Probleme mit Mathe haben?

Bis 2014 wurden die offiziellen Deutschen Charts von einer Firma namens Media Control erhoben, die die Daten aus 2000 Kassensystemen angeschlossener Partnergeschäfte des Musikhandels in Deutschland ausgewertet hat. Dieses System nannte sich »PhonoNet«. Ähnlich kommen die Zahlen der Zuschauerquoten im Fernsehen zustande. Da werden ein paar Tausend Haushalte als Stichprobe genommen und diese sind dann in der Hochrechnung verantwortlich für die Quote für 82 Millionen Deutsche. Klingt komisch, ist aber so. Zurück zu den Charts. Da das Abrechnungssystem elektronisch lief und es am Ende wie immer ums Geld ging, bekamen Produktionen, die teurer verkauft wurden, bessere Chartplatzierungen. Die Voraussetzung, um bei PhonoNet mitgezählt zu werden, war, dass die Läden ein sogenanntes Vollsortiment anbieten mussten, somit waren alle kleinen inhabergeführten Plattenläden raus.

Die großen Fische unter sich. Und wer geht gerne in die großen Läden? Genau, der Mainstream. Nicht der, der mit dem Nerd an der Kasse stundenlang fachsimpelt über irgendwelche Gitarrenriffs oder Basslinien.

Seit 2014 läuft die Ermittlung der offiziellen Deutschen Charts über das Marktforschungsunternehmen GfK, das die umsatzorientierten Charts herausbringt. Hier werden auch Downloads und Streams mit eingerechnet, aber wer jetzt denkt, dass alle gezählt werden, hat sich getäuscht. Abgerufene Songs beim Streaminganbieter Spotify beispielsweise werden nach einer halbjährlich berechneten Quote berücksichtigt. Hier zählen aber nur die Streams der zahlenden Premiumkunden – und nur dann, wenn sie mindestens 31 Sekunden lang abgespielt wurden. Kostenlose und werbefinanzierte Abrufe haben keinen Einfluss auf die Charts. Egal, wie oft Sie Ihren Lieblingstrack angeklickt haben, es bringt nichts für die Charts, wenn Sie nicht für die Dienste zahlen.

Die tatsächlichen Umsätze sind nicht einsehbar, darüber spricht aber keiner. Zahlen gibt es nur unter der Hand. 100 Streams bei Premiumkunden gelten als eine verkaufte Single. Keiner kann das allerdings kontrollieren. Die Anzahl zu verkaufender Alben für eine »Goldene Schallplatte« ist über die Jahrzehnte hinweg erheblich gesunken. 1976 brauchte man dafür

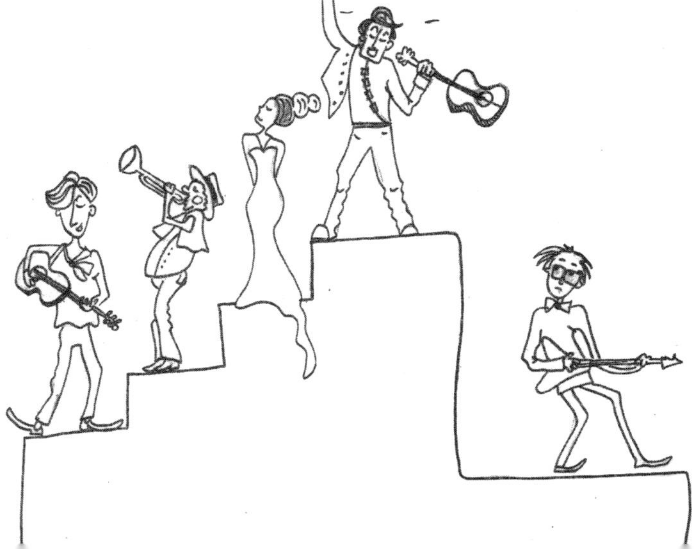

noch 1 Million verkaufte Singles, 2003 waren nur noch 150.000 Verkäufe notwendig. Grund für die Änderung waren die gesunkenen Gesamtverkäufe – und zack!, setzte man einfach die Zahlen nach unten. So einfach geht das und es regnet wieder Goldene Schallplatten. Diese werden übrigens von den Labels selbst vergeben. Wenn da mal keiner geschummelt hat! Übrigens: Der weltweit erfolgreichste deutsche Künstler ist James Last mit 208 Goldenen Schallplatten.

Es gibt noch eine zweite Art von Charts. Diese werden nicht durch die Verkäufe ermittelt, sondern von Spezialisten erstellt. Sie heißen Dance Charts, Deutsche Club Charts, Indie Disco Top 40 etc. Einige werden von DJs gewählt, andere von Radiostationen. Da gibt es Kriterien, die so unterschiedlich sind wie die Brotsorten beim Bäcker. Dann gibt es noch die sogenannten Airplay Charts. Da entscheiden allein die Musikredakteure der Radiostationen, was gespielt wird und somit »airtime« hat und in den Airplay Charts landet. Die neuen Trendsetter sind allerdings nicht mehr die verkauften Einheiten oder Radiocharts, sondern die großen digitalen Anbieter wie iTunes, Spotify oder Youtube. Ich bin gespannt, wohin diese sich in den nächsten zehn Jahren entwickeln werden und wer überlebt.

Es gab seit 2010 mehrere Berichte, dass man diese Streamingplattformen durch bestimmte Algorithmen verändern und somit die Chartpositionen technisch beeinflussen kann. Das haben berühmte Stars früher analog durch sogenannte Stützkäufe gemacht. Da kauften sie einfach selber ein paar ihrer Alben und prompt stiegen sie in den Charts nach oben. Praktisch. Und durch ein paar nette Algorithmen kann da online sicher auch einiges beeinflusst werden. Es geht immerhin um einiges an Geld.

Wie kommt man nun in die Charts? Ganz einfach: Super Musik schreiben und viele teure Platten in einer Woche verkaufen, und zwar mehr als alle anderen. Natürlich nur bei den Händlern, die bei der Chartplatzierung eine Rolle spielen. Und dann allen davon erzählen. Am besten viele Vorbestellungen für die erste

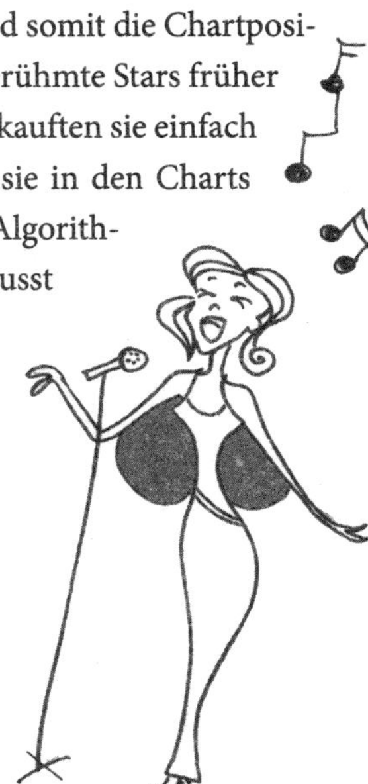

Verkaufswoche bekommen, denn alle Verkäufe mit den Vorbestellungen zählen für die erste Woche zusammen. Außerdem ist es wichtig zu wissen, wann ein guter Zeitpunkt für eine Veröffentlichung ist. Weihnachten ist die Zeit für die großen Stars, da macht man schwer einen Stich. Im Sommer ist es eher ruhig im Musikmarkt, ausgenommen die einschlägigen Sommerhits. Frühjahr ist da besser.

Jetzt wissen Sie Bescheid. Veröffentlichen Sie Ihre neue Platte im Frühjahr. Charts sind interessant, aber undurchsichtig wie Kartoffelsuppe.

Ohrwurm der Stunde

* »Brother Louie« von Modern Talking
* »Azzurro« von Adriano Celentano

DER UNSICHTBARE HELD

ODER DIE MUSIKER HINTER DEN STARS UND STUDIOS

Er steht vor 10.000 jubelnden Menschen in einem Stadion und spielt sich an der Gitarre die Seele aus dem Leib, unglaublich musikalisch, sensationell, spektakulär. Am nächsten Morgen wird sich allerdings fast keiner der Konzertbesucher an ihn und sein Solo erinnern. Wie kann das sein? Keiner hat ein Poster mit seinem Konterfei im Zimmer hängen oder kennt überhaupt seinen Namen. Keine Groupies kämpfen um den besten Platz vor oder in seinem Hotelzimmer. Aber er hat doch in diesem Stadion gespielt! Was klingt wie eine kollektive Amnesie, ist vollkommen normal. Wenn Sie bei einem Konzert von Elton John, Pink, Billy Joel, Helene Fischer oder Alice Cooper Musiker auf der Bühne spielen sehen, ist es sehr wahrscheinlich, dass Sie keinen einzigen von denen kennen. Und noch dazu werden diese Musiker nach dem Konzert einfach aus Ihrem Gedächtnis verschwunden sein. Diese meisterlichen Musiker rocken den Abend, geben alles, rasten aus, tanzen mitreißend. Sie stehen vor einem riesigen Publikum, aber, und das ist das Außergewöhnliche, niemand schaut bewusst zu ihnen. Alle schauen nur auf den Star. Da steht dann: MADONNA. Sie ist der Grund, weshalb die Massen strömen. Die anderen Musiker und Tänzer, Techniker, Bühnenbauer und Lichtdesigner sind schmückendes Beiwerk. Der Star wäre bei einem Livekonzert ohne diese Kollegen allerdings sehr einsam. Seine Fans könnten ihn weder hören noch sehen. Aber nur der Star bekommt die Liebe der Fans und das große Geld. Der Star ist das Zentrum, die Sonne. Die Begleitmusiker spielen sogar, wie es oft vorkommt, tatsächlich unsichtbar für das Publikum. Da sitzen sie dann in den Katakomben der Stadien und spielen ihre Parts. Das Publikum denkt, Mannomann, der Held auf der Bühne hat es drauf – aber ganz ehrlich, das hat er nicht. Zumindest nicht jetzt. Der Held auf der Bühne zahlt einem im Hintergrund dienenden Musiker 500 Dollar die Woche, damit *er* gut dasteht. Der Held muss weniger üben, kann dafür über die Bühne rocken und sich um die Ladys kümmern.

Als Star im Rampenlicht zu stehen, ist sehr verlockend. Allerdings gibt es Nebenwirkungen. Denn zu Recht heißt es: Es ist nur der ein Superheld, der sich selbst für super hält. Da kann es sein, dass die Selbstwahrnehmung etwas leidet – beziehungsweise, um gerade nicht zu leiden, dauerhaft rosa Brille trägt. Denn nach vielen Jahren mit enthusiastischen Fans und einer Umgebung von ergebenen Jasagern glaubt auch der mittelmäßigste Frontman einer Band, dass er Freddie Mercury ist. Das Gehirn wandelt nach einer gewissen Zeit guten Zuredens eine Unwahrheit in Wahrheit um. Eine musikalische Mittelmäßigkeit wird durch gutes Zure-

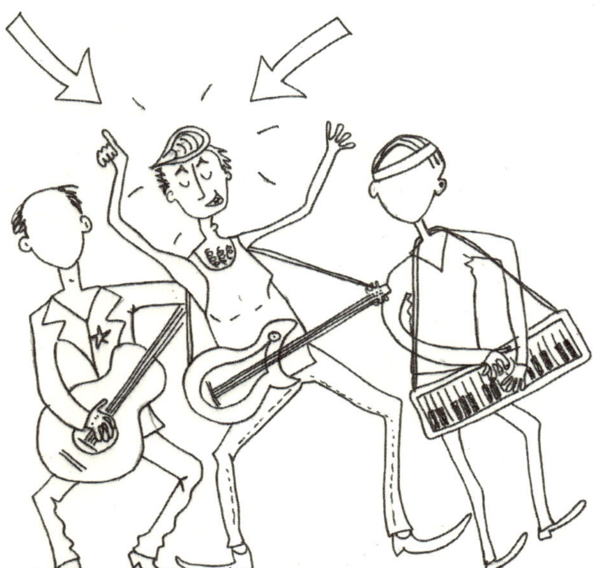

den zur Genialität, obwohl der Musiker keine einzige Minute mehr geübt hat. Ein echtes Wunder. Das geht nur als Star. Die helfenden Hände um einen herum vergisst das Ego dann gerne. Aber diese helfenden Hände machen die Tour erst möglich.

Auch bei klassischen Orchestern ist dieses Phänomen bekannt. Der Name des Orchesters und des Dirigenten sind entscheidend und nicht die der einzelnen Musiker, die kennen die wenigsten. Wie viele Musiker der Berliner Philharmoniker sind Ihnen namentlich bekannt? So spontan? Wie viele Gesichter würden Sie auf der Straße erkennen? Das Gesicht des Dirigenten ist präsent, aber die Musiker? Die Menschen, die die Musik wirklich spielen, die kennen wir nicht. Auch auf den Platten der schwedischen Band ABBA spielten Musiker mit und machten den Sound unverwechselbar. Aber kennen Sie den Namen des Bassisten von »Waterloo«? Sein Spiel kennen Sie auf jeden Fall.

Machen wir einen Ausflug in die heile Welt der Volksmusik. Stefan Mross wurde 1989 mit 13 Jahren als Wunderkind an der Trompete berühmt. Die Volksmusikwelt liebte ihn noch mehr, als er mit Stefanie Hertel zusammenkam. Dann überzog eine dunkle Wolke seinen Sommersonnentag. Stefan Mross führte jahrelang einen als »Trompeterkrieg« in die Musikgeschichte eingegangenen Rechtsstreit mit dem Trompeter Alexandre Malempré. In dem Verfahren ging es darum, wer auf Mross' Album *Il Silenzio* als Trompeter hauptsächlich zu hören ist. Sowohl Herr Mross als auch Herr Malempré behaupteten, selbst gespielt zu haben. Selbst ein Musikschulkind realisiert: Einer von beiden musste die Unwahrheit sagen. Aber wer? Dann wurde es delikat. Das Gutachten eines Trompetenprofessors sprach mit den Adjektiven »stümperhaft«, »feld-, wald- und wiesenmäßig« und »durchschnittlich« von Stefan Mross' Trompetenspiel. Gemeint war, dass seine Fertigkeiten bei Weitem nicht auf dem Level des Trompetenspiels waren, wie es auf der CD zu hören ist. Da hätte doch ein guter Freund schon vorher einschreiten und sagen müssen: »Du, Stefan, wir wissen beide, das hat der Alexandre eingespielt, lass doch mal lieber einen Vergleich machen und danach einen trinken gehen.« Aber Herr Mross ließ sich tatsächlich auf das Vorspiel ein – das mit diesem kläglichen Gutachten endete. Da frage ich mich schon, ob eine musikalische Mittelmäßigkeit durch gutes Zureden in Genialität umgewandelt wurde, obwohl der Musiker nicht viel geübt hat.

Auch die Musiker der Kastelruther Spatzen hatten auf diesem Gebiet schon mal eine Baustelle. Sie haben nachweislich auf ihren Studioalben nicht selber gespielt. Was jetzt nicht so überraschend ist, denn die Studiojungs können das halt schneller und besser einspielen. Da brauchen die Kastelruther Buam nicht lange Zeit zu vergeuden. Das wussten jedoch offensichtlich nicht alle Fans. Die meinten, das sei Verleumdung, denn das waren doch ihre ehrlichen Kastelruther Spatzen. Aber, und das überrascht nun wirklich, es tat ihrer Popularität überhaupt keinen Abbruch, als bekannt wurde, dass die Spatzen nicht selber die Instrumente gespielt hatten. Ihr langjähriger Produzent Walter Widemair brachte sogar ein Buch heraus mit dem schönen Titel *Wenn Berge nicht mehr schweigen* und enthüllte offiziell, dass keiner der Kastelruther Spatzen je auf den Alben gespielt habe, nur der Sänger sei zu hören. Er sagte, 13 Echos, Gold- und Platin-Auszeichnungen seien erschwindelt. Hmm. Bei den Radsportlern wurde nachweislich auch gedopt und Lance Armstrong hat das, wie wir alle wissen, sehr lange bestritten. Es ist immer eine Frage des Wissens. Was will man wirklich wissen und was nicht. Wir alle wissen, dass in einer Volksmusiksendung Vollplaybacks am Start sind. Aber wir wollen als Zuschauer glauben, dass alles live ist, auch wenn die Mundbewegungen nur mit gutem Willen dem Text zuzuordnen sind. Haben Sie jemals gedacht, dass eine Madonna, während sie auf der Bühne ihre gymnastischen Aerobictänze aufführt, die selbst für professionelle Tänzer sehr anspruchsvoll sind, selber singt? Das ist schlicht nicht möglich. Auch nicht mit viel, viel, viel Training. Da kommen alle außer Atem. Aber das Publikum scheint es nicht zu stören. Keinen wundert es, dass im Fernsehen eigentlich nie live in den Shows gesungen wird. Wenn aber doch einmal, dann hört sich selbst eine Madonna wie bei ihrem Gastauftritt beim Eurovision Song Contest 2019 alles andere als perfekt an.

Wer spielt denn auf den Alben im Studio? Meist spezialisierte Studiomusiker. Profis. Die machen den Job meist schneller, besser und günstiger als im schwarzen Mercedes vorfahrende Jungs oder Mädels. Das Publikum erwartet perfekte, dem Markt angepasste Produktionen. Da ist es für einen musikalischen Laien schwierig mitzuhalten. Das war schon immer so, seit es Tonstudios gibt. Auch Milli Vanilli oder Dschingis Khan waren Anhänger der Mini-Playback-Show. Sie wurden aufgrund ihres Aussehens gebucht und nicht wegen ihrer Musikalität.

Aber auch hier gilt: Es ist selbst als Playbacksänger möglich, dass man seine musikalische Unterdurchschnittlichkeit durch gutes Zureden vom Management und die Begeisterungsstürme der Fans auf einmal für sich in Genialität umwandelt, obwohl man kein wirkliches Talent hat. Dann will man auf einmal selber in seiner Band singen – in der aber bisher eine andere Stimme zu hören war. Da würden aber auf einmal alle mitbekommen, dass man vorher *nicht* selber gesungen hat, und als Folge gäbe es die Band, in der man gerne tatsächlich gesungen hätte, nicht mehr. Klingt kompliziert, ist aber so.

Studiomusiker sind darauf spezialisiert, in einer eher angestrengten Atmosphäre im Studio eine Leistung abzurufen und auch bei der 25. Wiederholung mit einem Lächeln den Part erneut zu spielen, weil der zweite Gitarrist der Band zum wiederholten Male einen Blackout hatte. Es ist billiger, mit Studiomusikern eine Platte einzuspielen, weil sie schneller und präziser arbeiten. Aber diese Jungs und Mädels kommen auf den meisten Booklets eben nicht vor oder sind verdammt klein geschrieben. Sie verschwinden, wenn es um die Vermarktung der Musik geht. Der Konsument feiert eine Band ab, die möglicherweise gar nicht gespielt hat. In Amerika werden die angeheuerten Musiker für eine Konzerttour übrigens »hired gun« genannt, was auf Deutsch »Auftragsmörder« bedeutet. Eine interessante Bezeichnung, nicht? Sie sind die besten Miet-Musiker.

Wie wird man ein »hired gun«? Erstens müssen Sie ein sehr guter Musiker sein. Allerdings, kleiner Wermutstropfen: Es gibt viele sensationell gute Musiker. Zweitens müssen Sie ein guter Typ sein, mit dem man seine Zeit gern verbringen möchte. Da wird die Zahl schon um einiges kleiner. Wer möchte schon Monate im Tourbus mit einem anstrengenden Unsympathen verbringen? Da wird die Tour zur Tortur. Der dritte und entscheidende Punkt ist nicht so einfach zu beschreiben. Es ist die Chemie. Und da wird die Zahl der Auserwählten recht klein. Wie schafft man es, gemietete Musiker auf eine Bühne zu bekommen, die dort wie eine gewachsene Band agieren? Wie schafft man diese magisch passende Konstellation, um gemeinsam Abend für Abend ein Publikum zu rocken? Da kommen nur noch ein paar Kandidaten infrage. Und die meisten kennen sich untereinander.

Für die meisten Musiker gibt es den A-Traum: »Ich gehöre zu einer Band, die alle lieben«, und wenn der nicht klappt, folgt der B-Traum: »Ich vermiete mich an eine andere Band, die alle lieben.« Da spielt dann der gemietete Musiker seinen Part und hat möglicherweise einen entscheidenden Anteil am Erfolg eines Liedes durch sein Spiel. Aber ein kurzes »Danke« aus dem Regieraum ist das Maximum der positiven Rückmeldung. Alles ist mit dem einmaligen Betrag von 300 Dollar abgegolten. Das Leben ist kein Ponyhof. Man wird in diesem Geschäft nicht gefeuert, man wird einfach nicht mehr angerufen.

Genug der Interna. Seien Sie so nett und werfen Sie mal einen Blick auf die Bühne neben den Stars. Merken Sie sich die Kollegen. Steve Jobs machte Apple nicht allein, sondern Tausende seiner Mitarbeiter, die zwar keiner kennt, die aber die Firma erst groß gemacht haben. Ihre Lieblingsplatten wurden möglicherweise von anderen Musikern eingespielt, als Sie denken. So ist das nun mal. Alle sind musikalisch! Nicht nur die großen Stars, auch die hired guns.

Ohrwurm der Stunde

* »The Winner Takes It All« von ABBA
* »Another One Bites the Dust« von Queen

Schauen Sie mal bei Ihrer Lieblingsband auf dem Cover nach, wer alles mitkomponiert und gespielt hat.
Sie werden überrascht sein.

1.
2.

WAS EINE SCHWARZE KATZE MIT MUSIK ZU TUN HAT

ODER WIE SPARE ICH DAS GELD FÜR EIN SCHLAGZEUG?

Der letzte Nachmittag der Wintersaison auf einer 2400 m hoch gelegenen österreichischen Berghütte. Es ist Mitte April. Sonnenschein satt, angenehm warm, die Berge zeigen sich von ihrer Sahneseite. Man braucht ungefähr eine Stunde von der Talstation, bis man sich mit verschiedenen Liften per Ski zur Hütte vorgearbeitet hat. Die Tagesgäste sind ins Tal gefahren. Die Dagebliebenen haben ab jetzt viel Zeit, sich den sonnigen warmen Nachmittag mit ein paar angenehmen Getränken zu vertreiben. Locker fläzen sie auf den Sofas, die schon kräftig von der Frühlingssonne erwärmt wurden. Darunter ein paar Familien, die auf dieser Hütte eine Party feiern. Ich sitze auf dem Sonnendeck und bewundere als Zuschauer bei herrlichem Wetter diese einzigartige Bergwelt.

Langsam wandern wummernde elektronische Beats durch die Gipfel der Berge aus der unteren Etage zu meinen Ohren hinauf. Die Beats, der Tag, die Sonne, alles verschmilzt zu einem grandiosen Moment. Sensationell. Der Beat erfasst das Publikum. Bäm! Wippende Füße, rhythmisch wedelnde Arme, tanzende Menschen. Ich bin mittendrin in der Musik mit diesem atemberaubenden Blick in die Berge. Ja, ich weiß, Sie denken jetzt, in den Bergen sollte es ruhig bleiben. Ist es ja auch. Das ist eine Geschichte. Weiter geht's.

SCHWAR-ZE KAT-ZE, SCHWAR-ZE KAT-ZE,
SCHWAR-ZE KAT-ZE, SCHWAR-ZE KAT-ZE,

SCHWAR-ZE KATZE !!

Da hat sich jemand viele Gedanken gemacht, um ein besonderes Erlebnis zu kreieren. Die Berge, das sonnige Wetter, das Getränk in der Hand und dann diese Musik. Bum, Bum, Bum.

Wenn Sie die Wörter »Schwarze Katze, schwarze Katze, schwarze Katze« gleichmäßig und relativ langsam aussprechen, und das »ze« etwas lauter betonen, dann können Sie den Beat hören. »Schwar-ze Kat-ze, schwar-ze Kat-ze, schwar-ze Kat-ze, schwar-ze Kat-ze, schwar-ze Kat-ze«, dazu noch etwas tiefe Bässe und eine kleine Melodie auf dem Keyboard, und fertig ist der Track. Jetzt wippen Sie noch mit dem Kopf auf und ab und bewegen Ihren linken Fuß rhythmisch zu »Schwarze Katze, Schwarze Katze«. Spüren Sie das? Das alles passiert nur in Ihrem Kopf, weil Sie musikalisch sind! Sie spüren den Rhythmus. Sie haben genug elektronische Musik in Ihrem Leben gehört, auch wenn Sie eingefleischter Herbert-von-Karajan-Anhänger sind. Sie sehen das tanzende Volk vor Ihrem inneren Auge. Interessanterweise muss die Musik in der Realität dabei eine bestimmte Lautstärke haben, sonst kommt das Tanzfeeling nicht auf. Aber in Ihrer Vorstellung wissen Sie, wie es sich anfühlt. Ab ca. 90 dB wird es interessant, rein physikalisch so laut wie eine Hauptverkehrsstraße. So laut, dass unser Trommelfell entsprechend beansprucht wird, dass der Körper durch die Vibrationen in Bewegung gesetzt wird. Bässe muss man spüren. Und zwar in der Magengegend, dann bewegt man sich leichter.

Wenn Sie ein »Das Glas ist aber halb leer«-Typ sind, können Sie den Beat auch mit negativen Wörtern wie »böse Katze, böse Katze« übersetzen. Das funktioniert genauso. Hier bitte die Silbe »se« wieder etwas spitzer aussprechen. Menschen reagieren auf diesen sogenannten Housebeat. In der Musikwelt heißt das »four on the floor«, alle vier Zählzeiten des 4/4 Taktes hört man eine Basedrum, die große tiefe Trommel, und dazwischen eine Hi-Hat, die mit »se« charakterisiert ist. Das Tempo ist ungefähr so schnell, als wenn Sie spazieren gehen. Ca. 100 Beats pro Minute.

Jedes Mal, wenn Ihr Fuß den Boden berührt, schlägt die Basedrum. Das funktioniert auf der ganzen Welt gleich. Wenn Sie diesen Rhythmus hören, und sei es nur innerlich, fangen Sie an sich zu bewegen. Machen Sie einfach die Musik in Ihrem Kopf laut: »Schwarze Katze, schwarze Katze, schwarze Katze.«

Wenn Sie eher so ein rockiger Typ sind, mit Lederjacke und Harley Davidson in der Garage, habe ich etwas anderes für Sie. Auch ein Schlagzeuggroove aus dem Rock lässt sich gut mit einem Wort kreieren. Sprechen Sie den Namen Gustav schön langsam aus: »Gus-tav, Gus-tav, Gus-tav«, und schon haben sie einen amtlichen Rockgroove. »Gus-tav, Gus-tav, Gus-tav, Gus-tav.« Das *Gus* etwas tiefer sprechen und das *tav* etwas höher. Dann passt der Groove. Jetzt noch die Haare verlängern lassen, schnell ein paar Ketten umgehängt, schwarzes Shirt anziehen und raus auf die Bühne. Für die Fortgeschrittenen eine weitere Übung: Mit einer Silbe *Gus* mehr bei dem Wort »Gustav« können Sie den berühmten Rhythmus von Queens »We will rock you« nachmachen. Bei den beiden Silben *Gus, Gus* müssen Sie schneller sprechen, dann klappt das: Gus-tav, Gusgus-tav, Gus-tav, Gusgus-tav, und der Nachbar trällert ein inbrünstiges »We will, we will rock you ...« dazu. Perfekt!

Dank dieses Wissens sparen Sie sich den Kauf eines teuren und sehr lauten Schlagzeugs. Gustav und die schwarze Katze tun es auch!

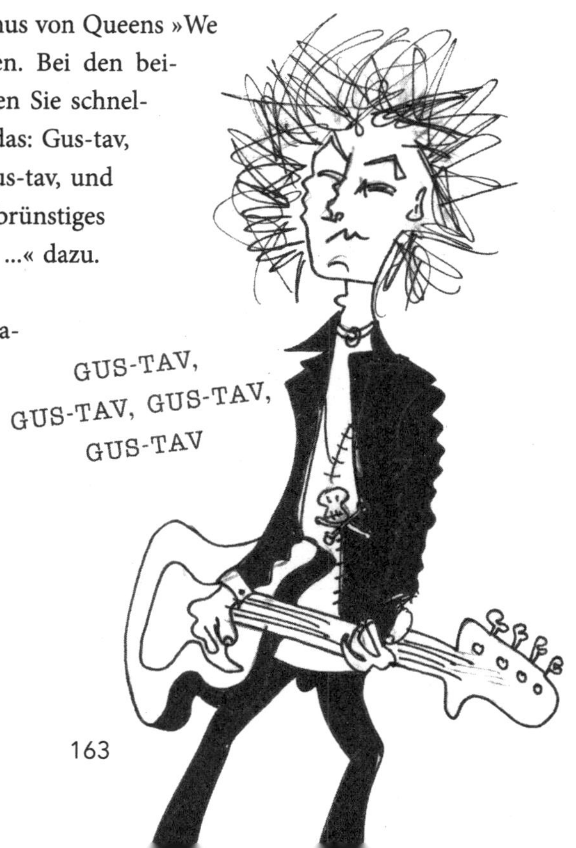

Ohrwurm der Stunde

* »We Will Rock You« von Queen
* »Ein bisschen Frieden« von Nicole
* »What Is Love« von Haddaway

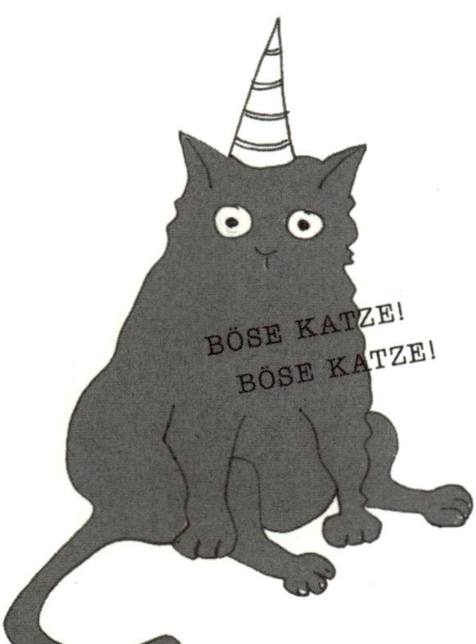

MUSIK IST DIE BESTE MEDIZIN

SIE VERÄNDERT IHREN BLUTDRUCK UND VERLÄNGERT IHR LEBEN

Wir alle hören in jeder Lebenslage Musik. Wenn wir traurig sind, hören wir gerne traurige Musik wie zum Beispiel eine *Nocturne* von Chopin oder Alexandras »Mein Freund der Baum ist tot«. Danach bauen wir uns mit Musik wieder auf: mit AC/DC »Thunder, nanananan« oder Costa Cordalis' »Anita«. Wenn wir fröhlich sind, unterstützt uns »Live is Life« von Opus, Van Halens »Jump« oder »Jauchzet frohlocket«. Ganz klar: Musik ist Medizin. Selbst Ärzte meinen: Musik ist das beste Antidepressivum ohne Nebenwirkung. Das schafft sonst kein Medikament. Stellen Sie sich vor, dass beim Kauf einer CD oder MP3 geschrieben steht: Wir möchten Sie auf folgende Nebenwirkungen hinweisen: Diese Musik kann zu Glücksgefühlen, Freude und unkontrolliertem Singen führen.

Wir kennen alle den Song, bei dem wir auf Knopfdruck Tränen in den Augen haben und sentimental werden. Das Lied von damals. Wo Sie als 16-Jähriger die Britta aus der 9b zum ersten Mal bei der Klassenfahrt nach Castrop-Rauxel hinten in dem Raum neben der Disco geküsst haben. Man weiß, wie das schmeckte oder nicht schmeckte, wie es roch und welche Musik dabei lief. Das kriegen Sie nie wieder aus Ihrem Gedächtnis, das schafft nicht mal der beste Therapeut, die Britta und die Musik zu löschen. Hören Sie es, fühlen Sie sich wieder genauso jung wie damals, Ihr Herz schlägt schneller und Ihre Wangen werden rosig.

Doch es geht auch ohne Erinnerungstricks: Wenn Sie unter niedrigem Blutdruck leiden, ist Musik, und zwar schnelle, mit treibenden Rhythmen, die bessere Alternative zu Medikamenten. Denn es gibt nicht viele Stoffe, die das können. Offiziell bestimmt das Gehirn, wie hoch der Blutdruck ist. Also seien Sie nett zu Ihrem Gehirn und bieten Sie ihm ansprechende, anregende Musik. Musik kostet nichts, macht Spaß und hat präzise Auswirkungen auf den Blutdruck. Die Wirkung von Musik auf die Neurotransmitter gehört bereits zum Lernstoff von angehenden Ärzten. Um den Blutdruck zu senken, schlagen die Profis keine Pharmazeutika, sondern die *Brandenburgischen Konzerte* von Bach oder Mozarts Klavierkonzerte vor. Die klassischen Künste Musik und Medizin sind im griechischen Altertum eng verbunden gewesen. Vergessen Sie die Spritze, nehmen Sie einfach etwas Bach zu sich. Keine Bachblüten. Es ist nicht geplant, dass in den Arztpraxen und Operationssälen ab sofort Dauerberieselung stattfindet, aber es ist nachweislich so, dass Menschen unter Narkose weniger Schmerzmittel brauchen, wenn sie mit Musik beschallt werden, die sie mögen. Also kann ich mir schon vorstellen, dass eines Tages die Patienten vorher befragt werden. »Lieber Patient, bitte kreuzen Sie an, welches Ihre Blutgruppe ist und welche Musik Sie unter Narkose hören wollen: a) Tony Marshall, b) Udo Lindenberg, c) Wagner.«

Schlaue Menschen dürfen schlaue Dinge behaupten. Der Neurowissenschaftler Stefan Kölsch sagt: »Musik hat eine heilende Kraft.« Er sagt auch, dass insbesondere bei Schlaganfällen, Parkinson, Alzheimer und Depressionen positive Effekte durch Musik gut belegt sind. Ich finde, das klingt wie eine traumhafte Wunderdroge. Kölsch meint, dass Musikhören das Leben generell verlängert. Die lebensverlängernden Medikamente haben wir demnach in unseren CD- oder MP3-Bibliotheken. Beim Musikhören werden Botenstoffe freigesetzt, die gesamte Gehirnchemie ändert sich. Wenn man dann noch selber musiziert, sind diese Auswirkungen noch viel stärker. Nach einiger Zeit ändert sich sogar die Anatomie des Gehirns. Nervenleitungen werden dicker und können Informationen schneller übermitteln. Kölsch meint, der Grund, weswegen wir alle Musik lieben, ist, dass wir neugierig sind und ein gutes Gespür für die »Grammatik von Musik« haben. Wir wollen ständig wissen, wie es musikalisch weitergeht. Kommt der Klang oder der Ton, den ich erwarte? (Da kenne ich allerdings ein paar Kollegen, bei denen ich das nicht immer weiß.) Kölsch sagt auch, dass Genuss eine raffinierte Mischung aus Erwartbarem und Überraschung ist. Dann wird im Gehirn Dopamin ausgeschüttet. Wir haben eine Grammatik in der Musik wie in der Sprache. Unser Gehirn meckert etwa, wenn wir sagen: »Das Boot laufen nicht.« So ist es auch in der Musik. Die Musik sollte unseren Erwartungen entsprechen, damit wir sie gut finden können.

Fazit: Musik ist ein Botenstoff, der uns jung hält. Vergessen Sie synthetische Drogen. Musik ist der heiße Scheiß. Musik ist die Droge der Stunde. Auch bei Demenz hat die Musiktherapie in den letzten Jahren große Fortschritte gemacht. Nach einem Schlaganfall kann Musik einen wichtigen Teil für Heilung und Wohlbefinden leisten. Musik ist zudem die beste Prophylaxe. Machen Sie einfach Musik, das hält jung und fit. Wer täglich singt oder Musik macht, hat ein stärkeres Selbstbewusstsein und bleibt eher gesund. Paul Kuhn sagte schon: »Musik ist die beste Medizin.« Er sang: »Gib dem Mann am Klavier noch ein Bier.« Der musste es wissen. Er wurde 85 Jahre alt.

Ohrwurm der Stunde

* »Männer« von Herbert Grönemeyer
* »Forever Young« von Alphaville

Welche Musik will ich bei einer OP hören:

1.
2.
3.

MUSIK RETTET LEBEN

ODER WIE KLINGEN 100 BPM?

Jeder, der einen Autoführerschein besitzt, musste einmal einen Erste-Hilfe-Kurs absolvieren. Wie wir alle wissen, bleibt dieses Wissen, wie man Erste Hilfe zu leisten hat, seit der Prüfung, meist seit dem 18. Lebensjahr, unverändert erhalten. Es ist zuverlässig abrufbar, wenn man es einmal im Alltag braucht. Unser Auto muss zwar regelmäßig zum TÜV, aber dank unseres sagenhaften Gedächtnisses läuft das Haltbarkeitsdatum unseres Erste-Hilfe-Kurses nie ab. Grandios.

Na, ertappt? In diesem besagten Kurs lernten wir alle die sogenannte Herzdruckmassage. Hierbei gilt es, nach Finden des Druckpunktes ungefähr hundertmal pro Minute das Herz der ohnmächtigen und nicht atmenden Person zu massieren, bis Hilfe eintrifft. Doch wie schnell sind noch mal 100 Schläge pro Minute, wenn ein fast lebloser Zeitgenosse vor Ihnen liegt und Ihr eigener Puls ins Unermessliche steigt? Glücklicherweise hilft Ihnen in diesen Momenten die Musik. Singen Sie einen Titel in der richtigen Geschwindigkeit mit beim Lebenretten! Thematisch am passendsten, zudem in korrektem Tempo, ist natürlich »Stayin' Alive« von den Bee Gees. Genau 100 bpm (beats per minute). Auch Helene Fischers »Atemlos« eignet sich sehr gut, weil in dem Moment die Person ja tatsächlich atemlos ist, wenn auch in anderer Form, zugegebenermaßen. Zumindest der Titel und das Tempo des Titels sind medizinisch korrekt. Aber eigentlich können Sie jedes Lied nehmen, das im belebenden

Idealtempo von 100 bpm daherkommt. Und da stehen Ihnen einige zur Auswahl. Inhaltlich vielleicht eher kontraproduktiv ist zum Beispiel »Highway to Hell« von AC/DC, fröhlich dagegen Karel Gotts »Biene Maja« – schlechte Stimmung herrscht in der Situation ja meist eh schon. Für Beatles-Fans geht auch »Yellow Submarine«, wenn der zu Reanimierende schon etwas gelb anläuft: »We all live in a yellow submarine, yellow submarine«. Die Tonhöhe ist in dieser Situation nicht entscheidend, nur die Geschwindigkeit. Sie können falsch singen, aber nichts falsch machen. Ist das nicht beruhigend?

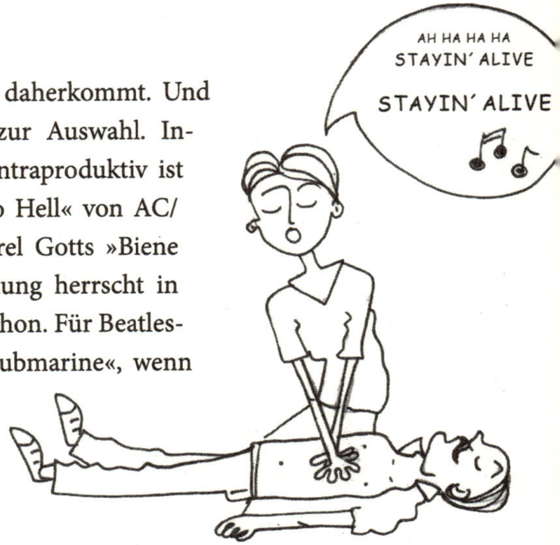

Ich habe mich allerdings bei diesen musikalischen Tipps immer gefragt, ob und wie das auf einer nächtlichen, verregneten dunklen Autobahn tatsächlich funktioniert. Das Wichtigste ist: Sie müssen das Lied kennen und in diesem Moment singen können. Wenn Ihnen in der Aufregung kein Lied einfällt, dann sollten Sie ein Smartphone dabeihaben. Wenn Sie eins dabeihaben, brauchen Sie Netz. Sie müssen auf Ihrem Smartphone Youtube aufrufen können. Dann müssen Sie in dieser Aufregung, sagen wir, »Stayin' Alive« in die Suchmaske eintippen, wenn das der erste Titel war, der Ihnen einfiel. Dann müssen Sie auf Play drücken und die Musik so laut stellen, dass Sie diese, wenn Sie das Telefon auf dem Asphalt abgelegt haben, noch hören, während Sie gleichzeitig mit beiden Händen den Brustkorb bearbeiten. Wenn Sie das alles gemacht haben, ist der bewusstlose Kollege entweder schon tot oder wieder bei Bewusstsein und hilft Ihnen bei technischen Problemen.

Musik kann Leben retten – wenn Sie sie im Kopf haben. Merken Sie sich also: »Stayin' Alive« »Sieben Fässer Wein«, »Highway to Hell« und »Atemlos«. Falls Sie in solch eine Situation einmal samstagnachts nach der Disco kommen sollten, singen Sie gern ABBAs »Dancing Queen«.

Das lässt den nach der Reanimation wieder ins Leben Tretenden gleich weitertanzen. Musik rettet Leben.

Ohrwurm der Stunde

* »Sieben Fässer Wein« von Roland Kaiser
* »Stayin' Alive« von den Bee Gees
* »Highway to Hell« von AC/DC

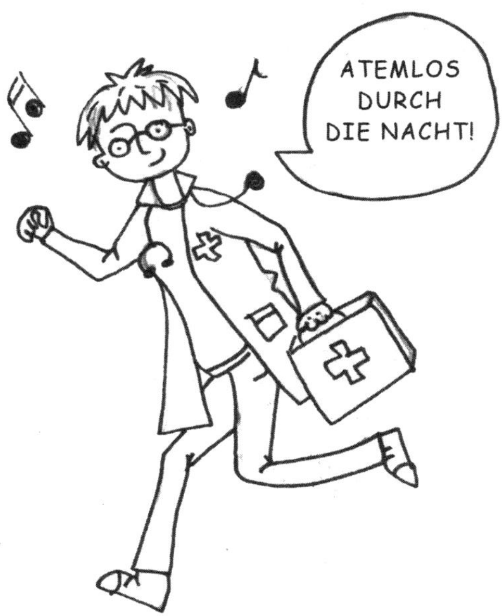

MUSIKGESCHMACK UND INTELLIGENZ

ODER WAS IHRE LIEBLINGSBANDS ÜBER SIE PREISGEBEN

Wir haben schon immer geahnt, dass Musikgeschmack und Intelligenz zusammengehören, oder? Ein strammer Stefanie-Hertel-Fan bekommt nie den Nobelpreis.

Aber stimmt das wirklich? Sie denken: »Mir kann nichts passieren. Mein Musikgeschmack ist sowieso der beste. Ich bekomme bestimmt einen Nobelpreis. Okay, vielleicht nicht gleich morgen, aber mein Musikgeschmack wird nicht die Hürde sein.« Getreu dem Motto »Musik macht schlau (außer manche).« Und manche sind immer die anderen. Es ist kein Geheimnis, dass Albert Einstein Mozart liebte und Geige spielte, obwohl ich als Pianist natürlich das Klavier besser gefunden hätte. Eine bis heute ungelöste Grundfrage der Musikforschung ist, ob Herr Einstein, weil er Geige spielte, Nobelpreisträger wurde, oder ob er Geige spielte, weil er intelligent war. Da gibt es einen feinen Unterschied. Es ist wie mit der Henne und dem Ei. Fazit: Sie müssen nicht sofort

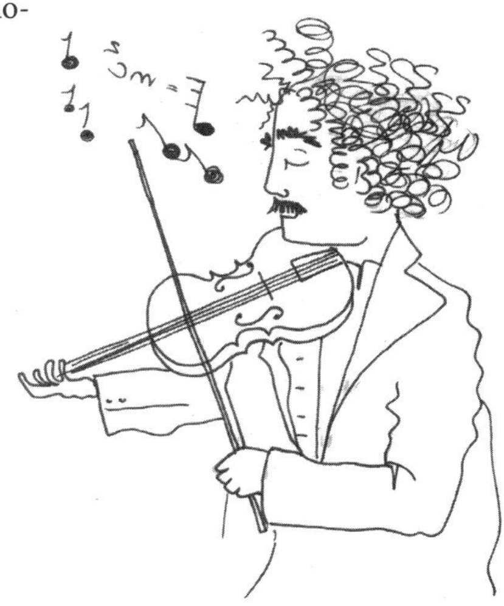

mit dem Geigenspiel beginnen (Klavier wäre sowieso besser), aber schaden kann es nicht.

Schließen sich richtig schlechter Musikgeschmack und Intelligenz aus? Das ist möglich, aber jeder kennt Ausnahmen. Ich auch. Der promovierte Schulfreund, der wirklich schreckliche Musik hört, oder die intelligente Schwiegermutter, die Sonntagnachmittage zur musikalischen Tortur werden lässt. Jeder empfindet andere Musik als Zumutung. Das wiederum beruhigt, aber es gibt trotzdem ein paar interessante Untersuchungen zu dem Thema.

1979 fand der französische Soziologe Pierre Bourdieu heraus, dass musikalischer Geschmack und soziale Herkunft verknüpft sind. Das finde ich nicht überraschend, dass der Musikgeschmack der Umgebung stark auf uns abfärbt. Wenn Sie in einer vornehmen Fürstenfamilie auf einem adligen Schloss in der Provence aufwachsen, ist die Liebe zur klassischen Musik erwartbarer als bei einem Stahlschiffbauer an der Nordseeküste.

Ein amerikanischer Computernerd hat vor ein paar Jahren eine amüsante Statistik aufgeführt. Virgil Griffith, so heißt der Kollege, analysierte die Lieblingsbands der Studenten amerikanischer Colleges und ordnete die Musik anhand des Notendurchschnitts ihrer Schulzeugnisse. Das Fazit: Wenn Sie in Harvard studieren wollen, sollten Sie Coldplay, U2, Radiohead und die Beatles bei den sozialen Netzwerken als Lieblingsband angegeben haben. Das hilft. Da stutzen Sie? Ja, Sie haben richtig gelesen. Da steht nicht Mozart, Händel oder Brahms, nein, da stehen Popbands mit blumigen Lyrics und Vier-Akkord-Songs. Die Texte sind entweder sehr psychedelisch wie bei den Beatles in »Strawberry Fields Forever«, geschrieben mit Hilfe von bewusstseinserweiternden Drogen, oder mystisch wie bei Coldplay der Albumtitel: »Viva La Vida or Death and All His Friends« (übersetzt: »Es lebe das Leben oder Der Tod und all seine Freunde«). Klingt nicht gerade passend für die zukünftigen Führer der Weltwirtschaft. In Deutschland kann man entschuldigend sagen, dass die meisten Hörer bei englischen Texten gar nicht auf den Text hören, aber bei Amerikanern bin ich da schon etwas verwundert.

Wie hat Virgil Griffith gearbeitet? Er bekam seine Daten über die öffentlichen Facebook-Profile. Dort stellt jeder seine persönlichen Vorlieben ins Netz, die er früher in kein Poesiealbum hineingeschrieben hätte. Man macht sich eben keine Gedanken darüber, dass im Vorstellungsgespräch in zehn Jahren der Personaler das lesen und ein paar Fragen dazu stellen wird. Wie, Sie mögen U2 nicht, aha! Dann vielen Dank für das Gespräch und einen schönen Tag noch. Überlegen Sie kurz, was Sie ins Netz schreiben, das vergisst nichts.

Wie sieht es mit den anderen Unis aus? In Yale liegt U2 auf Platz 1 der meistgehörten Bands, die Beatles auf Platz 3. Wenn ein Harvard-Absolvent nie ein Orchesterkonzert besucht hat, wird er sicher später auch seine Sponsorenmillionen nicht an ein Orchester geben. Der hat dann nicht die geringste Ahnung, was Mozart sein soll. Er kennt nur die Mozartkugel.

Bei der Untersuchung von Herrn Griffith liegt die Klassik im Bereich der richtig schlauen Zeitgenossen, wird aber von den meisten Studenten nicht als Lieblingsmusik angegeben. Die hellsten Zeitgenossen hörten laut seiner Tabelle Beethoven, komischerweise war das auch der einzig angegebene klassische Komponist. Für die meisten Studenten ist Klassik verbunden mit Classic Rock und nicht mit Brahms, Bach oder Debussy. Insgesamt gaben die überdurchschnittlich intelligenten Studenten an, Künstler wie Bob Dylan und Norah Jones als Lieblingsmusiker zu hören. Im Mittelfeld traf man auf Elton John, David Bowie, AC/DC oder The Doors. Hip-Hop zeugte nicht von einem sehr hohen Intelligenzquotienten. Überlegen Sie gut, über welche Musik Sie beim nächsten Vorstellungsgespräch oder beim vermeintlichen Small Talk mit dem Chef im Fahrstuhl sprechen.

Hier können Sie nachschauen, wo Ihre Lieblingsband steht:
https://flowingdata.com/2009/04/03/music-that-makes-you-dumb/
(Stand März 2021).

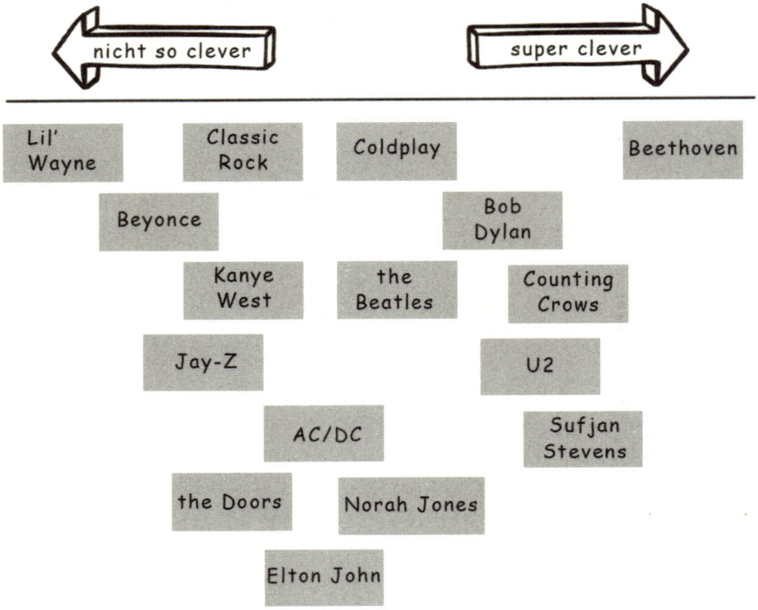

Ohrwurm der Stunde

* »Viva la Vida« von Coldplay
* »With or Without You« von U2

KATZENMUSIK

ODER WAS HÖREN KATZEN PRIVAT?

Katzenvideos kennt jeder, aber Katzenmusik? Sie denken: »Och schade, keine Katzenvideos. Wenn er doch nur ein Katzenbild zeigen könnte.« Na gut. Hier kommt zu Ihrer Unterhaltung und Entspannung ein süßes Katzenbild.

Aber nun zur Katzenmusik. Gibt es das überhaupt? Ja, gibt es. Aber nicht, was Sie denken. Damit ist nicht der Kommentar der Nachbarin zum Geigenspiel Ihrer Tochter gemeint. Ganz anders: Wenn Katzen in Tierarztpraxen für eine Untersuchung beruhigt werden sollen, gibt man ihnen keine teuren Tabletten, Infusionen oder Festhaltegurte, nein, man schaltet die Stereoanlage an und spielt Katzenmusik. Sogenannte *Cat friendly music*. Ob Sie es glauben oder nicht, das funktioniert. Viele Menschen denken, Katzen reagierten nicht auf Musik. Das ist falsch, denn viele Katzenbesitzer spielen einfach die falsche Musik und noch dazu viel zu laut. Es gibt aber tatsächlich Komponisten, die Musik extra für Katzen komponieren. Katzenbesitzer kaufen jedes Produkt für ihr Tier in dem Glauben, es würde sie dann mehr lieben. Lassen wir sie in dem Glauben. Und vergessen wir, dass Katzen jeden lieben, der ihnen leckeres Futter mitbringt. Einer der Musiker, der ein Album für süße Kätzchen herausgebracht hat, ist David Teie. Er ist

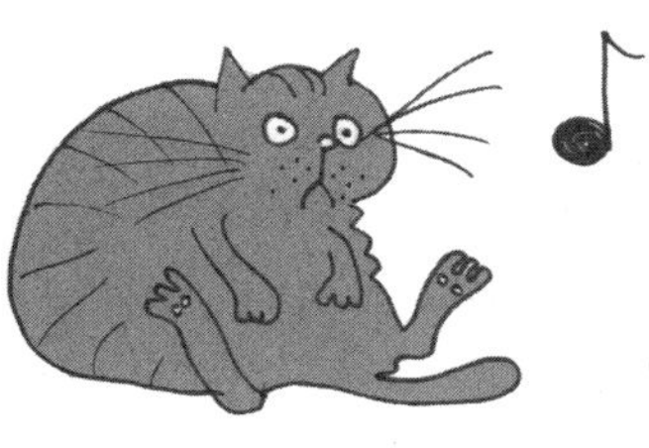

Cellist im National Symphony Orchestra in Washington D.C. und Katzenliebhaber. Er arbeitete mit ein paar Biologen an einer wissenschaftlichen Studie zum Thema Katzen und Musik. Wie klingt das Album? Wie klingt Katzenmusik? Ehrlich, so überraschend ist es gar nicht. Katzen sind ja in der Originalausstattung Jäger und daher mit guten Sinnen ausgestattet. Das Katzengehör gilt als eines der besten im Tierreich. Sogar im Traum hören Katzen, da das für ihr Überleben eine entscheidende Rolle spielt. Ansonsten wären sie außerhalb der Wohnzimmer von Katzenliebhabern eine leichte Beute. Nach dem Motto »Schläft sie? Ja? Super, dann kann ich sie fressen.« Katzen können außerdem viel leisere Töne hören als wir und noch dazu in einem anderen Frequenzbereich. Katzen mögen daher keine lauten, tiefen Geräusche wie Staubsauger, schimpfende Ex-Freunde, Silvesterknaller und hämmernde Partymusik. (Wenn Sie Katzen ärgern wollen, wissen Sie nun, was zu tun ist.) Das Katzengehör kann nicht nur Töne besonders verstärken, sondern auch noch einschätzen, wo genau sich die Laute des Mittagessens befinden.

Aber beim Katzenmusikgeschmack gibt es natürlich Unterschiede. Es gibt Musik, die viele Katzen mögen, Katzenmainstream sozusagen, und Katzenmusik für die ganz speziellen Katzen. Forscher der Universität Wisconsin-Madison in den USA haben Katzen unterschiedlichste Musik vorgespielt und geschaut, was passiert. Das sind die Ergebnisse: Mainstream-Katzenwohlfühlmusik (so übersetze ich das jetzt mal) sollte Katzenlaute enthalten, die mit positiven Ereignissen im Katzenleben zusammenhängen. Lautes Geschrei beim Schlachter kann da eher kontraproduktiv sein. Sauggeräusche und Schnurren finden sich in der Katzenhitparade auf den vorderen Plätzen. Wenn Sie Ihre Karriere als Katzenkomponist beginnen wollen, sollten Sie diese Geräusche benutzen und hohe Tonlagen bevorzugen. Eine Oktave über der menschlichen Tonlage. Eine Geige, Cello und hohe Keyboardsounds sind bei den haarigen Konsumenten sehr beliebt. Ob die Katzenmusik wirklich entspannend wirkt, wird anhand des Schnurrens und der Frequenz des Katzenherzschlags gemessen. Ich stelle mir vor, wie der Wissenschaftler im weißen Kittel neben der Katze stand, Musik abspielte und penibel das Schnurren beschrieb. Schnurrr… oder eher ein Schnuuuuuuuuuuuuur. Oder ein Rrrrrr. Vielleicht doch eher ein Krrrrr ... und der Puls ist bei 50. Die Tempi des Katzenherzens sind ähnlich wie in der Musik. Largo sind 40–60 Herzschläge in der Minute und Presto 168–200 Schläge. Largo ist da das bessere Tempo für die Beruhigung einer Katze. Die Musik darf aber nicht laut sein. Kurze, abgehackte Rhythmen oder Akkorde kommen nicht gut an. Vergessen Sie es, Ihrer Katze zum Geburtstag Techno, Punk oder Heavy-Metal-Kollektionen zu schenken. Viel Durcheinander und verschiedene Tonalitäten mögen Katzen nicht. Jazz ist übrigens keine Katzenmusik. Da werden mir zwar einige Volksmusikfreunde widersprechen, aber Jazz ist *keine* Katzenmusik. Damit Katzen entstresst werden, brauchen sie ruhige und auch klassische Musik. Musik beeinflusst nicht nur das vegetative Nervensystem bei Menschen, sondern auch bei Katzen. Viele Leser nicken jetzt, da sie sich schon immer als Katze gefühlt haben. Mit Auswirkungen auf Atmung und Blutdruck. Testen Sie es. Hören Sie sich die folgenden Musikstücke an:

Johann Sebastian Bach: *Goldberg-Variationen*
Ludwig van Beethoven: *Mondscheinsonate (op. 27, Nr. 2)*
Frédéric Chopin: *Nocturnes*
Claude Debussy: *La Mer*
Wolfgang Amadeus Mozart: *Sinfonie Nr. 40 g-Moll, 2.Satz (KV550)*

Dann entspannen Sie wie eine Katze. Und Ihre Katze vielleicht auch. Viele Katzenbesitzer hoffen, durch die katzenfreundliche Musik besser mit der Katze zu kommunizieren. Der normale Arbeitnehmer und Katzeninhaber geht ja früh aus dem Haus und lässt das kleine Wollknäuel bis zum Abend alleine. Da haben die Leute ein schlechtes Gefühl. Sie haben kein schlechtes Gefühl dabei, dass sie ihre Eltern seit einem halben Jahr nicht angerufen haben, aber bei der eigenen Katze hört der Spaß auf.

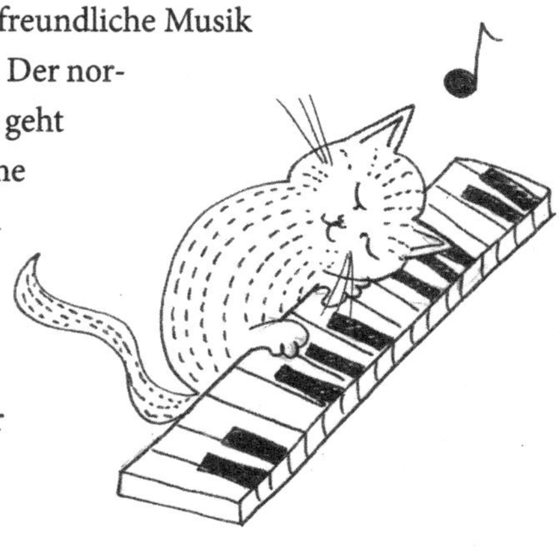

Welche Geräusche kamen bei Katzen noch gut an? Katzen finden Meeresrauschen genauso gut wie Kompositionen von Bach oder Beethoven. (Sie haben halt keine Ahnung von Klassik. Wusste ich es doch.) Neben hohen Frequenzen und Schnurren darf auch gerne ein leiser Beat zu hören sein. Der Rest scheint einer gemeinen Hauskatze vollkommen egal zu sein. Übrigens ist Katzenmusik vollständig ohne Gesang. Einen Texter braucht man für ein Katzenalbum nicht. Katzenmusik hört sich für einen menschlichen Hörer eher an wie Chillout-Lounge-Musik zum Entspannen plus experimentelle klassische Musik. Da holt sich der Katzenfreund im Tiermarkt neben Katzenfutter, Katzenbaum und Katzenbürste noch die Katzenmusik. Da klingelt die Katze, äh Kasse.

Kleine Nebeninformation: In St. Petersburg in der Eremitage gibt es sogar eine Katzen-Pressesprecherin, da einige Katzenliebhaber gerne die Katzen besuchen, die in der Eremitage wohnen. Das kommt daher, dass Katharina die Zweite vor 250 Jahren ein Mäuseproblem hatte und dieses durch große Katzen beseitigen ließ. Damit wurden die Katzen Stars am Hofe. Seit dieser Zeit gibt es Katzen im Palast, die Katzenliebhaber aus aller Welt anziehen. Unnützes Wissen, aber interessant.

Ohrwurm der Stunde

* »Vielen Dank für die Blumen« von Udo Jürgens (Titelmelodie von *Tom und Jerry*)
* »Katzeklo« von Helge Schneider
* »Memory« aus *Cats* von Andrew Lloyd Webber
* »Music for Cats« von David Teie

HERR LUTHER ÄNDERTE DIE MUSIK FÜR IMMER

ODER ALS WITTENBERG DER NABEL DER WELT WAR

Selbst wenn Sie Kirchen nur als hübsch anzusehende Bauwerke in der Mitte von menschlichen Siedlungen ansehen und noch nie einen Sonntagvormittag in einem Gotteshaus verbracht haben, wissen Sie, dass es Kirchenmusik gibt. Sie kennen Johann Sebastian Bach, den berühmtesten Komponisten weltweit, der seine Musik, wie zum Beispiel das *Weihnachtsoratorium*, im tiefen evangelischen Glauben geschrieben hat. Auch wenn Sie weder an Gott noch an ein fliegendes Spaghettimonster glauben, kennen Sie christliche Aussprüche wie »Jesus, Maria und Josef!« oder ein laut fluchendes »Herrgott noch mal«. Sie singen zur Weihnachtszeit ein feierliches »Vom Himmel hoch, da komm ich her« oder ein schüchternes »Stille Nacht«. Das ist unserer christlichen Tradition geschuldet.

Wer hat damit angefangen? Wer hat als Erster in einer Kirche mit der Gemeinde auf Deutsch gesungen? Wer gründete die ersten Kirchenchöre? Wer erfand den Beruf des Kantors? Den des Organisten? Wer hat als erster Liederbücher geschrieben? Wer erkannte die Bedeutung von Musik für eine Revolution? Nun, da gibt es einen Kandidaten: Martin Luther (1483–1546).

Luther war in erster Linie Theologe, der mit seinen revolutionären Thesen die katholische Kirche verändern wollte, beispielsweise den Ablasshandel verbieten. Das stieß nicht auf Gegenliebe seiner Vorgesetzten in Rom. Daraufhin gründete er unter viel Stress die evangelische Kirche.

Luther war aber ein begeisterter Musiker und Komponist. Während seines Studiums in Eisenach erhielt er eine grundlegende musikalische Ausbildung in Musik, Tanz und Gesang. Sie fiel auf fruchtbaren Boden. Er liebte es zu singen, sein Lieblingsinstrument war die Laute, ein Vorgängerinstrument der Gitarre. Die Musik galt seinerzeit als wichtige Kunstform. Luther konnte Noten lesen, Lieder aufschreiben, harmonisieren und selber komponieren. Nicht schlecht für einen Reformator. Jetzt kennen Sie die Voraussetzungen, wenn Sie einmal Revoluzzer werden wollen.

Was hat Luther mit diesem musikalischen Wissen gemacht? Bei seiner Reform der Kirche änderte er unter anderem die Liturgie, also den Ablauf des Gottesdienstes. Er räumte der Musik und dem Gesang der Gemeinde einen wesentlichen Platz ein. Vorher wurde nicht mit der Gemeinde gesungen. Die Gemeinde hatte andächtig dem katholischen Priester, der auf Latein sprach, zu lauschen. Ab und an stimmte der Priester gregorianische Gesänge an, aber nie die Gemeinde. Nun, mit Latein konnte man damals wie heute kaum an der Ecke ein Bier bestellen und sich mal nett unterhalten. Das erkannte Luther. Er begann, auf Deutsch zu predigen, und wollte die Gemeinde gesanglich mit einbauen. Dazu brauchte er deutsche geistliche Lieder, die es zu diesem Zeitpunkt nicht gab. Ihm fehlten gute, gereimte, geistliche, deutsche Texte. Er versuchte sich zu behelfen, indem er lateinische Texte von bestehenden Liedern ins Deutsche übersetzte. Dann begann er, populäre Volksweisen für seine geistlichen Bedürfnisse umzumodeln. »Vom Himmel hoch, da komm ich her«,

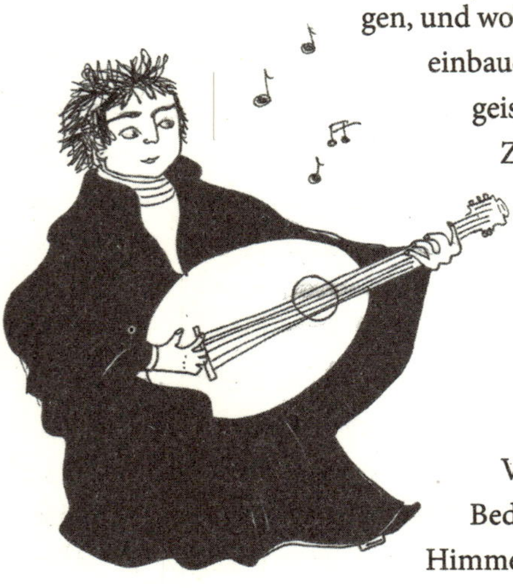

schrieb er angeblich 1534 als Coverversion eines ursprünglichen Bänkelliedes, heute würden wir sagen: eines Saufliedes vom Ballermann. Luther schrieb einen neuen Text zur Melodie, damit er das Lied zur Weihnachtszeit im Gottesdienst aufführen konnte. Das ist mal eine Karriere einer Melodie! Ob eines Tages der Ballermannhit »Ich bin der König von Mallorca« auch mit einem geistlichen Text verbreitet wird? Der Legende nach entstand die heutige Version von »Vom Himmel hoch, da komm ich her«, als Luther mit seiner Familie in Wittenberg Weihnachten feierte. Die Melodie wurde populär und der berühmte Johann Sebastian Bach verwendete sie gleich dreimal in seinem *Weihnachtsoratorium*. Und das alles nur, damit die lieben Kleinen musikalisch beim Beschenken unterhalten wurden. Ob die Kinder sich damals mehr für die Musik oder für die Geschenke interessiert haben, bleibt dahingestellt.

Übrigens geht der Brauch des Schenkens zu Weihnachten ebenfalls auf Luther zurück. Das Christkind als Gabenbringer löste den heiligen Nikolaus ab, denn Heiligenverehrung fanden die Protestanten überholt. Doch zurück zu den Liedern. Durch die populären Lieder konnte die Reformation als Singbewegung Erfolg haben. Coole Hits haben die Massen schon immer zusammengeschweißt. Von der »Marseillaise« über »We are the Champions« bis zu »Sunday, bloody Sunday«. Bands, die in Stadien spielen, wissen das ganz genau. Musik bringt die Leute in Massen zusammen. Luthers These war, dass der Gottesdienst auch Spaß machen sollte, getreu dem Motto des Kirchenvaters Augustinus: »Wer singt, betet doppelt.« Durch Luther kamen einfache und leicht singbare Lieder in den Gottesdienst. Das Lied wurde fester Bestandteil der Liturgie, und die clevere Idee mit den Liedern hat dann auch sein ursprünglicher Arbeitgeber, die katholische Kirche, gut 400 Jahre später beim Zweiten Vatikanischen Konzil übernommen.

Später wurden die Lieder komplizierter und die Gottesdienstbesucher waren nicht spontan in der Lage, vierstimmige Choräle von Bach vom Blatt zu singen. Das führte dazu, dass der Gemeindegesang gepflegt werden musste. Und schon war der Beruf des Kantors geboren. Praktischerweise fiel der Gesangsunterricht der Gemeindemitglieder in den

Zuständigkeitsbereich von Schulen und Gemeinden, die sich fortan darum kümmerten. In unterschiedlicher Qualität. Die ältesten überlieferten Klagen über sehr schlechten Gemeindegesang stammen aus dem 17. Jahrhundert. Und auch heute wird mit größter Wahrscheinlichkeit nicht in allen Gemeindechören nahe an der Perfektion gesungen. Doch Hauptsache, es wurde und wird gesungen.

Wie wurden Lieder erfolgreich vor der Erfindung der Schallplatte, des Radios oder des Internets? Vor 500 Jahren passierte das größtenteils mündlich. Damals sang man ausgiebig und die Ausbreitung von Hits erfolgte zuverlässig durch umherwandernde Sänger. Da viele Menschen weder schreiben noch lesen konnten, war das die einzige Möglichkeit, Musik zu verbreiten. Für die jungen Menschen ist das nicht mehr vorstellbar – krass, die haben sich das einfach gemerkt! Vor der Reformation gab es keine Gesangbücher. Die erfand Luther. Damit die Gesangbücher aber überhaupt gedruckt werden konnten, erfand genau zur richtigen Zeit Herr Gutenberg den Buchdruck. Dadurch war die Erfindung des Flugblatts mit Liedern möglich. Popsongs zum Mitsingen. Wobei das Flugblatt damals nicht mit dem Flugzeug flog, sondern mit Pferdekutschen seine Verbreitung fand. 1523 erschien das *Nürnberger Achtliederbuch*, die erste reformatorische Liedsammlung. Sie enthielt, wie der Name schon sagt, acht Lieder von Luther. Das war der Beginn der Songbücher. Und zwar *aller* Songbücher. Ohne Luther kein Beatles-Songbuch und keines von Miley Cyrus. Selbst heute ist im evangelischen Kirchengesangbuch kein Komponist so stark vertreten wie Luther. Er ist mit 37 Liedern am Start. Sein berühmtestes Lied ist übrigens »Ein feste Burg ist unser Gott«. Den Liedgesang, der später als Choral bezeichnet wurde, betrachtete Luther als Glaubensbekenntnis.

Die Bedeutung, die Luther der Musik gab, hat erheblich zur Entwicklung der Musik im deutschsprachigen Raum beigetragen. Heinrich Schütz (1585–1672), Dietrich Buxtehude (1637–1707) und Johann Sebastian Bach (1685–1750) vertonten lutherische Themen in ihren Kantaten und Oratorien. Ohne Luther kein Bach, wie wir ihn kennen. Überspitzt gesagt, hätte die Reformation ohne schmissige bekannte Songs keine

Chance gehabt. Die letzte friedliche Revolution 1989 in der DDR hatte als schmissige Songs »Wind of change« von den Scorpions und David Hasselhoffs »I've been looking for freedom« zu bieten. Musikalisch hätte sie sicher besser laufen können.

Ohrwurm der Stunde

* »Macht hoch die Tür, die Tor macht weit«
* »Wind of Change« von den Scorpions
* »Looking for Freedom« von David Hasselhoff

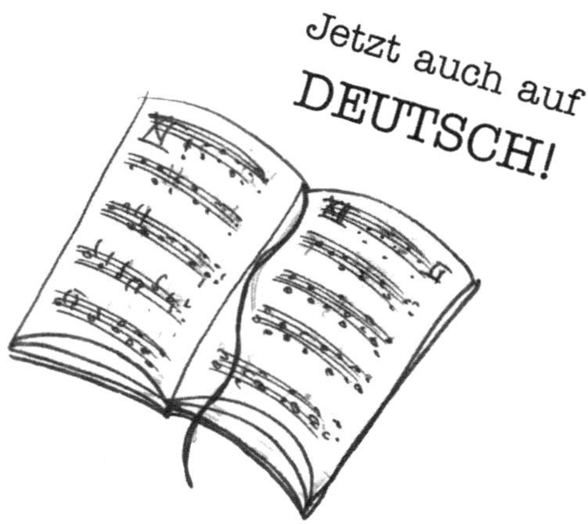

WIE SCHREIBT MAN EIN LIED?

FAST ZUM ERFOLG IN SIEBEN SCHRITTEN

Den Tagesablauf eines Songschreibers stellt man sich als Normalbürger vor wie den Tagesablauf eines Heiratsschwindlers, Werbetexters oder Clowns. Bei diesen Berufen hat man überhaupt keine Ahnung, was die so den ganzen Tag machen. Haben Sie eine Vorstellung davon? Als Auftraggeber und obendrein Laie weiß man nie, ob der moderne Maler das Bild in drei Minuten von seiner zweijährigen Enkelin hat malen lassen oder ob er seit zwei Monaten nichts anderes gemacht hat, um diese Striche genau so und nicht anders auf die Leinwand zu bekommen. Beim Werbetexter hat man auch keine Ahnung, ob er für den Spruch »Ich will so bleiben wie ich bin …« Jahre gebraucht hat, oder ob ihm das zwei Sekunden vor der Präsentation eingefallen ist. Der Haken: Keiner wird sagen, wie es ist.

Beim Songschreiber weiß der Hörer auch nicht, wie lange er für die Zeile gebraucht hat »Verdammt, ich lieb dich, ich lieb dich nicht«. Alle schweigen wie die katholische Kirche. Ich habe den Eindruck, dass wir da kein Licht ins Dunkel bekommen werden, da wir sonst ganze Berufsgruppen in Misskredit bringen. Und ich könnte nicht mehr ruhig schlafen. Der eine sitzt an der Zeile »Amadeus, Amadeus« ein halbes Jahr und der andere wacht nachts auf und weiß, dass sein Lied »Gestern« oder auf Englisch »Yesterday« zu heißen hat. Übrigens sagte ja der Vater von Paul McCartney, dass die Beatles ihr Lied »She loves you, yeah, yeah, yeah« nicht mit diesem amerikanischen Slangwort »yeah« anreichern sollten, sondern lieber »She loves you, yes, yes, yes« singen sollten. Die Jungs sind auf seinen tollen Vorschlag, wie wir wissen, nicht eingegangen. Paul McCartney schrieb seine Lieder am liebsten auf der Toilette, da er meinte, dass da der beste Sound im Haus sei. Ein kleiner gekachelter Raum, in dem schon allein Klatschen für guten Sound sorgt. Schön hallig halt. Da können Sie als anständige Leser auch sagen: »Die verdienen ihr Geld auf dem Klo.«

Nun, es geht beim Schreiben eines Liedes eben um die entscheidende Idee. Das dauert manchmal nur eine Sekunde, aber danach folgt erst die richtige Arbeit. Der Zeitgenosse, der Red Bull groß gemacht hat, ist auf die Idee im Asienurlaub gekommen. Den Energydrink gab es dort bereits, er hat dem Hersteller die Lizenz abgekauft und ein riesiges Imperium aufgebaut. Also Augen auf am Strand. Sie arbeiten gerade am nächsten großen Ding.

Lassen Sie uns ein paar Arbeitsschritte eines Songschreibers durchgehen. Damit Sie eine Vorstellung davon bekommen, wie auch Sie kreativ werden können. Mit welchem der folgenden Songbausteine Sie beginnen, liegt an Ihren Vorlieben. Die Menschen sind unterschiedlich. Der eine hat eine Textidee und fängt damit an. Der andere hat einen flotten Rhythmus im Kopf und nimmt das als Grundlage für einen Song. Es gibt nicht *den* einen Weg. Es gibt nur Ihren Weg. Das Wichtigste ist, einfach anzufangen, denn je länger man überlegt, desto unwahrscheinlicher ist es, dass Sie jemals anfangen. Ja, ich wollte den Keller aufräumen, aber mmm, vielleicht doch lieber morgen oder irgendwann. Und irgendwann kommt dann nie.

#1. Text

Wie schreibe ich einen Text? Das ist einfacher, als Sie denken. Was beschäftigt Sie thematisch gerade? Kleines Brainstorming. Schreiben Sie fünf positive Wörter aus Ihrem Leben auf, wie Sommer, Urlaub etc. Dann schreiben Sie fünf negative Wörter auf, wie Steuererklärung, Fenster putzen etc. Welche Wörter kommen Ihnen als Erstes in den Sinn? Stift raus und los. Nein, jetzt wird nicht einfach weitergelesen, weil Sie gerade keinen Stift parat haben. Holen Sie ihn, ich warte solange. Und damit tun Sie etwas Gutes für Ihren Rücken, man soll ja gar nicht so lange auf dem Sofa liegen. Aufstehen … Wieder da? Sehr gut.

1a) Aufschreiben

Dann schreiben Sie:

Positiv

1. 2. 3. 4. 5.

Negativ

1. 2. 3. 4. 5.

Ich weiß, bei den negativen Wörtern mussten Sie nicht so lange überlegen. Nehmen Sie doch in den nächsten zwei Tagen ein kleines Notizbuch mit und schreiben Sie Ihre Gedanken auf. Der Literaturnobelpreisträger Gerhart Hauptmann schrieb u.a. in seinem Schlafzimmer die Wand neben dem Bett mit seinen Träumen voll. Er wollte wissen, was er träumte, und da diese Gedanken nur ein paar Sekunden nach dem Aufwachen abrufbar sind, schrieb er es einfach auf die Tapete. Gute Idee. Kleiner Tipp: Machen Sie das lieber nicht im Hotel, da könnte es Ärger geben. Die Idee vom Brainstorming ist erst mal, alles aufzuschreiben und dann zu schauen, was einem gefällt. Markieren Sie danach Wörter, die Sie besonders spannend finden. Ich garantiere Ihnen, Sie finden ein Thema, über das Sie ein Lied schreiben können. Sei es eine Parklücke suchen, Angst vorm Zahnarzt, Stress mit ungezogenen Kindern, die Auswahl eines Abendessens oder der Einkauf von Zucchini.

Sie finden was. Und es gibt noch so viele Texte, die noch keiner geschrieben hat über Zucchini. Zum Beispiel.

1b) Thema

Beschränken Sie sich auf ein Thema. Liebe, Tod, Arbeit, Zucchini, das Übliche. Jetzt suchen Sie sich aus Ihren Wörtern von 1a) ein Thema heraus. Und wenn Sie sich nicht sicher und im Sternzeichen Waage geboren sind, dann entscheiden Sie nicht selber, sondern nehmen immer das linke Wort. Fertig. Kreativität ist Entscheidung. Das hat schon mein erster Improvisationslehrer gesagt. Und nicht zu lange entscheiden, sonst weiß man irgendwann nicht mehr, was man will. Wie im Restaurant, da nehme ich immer das erste Gericht links oben. Okay, fast immer.

1c) Einfachheit des Textes

Schön ist es, wenn Ihre Texte nicht nur von doppelpromovierten weisen Personen verstanden werden. Besser ist es, wenn Ihre Freunde ungefähr nachvollziehen können, um was es darin geht. Die zentrale Frage ist: Was möchten Sie sagen? Möchten Sie überhaupt was sagen? Gehe ich Ihnen damit auf die Nerven? Ja, auch ein gutes Thema für ein Lied.

Die meisten Menschen, die noch nicht kreativ waren, denken: »Ach, mein Thema haben schon alle tausendfach besungen und beschrieben.« Ja, das stimmt, aber das hält die meisten Texter nicht davon ab, weitere Lieder zu schreiben. Was denken Sie, wie viele Liebeslieder es gibt? Tausende, Millionen? Und trotzdem werden täglich mehr geschrieben. Es gibt immer noch eine neue Facette, ein Thema zu beschreiben. Lassen Sie sich nicht einschüchtern. Liebe geht immer, falls Ihnen thematisch bis jetzt noch nichts eingefallen ist. Wie steht es bei Ihnen mit der Liebe gerade, alles paletti? Oder gerade nicht? So lala? Sind schon mal drei weitere Themen für einen Song.

1d) Geschichte im Text finden

Was denken Sie, wie ist der ungefähre Ablauf des Textes? Gibt es eine Entwicklung? Eine Geschichte? Erst lieben sie sich nicht mehr und dann doch. Oder er will, dass sie zurückkommt, aber sie will erst nicht und dann vielleicht. Schreiben Sie sie auf. Das ist der Grundriss für unseren Text. »Verdammt, ich lieb dich, ich lieb dich nicht« hat es thematisch schön auf den Punkt gebracht.

1e) Rhythmus für den Text finden
Da Sie sicher einmal alle im Deutschunterricht waren, kennen Sie den Sprachrhythmus und die Reimformen. Im Musiktext reimt sich meist die 1. und 3. Zeile oder die 2. und 4. Zeile oder alle. Mehr Möglichkeiten gibt es im klassischen Popsong eigentlich nicht. Einigen wir uns noch auf die Silbenanzahl und der Rhythmus ist gefunden.

#2. Fahrplan

Bei der Deutschen Bahn braucht der Reisegast einen Fahrplan, wenn er von München nach Buxtehude fahren will. Genau wie in der Musik. In jedem Song gibt es einen mehr oder weniger überzeugenden Fahrplan.

2a) Die Stationen
Der Standardaufbau der meisten Songs sieht so aus:

Intro – 1. Strophe – Pre-Chorus – 1. Refrain –
2. Strophe – Pre-Chorus – 2. Refrain
Interlude – 3. Refrain

Sie können diese Stationen natürlich verändern, aber es hat sich bis jetzt auch nicht durchgesetzt, dass sich jeder seinen eigenen Fahrplan bei der Deutschen Bahn bauen darf. Okay, der Vergleich hinkt, aber Sie wissen, was ich meine. Bleiben Sie bei der Liedstruktur, ist mein Rat. Textlich ist die Strophe meistens vier Zeilen lang, gern auch mal acht Zeilen. Der Refrain und der Pre-Chorus als die Brücke zum Refrain bleiben in den meisten Liedern immer gleich. »She loves you, yeah, yeah, yeah …«: vier Worte und fertig. Das nenne ich effektive Textverwertung. Das wird aber noch getoppt. Das Lied mit den meisten textlichen Wiederholungen ist »Around the world« von Daft Punk. Die Albumversion dieses Titels wiederholt »Around the world« 144-mal. Sie merken, es geht nicht um Qualität, nur um Quantität. Auch bei »Mamma Mia« hätte in den 70er-Jahren keiner gedacht, dass aus diesen beiden Wörtern ein Superhit werden könnte. »Mamma Mia« benötigt effektiv zwei Strophen und den Refrain. Das sieht doch schon viel übersichtlicher aus.

2b) Genre
Was ist Ihr Lieblingsgenre? Klassik, Blues, Jazz, Rock, Pop, Schlager, Metal, Reggae, Hip-Hop? Da wissen Sie sicherlich schon, was Ihnen für Ihren Text gefallen könnte. Genre ausgesucht und fertig.

2c) Tempo
Möchten Sie ein langsames, schnelles oder so mittleres Tempo nehmen? Entscheidung schon gefällt? Ansonsten nehmen wir ein mittleres Tempo.

2d) Taktart
In der Musik brauchen wir nur zwischen der Taktart 3/4, also Walzer, oder 4/4 zu unterscheiden. Wie sieht es aus, Walzer tanzen oder nicht? Die meisten entscheiden sich für 4/4, Sie auch.

#3. Melodie

Kommen wir zur Findung einer Melodie. Singen Sie die Melodie, aber seien Sie sich dessen bewusst, dass das Zeitalter der großen Melodien in der Musik vorbei ist. Die meisten Hits werden auf Rhythmen und Sounds oder Akkordverbindungen gebaut.

Sie können heute die wenigsten aktuellen großen Lieder komplett mitsingen, ohne dass die Musik dazu läuft. Schon mal versucht? Wenn Ihnen also nur ein Ton einfällt, ist das vollkommen o.k. Das genügt zum Beispiel für einen Hit wie Lady Gagas »Poker Face«. Da wird der Refrain teils auf *einem* Ton gesungen mit dem sensationellen Text: »P-p-p poker face, p-p-p poker face«. Denken Sie daran: »Wenn Ihnen nichts einfällt, reicht ein Ton für die Melodie.«

3a) Der »Haken«
Heute geht es immer mehr um einen sogenannten Hook, einen Haken, eine Passage, die Ihnen nicht mehr aus dem Kopf geht wie: »Schiri, wir wissen, wo dein Auto steht« oder »Zehn nackte Friseusen«. Falls Sie diese beiden Liedtexte noch nie gehört haben, macht es Sie sehr sympathisch. Die Wahrheit ist: Eine gute Hookline ist der Schlüssel zum Erfolg. »Eisgekühlter Bommerlunder« oder »Käpt'n Iglo«, »Wenn sie tanzt« oder »Alles klar auf der Andrea Doria«. Die – wenn auch kurze – Melodie sollte schnell ins Ohr gehen. Der Gesangspart darf heute nur noch einfach sein. Jedes Kind sollte in der Lage sein, das nachzusingen. Kein großer Tonumfang, nicht zu schnell, nicht zu langsam. Mit einfachen Melodien. So einfach, dass nach dem ersten Hören schon der Gedanke durch Ihr Gehirn schießt: »Das Lied kenn ich.«

#4. Die Harmonie

Für Ihr erstes Lied sollten Sie sich eine gute Akkordfolge aussuchen. Ich würde Ihnen vorschlagen: Nehmen Sie die berühmteste Akkordfolge, die im Kapitel »Die Popformel – der Vier-Akkorde-Trick« beschrieben ist, da können Sie nichts falsch machen. Damit sind schon unzählige Hits entstanden. Das geht in jedem Genre. Wenn Ihnen keine Akkordfolge spontan zusagt, können Sie Folgendes probieren: Nehmen Sie eine Playbackversion von einem Lied, das Sie mögen, und schreiben Sie eine eigene Melodie mit neuem Text dazu. Also nicht verzagen und sich inspirieren lassen.

#5. Kurz halten

Früher durften es viele Sekunden Intro sein, spannende Gitarrenfiguren, Klavierpassagen, Soli von Saxofonen. Das ist lange her. Dafür hat keiner mehr Zeit. Wenn Sie wollen, dass Ihre Musik nicht nach wenigen Sekunden weggeklickt wird, machen Sie's kurz, das Intro. Wenn überhaupt. Nach spätestens 30 Sekunden sollte im Lied der Refrain zu hören sein. Zack. Höhepunkt. Sonst war alles umsonst. Deshalb fallen die meisten Popsongs heutzutage mit der Tür in Haus, also mit dem Refrain gleich am Anfang ins Ohr. Keiner hört sich heute noch 6-Minuten-Stücke mit endlosen Zwischenspielen in der Popmusik an. 3 Minuten sind für die Aufmerksamkeit der Smartphone-Wisch-Jünger schon eine herausragende Zeit. Schade eigentlich.

#6. Vorspielen

Wenn Sie Punkt 1-5 in beliebiger Reihenfolge geschafft haben, spielen Sie Ihr Lied Ihrer Umgebung vor – Eltern, Freunden und Verwandten – und schauen Sie, wie die reagieren. Geben sie Ihnen 10 Euro, damit Sie aufhören, oder 10 Euro, damit Sie weiterspielen?

#7. Aufnehmen

Nehmen Sie den Song mit dem Handy auf oder wünschen Sie sich zum Geburtstag einen Tag in einem Tonstudio und nehmen ihn da auf. Freuen Sie sich über Ihr erstes eigenes Lied!

Ohrwurm der Stunde

* »Verdammt, mir fällt nix ein« von Ihrem Gehirn
* »Walking on Sunshine« von Katrina & The Waves

DAS FENDER RHODES

ODER DIE KARRIERE EINES INSTRUMENTS

Was soll das sein: ein Fender Rhodes? Ein besonderes Instrument. Ich schleppe dieses schwere Teil schon seit vielen Jahren mit auf die Bühne. Meinem Rücken und meinen mitschleppenden Musikerkollegen muss ich kurz erklären, warum ich dieses Holzungetüm so sehr mag. Vor der Erfindung des Klaviers kannte keiner ein Klavier. Logisch. Vor der Erfindung der E-Gitarre konnte sich niemand unter einer E-Gitarre etwas vorstellen. Neue Klänge wurden erst durch neue Erfindungen möglich. Und ein netter Herr aus Amerika entwickelte über viele Jahre dieses Instrument namens Rhodes. Der Klang dieses elektrischen Tasteninstruments ist einzigartig, jeder kennt ihn. Okay, vielleicht nicht jeder. Der Klassikfreund nicht. Der meint eh, dass elektrische Geräte nur in die Küche gehören. Ich wiederum liebe das Fender Rhodes. Ich gebe Ihnen Brief und Siegel, dass Sie es schon oft gehört haben. Ein Instrument, verschmolzen mit der Soul-, Funk- und Jazzmusik. Für immer verbunden mit Supertramp, Stevie Wonders »You are the sunshine of my life«, The Doors oder Ray Charles' »Hit the Road Jack«. Auch heute ist das Fender Rhodes oft zu hören. In Herbert Grönemeyers Song »Der Weg« oder bei Justin Timberlakes »Señorita«. Falls Sie in den letzten zehn Jahren irgendeinen Radiosender angemacht haben, kann Ihnen der Klang eines Rhodes nicht entgangen sein.

Erfunden hat es Mr. Harold Rhodes (1910–2000). Ursprünglich sollte das Rhodes ein transportables Piano sein und den Klang eines Klaviers

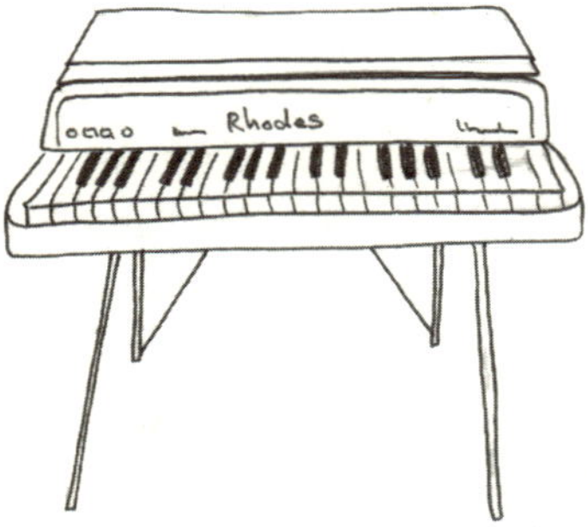

nachahmen. Das hat nicht geklappt. Dafür wurde ein vollkommen neuer glockenartiger elektrischer Sound erschaffen. Bei den klassischen Musikern kam das Instrument weniger gut an, benötigt es doch Strom, um gehört zu werden. Die anderen nutzten die neuen Klänge für neue Musik und schrieben Musikgeschichte. Bis das Rhodes in die glitzernde Showwelt Einzug hielt, durchlebte es eine interessante Geschichte.

Die US Air Force beauftragte im Zweiten Weltkrieg den Soldaten Harold Rhodes, für die Unterhaltung verwundeter Soldaten zu sorgen. Er sollte ihnen mit seiner Unterrichtsmethode Klavier beibringen, er war auch Klavierpädagoge. Da die Erfindung von Fernseher und Youtube noch auf sich warten ließ, herrschte im Zweiten Weltkrieg Langeweile in den Krankenzimmern. Dafür baute Rhodes Tasteninstrumente, die man in einem Bett spielen konnte. Er war Klavierbau-Autodidakt und bastelte aus Flugzeugteilen alter B-12-Bomber das »Army Air Corps Piano«. Das Teil wurde tatsächlich von 1942 bis 1945 über 125.000-mal gebaut. Es heißt, dass ungefähr 250.000 GIs mit Hilfe von Rhodes Klavierunterricht bekommen haben. Daraufhin gründete er nach dem Krieg eine eigene kleine Firma. Er entwickelte seine Idee eines portablen Pianos weiter, aber ihm ging das Geld aus. Dann stieg ein gewisser Herr Leo Fender ins Geschäft ein - genau der, der mit Gitarren sein Geld machte, die Leute wie Eric Clapton spielen - und gab Geld für die Weiterentwicklung der nächsten Instrumente. Im Gegenzug wurde er in den Namen der Instrumente mit aufgenommen. So entstand das Fender Rhodes.

1965 gelang Harold Rhodes der große Durchbruch mit dem Fender Rhodes Electric Piano. Das war ein tragbares Piano mit 73 Tasten und einem integrierten Lautsprechersystem. Es ist heute immer noch das Instrument, das ein Klavierspieler, der Soul und Jazzmusik liebt, in seinen Träumen gerne spielt. Nach dieser Entwicklung zerbrach das Bündnis mit Herrn Fender und Rhodes verkaufte seine Firma an CBS. Dann begann der Siegeszug der elektrischen Pianos. In den kommenden 18 Jahren wurden 50 Rhodes täglich ausgeliefert. Miles Davis, der berühmte Trompeter, entdeckte den Sound für seine Band. 1975 wurde der Name Fender wieder aus dem Markennamen gestrichen. Durch die Verwendung von Plastik konnte das Gewicht reduziert werden und die Rücken der Rhodies dankten es. Das Rhodes war relativ einfach gebaut. Beim Klavier schlagen Hämmer auf die Saiten, beim Rhodes werden kleine, 6 cm große Klangstäbe angeschlagen, die wie bei einer E-Gitarre mit Magneten abgenommen werden, dadurch ist das Instrument viel transportabler und leichter als ein Klavier. Das berühmteste Modell hört auf den Namen Mark 1. Ich finde, es klingt einzigartig. Als die Keyboards mit ihren Möglichkeiten der elektronischen Klangerzeugung Mitte der 80er auf dem Markt erschienen, endete die große Zeit der Fender Rhodes, sie drohten in der Versenkung zu verschwinden. In den House-, Nu-Jazz- und Rhythm-&-Blues-Produktionen tauchte der Rhodes-Klang in den 90ern wieder auf. Alles kommt wieder, man muss nur lange genug warten. Es wurde sogar ein neues Rhodes gebaut und versucht zu verkaufen. Das hat leider nicht geklappt. Die alten Rhodes haben die Patina und Reife, die dieses Instrument so einzigartig machen. Da ist die Magie über die Jahre hinweg hineingebaut und ich werde hoffentlich noch viele Jahre mit meinem Rhodes durch die Gegend reisen.

Ohrwurm der Stunde

* »You Are the Sunshine of My Life« von Stevie Wonder
* »Just the Way You Are« von Billy Joel

MUSIK MACHT SCHLAU

AUSSER MANCHE – DIE ULTIMATIVE ZUSAMMENFASSUNG

Für wie schlau halten Sie sich? Kreuzen Sie an:

☐ richtig schlau ☐ schlau ☐ geht so ☐ die Frage war zu kompliziert

Etwas genauer. Wie schlau sind Sie in Chemie? Philosophie? Mathematik? Es gibt die unterschiedlichsten Arten von Intelligenz. Falls Ihre Ausbeute bis jetzt noch gering ist: Sie finden garantiert ein Feld, auf dem Sie sehr intelligent sind. Was die Allgemeinheit unter richtig schlau versteht, ist gar nicht so einfach zu fassen. Für einen 30-Jährigen ist jemand, der schlau ist, ein Schachgenie oder Computerprogrammierer. Ein 6-Jähriger versteht unter schlau, sich selbst die Schuhe zuzubinden und auf die Frage, ob er noch ein Nutellabrot möchte, korrekt mit: »Ja, na klar«, zu antworten. Jeder hat da seinen Blick. Und ein für genial gehaltenes Mathe-Ass kann vollkommen überfordert sein mit einem Wochenendeinkauf für eine sechsköpfige Familie.

Die gute Nachricht: Grundsätzlich scheint Musik auf die Entwicklung des Gehirns einen positiven Einfluss zu haben. Auch im Hinblick auf den Wochenendeinkauf. Okay, keiner weiß wirklich, ob musizierende Menschen eher intelligent sind oder ob intelligente Menschen eher musizieren. Musik scheint mit einer Nebenwirkung verbunden zu sein und die heißt Intelligenz. Dazu haben sich im Laufe der Jahre so einige Studien und

Thesen angesammelt. Einige davon will ich Ihnen hier kurz vorstellen. Hier kommt also der Faktencheck zum Thema »Musik macht schlau«.

#1. Der Mozart-Effekt

These: Mozart hören macht schlau. Es gibt keine endgültig gesicherten Daten, ob das nun stimmt oder nicht. Aber es ist die berühmteste Studie über die Wirkung von Musik. Der sogenannte Mozart-Effekt beruht auf einer Studie von drei Wissenschaftlern aus Amerika, die folgendermaßen ablief: 36 Collegestudenten wurden in drei Gruppen aufgeteilt und mussten eine Aufgabe lösen: die erste Gruppe, nachdem sie 10 Minuten Mozart gehört hatte, die zweite, nachdem sie 10 Minuten Entspannungsinstruktionen vorgespielt bekommen hatte, und die dritte Gruppe, nachdem sie gar nix gehört hatte, also Stille. Die danach folgende Übung, die räumliches Denken testete, wurde von den Mozart-Hörenden etwas besser gelöst. Ich dachte beim Lesen: Zwölf kiffende College-Boys & -Girls sollen der gesamte Beweis des Mozart-Effektes sein? Der Beweis dafür, dass Musik schlau macht? Ein bisschen dünn, vielleicht. Die Wirkung hielt im Originalexperiment übrigens nur 15 Minuten an. Wenn Sie in diesen 15 Minuten allerdings eine Gehaltsverhandlung führen, könnte es von Vorteil sein, vorher Mozart zu hören. Schaden kann es auf keinen Fall. Fangen Sie mit der kleinen Nachtmusik an. Band ab. Nicht googeln, die Musik spielt nur in Ihrem Kopf. Falls Sie die kleine Nachtmusik nicht auf Lager haben, nehmen Sie die Arie der Königin der Nacht, die kennt jeder. Genau, die mit den unglaublich hohen Tönen. Und falls Sie so gar keine Lust auf Mozart haben: Der Test wurde später wiederholt und variiert. Man dachte nämlich zuerst, dass nur Mozarts Musik schlau macht, bis man feststellte, dass derselbe positive Effekt auch mit einer Kurzgeschichte von Stephen King, Musik der Pet Shop Boys oder einer Flasche Chianti (!) zu erreichen war. Sie haben die Wahl.

#2. Musik im Schlaf hören macht schlau

Eine zweite zentrale These lautet, dass Musik die Intelligenz im Schlaf beeinflusst. Bei Experimenten mussten Probanden nach einem kurzen Schlaf mit Musikbeschallung eine im Wachzustand gehörte Melodie wiedererkennen und das konnten die Schlafmusikfreunde etwas besser als die Vergleichsgruppe ohne Beschallung. Wer aber auf diese Art Chinesisch lernen will, wird wohl enttäuscht werden. Das klänge wie ein Menschheitstraum. Ohne Stress in die höhere Mathematik eingeführt werden, während man dahindöst. Wir probieren es jetzt einmal aus: Augen zu. Machen Sie ein kleines Nickerchen. Hören Sie leise Klaviermusik »Für Elise« von Beethoven ... Okay, das reicht, aufwachen. Augen auf: Wie viel ist 3x3? Richtig ... 9. Stimmt. Obwohl – höhere Mathematik war's nicht.

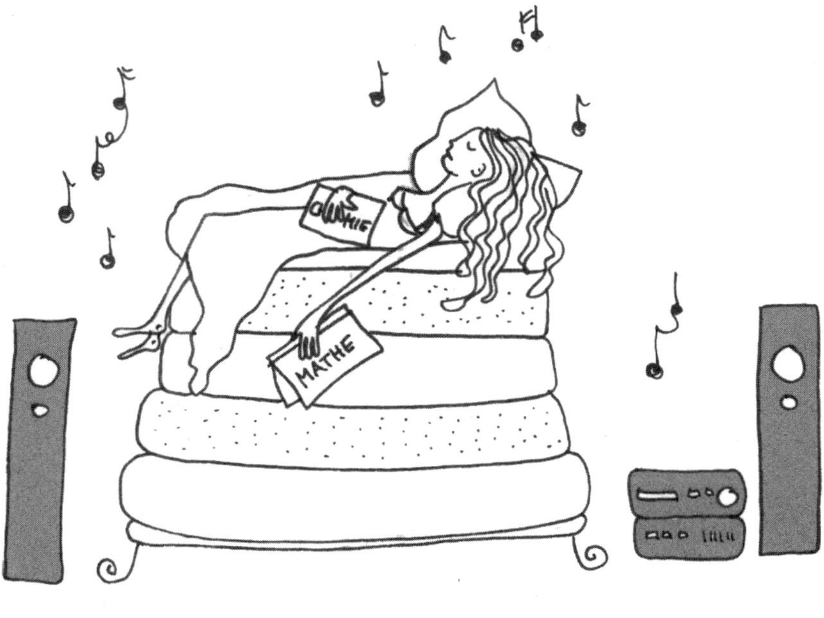

#3. Musik macht schlau, wenn die Mama für Sie gesungen hat

Früh übt sich. Angeblich können Babys schon im letzten Teil der Schwangerschaft Melodien wiedererkennen. Heißt für alle werdenden Mütter: Bitte singen Sie! Wenn Sie wollen, dass Ihr Baby ein Intelligenzbolzen wird. Lieber Beatles statt Beyoncé. Sie wissen doch, die Harvard-Studenten hören die Beatles. Fest steht: Der Hörsinn entwickelt sich sehr früh in der Schwangerschaft. Er ist der erste Sinn, der komplett ausgebildet ist, und der letzte Sinn, der geht, bevor wir sterben. Hier kommt der Text zum wichtigsten Beruhigungslied: »Weißt du, wie viel Sternlein stehen, an dem blauen Himmelszelt ...« Werden Sie gerade etwas müde? Dann siehe #2. Dann ändern wir das Motto in »Musik macht müde (außer manche)«, denn oftmals schläft der singende Papa eher ein als das Baby. Das lässt sich oftmals auch von richtig schön gesungenen Schlafliedern nicht beeindrucken.

#4. Durch Musik besser hören

Erwachsene, die eine gute Musikausbildung in ihrer Jugend genossen haben, können Geräusche in der Umgebung besser verarbeiten als musikalisch Ungeübte. Wenn Sie in einer Kneipe mit hohem Geräuschpegel noch die Stimme Ihres attraktiven Gegenübers im Alter hören wollen, werden Sie lieber in Ihrer Jugend musikalisch. Das hilft, einen Partner zu verstehen, wenn er fragt: »Zu mir oder zu dir?« Das kann sonst sehr peinlich für Sie werden.

#5. Musik trainiert das Gehirn und fördert soziales Verhalten

Von 1992 bis 1998 wurde die bisher umfangreichste Studie zu den Auswirkungen von Musikerziehung auf die Entwicklung von Kindern in Berlin durchgeführt. Einige Klassen bekamen wöchentlich zwei Stunden Musikunterricht. Diese Musikklassen wurden mit Klassen ohne Musikunterricht sechs Jahre lang verglichen. Der die Studie leitende Frankfurter Pädagogikprofessor Hans Günther Bastian sagte in einem Interview, dass man Musik nicht wie eine Zutat im Kochrezept einsetzen könne im Sinne von: »Man nehme Musik«. Es gebe nicht *die* Wirkung von Musik. Er sagte aber auch: »Musik macht sozialer.« In den Musikklassen gab es weniger ausgegrenzte Schüler. Musik ist das sozialste Medium überhaupt. Im Ensemblespiel muss man miteinander zusammenspielen, man ist aufeinander angewiesen, um schöne Musik zu erschaffen. Diese Studie hat auch festgestellt, dass Kinder, die ein Instrument lernen, intelligenter werden. Tatsächlich konnte man nach vier Jahren erweiterter Musikerziehung einen Zugewinn beim Intelligenzquotienten feststellen. Reicht Ihnen das? Musik macht schlau! Wenn Sie das nicht glauben, sind Sie wahrscheinlich *manche* …

Fakt ist: Musik fördert das Gehirn in komplexer Weise – beim Musizieren kommen Hören, Sehen, Fühlen, Tasten, Bewegung und Koordination, Imagination und Kreativität zusammen. Andererseits – am besten sollte man Musik nur aus der Liebe zur Musik machen. Wie eigentlich alles im Leben, oder?

Ohrwurm der Stunde

* »Ode an die Freude« von Ludwig van Beethoven

WAS DIE WEINSORTE KERNER MIT MUSIK ZU TUN HAT

ODER WAS EINE MAULTROMMEL MIT EINEM GLAS WEISSWEIN VERBINDET

Die Weinkenner unter Ihnen wissen sofort Bescheid. Es gibt eine Weißweinsorte namens Kerner, eine Kreuzung der Rebsorten Riesling und Trollinger, die nicht nach dem Fernsehmoderator Johannes B. Kerner benannt ist, sondern nach dem schwäbischen Arzt und Dichter namens Justinus Kerner, der 1862 starb. Wer war dieser Herr? Kerner kam aus dem schwäbischen Weinsberg, das mit der Geschichte von den treuen Weibern berühmt wurde. Als nach dem Bauernkrieg die Bauern dem König unterlegen waren, sagte dieser nur den Bauersfrauen freies Geleit zu. Diese durften nur mitnehmen, was sie tragen konnten. Weil sie sehr gescheit und treu waren, trugen sie ihre Männer aus dem Dorf. Was für eine schöne Geschichte! Und die Moral von der Geschicht: Liebe Männer, werdet nicht zu schwer, sonst können euch eure Mädels nicht mehr aus dem Dorf tragen.

Dieser Justinus Kerner war ein berühmter Arzt, denn er entdeckte den »Botulismus«, eine Fleischvergiftung durch Bakterien. Daher war er zu seiner Zeit nur als »Wurstkerner« bekannt und keiner dachte auch nur im Entferntesten an eine leckere Weinsorte. Dieser Herr aber liebte die Musik. Sein Herz schlug während seines Studiums für die psychischen

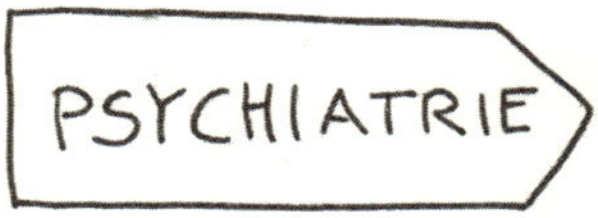

Probleme der menschlichen Seele und so praktizierte er vor 200 Jahren Schulmedizin mit alternativen Heilmethoden. Dazu nahm er die Maultrommel zu Hilfe. Kerner spielte verschiedene Melodien unterschiedlichsten Tieren und Menschen vor und beobachtete, was passierte. Das fand er spannend. Während seiner Studienzeit wohnte er in Ludwigsburg direkt neben dem Irrenhaus und muss dort mit der Musik einige Erfolge bei den Patienten gehabt haben, denn er forschte immer weiter. Diese Herrschaften mit Musik zu therapieren, war damals revolutionär. Sie galten als aussichtslose und nicht therapierbare Fälle. Aber Herr Kerner sah das anders. Damit legte er den Grundstein für die Musiktherapie, die damals als »psychosomatisches Medikament« verstanden wurde. Musik und die Poesie waren für Kerner eine Lebensnotwendigkeit. Das ist doch eine schöne Vorstellung, das nächste Konzert auf Rezept verordnet zu bekommen: Besuchen Sie bitte die nächsten drei Wochen lang 1x täglich ein Konzert und lesen Sie Gedichte, dann geht es Ihnen bestimmt besser.

Kerner muss ein sehr virtuoser Maultrommelspieler gewesen sein. Einige von Ihnen fragen sich vielleicht: »Maultaschen kenne ich, aber was ist eine Maultrommel?« Eine Maultrommel ist ein relativ einfaches, bis zu acht Zentimeter langes Instrument und besteht aus kleinen Stangen aus Eisen mit einer durchschlagenden metallischen Zunge, die im Maul, also im Mund, mit den Fingern gespielt wird. Sie können dieses Instrument relativ schnell grundlegend erlernen und eine Karriere als professioneller Maultrommelspieler anstreben, wobei bei diesem Instrument der internationale Durchbruch allerdings auch ein Einbruch werden könnte. Denn es gibt keinen einzigen professionellen Maultrommelspieler auf der Welt. Fragen Sie sich mal, warum.

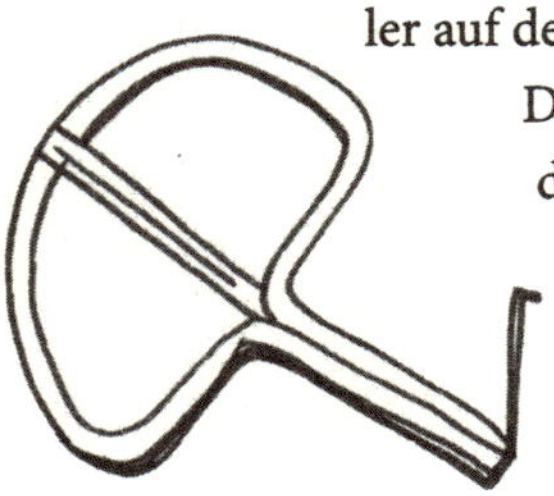

Die Maultrommel hat eine musikalische Besonderheit. Sie erzeugt beim Spielen einen durchgehend klingenden Ton. Über diesem Ton sind dann weitere Melodietöne zu hören, aber der eine, meist tiefe Ton, bleibt. In der Musik hat sich für einen durchgehenden Ton der Name

»Bordun« durchgesetzt. Man kann diesen Bordunton beim Spielen nicht ändern. Wie bei einem alten Ehepaar, wo das Grundrauschen, die großen Themen, auch immer gleichbleiben: Hätte ich mal den Richard geheiratet, dann würde ich jetzt nicht mit dir nach Osnabrück in den Urlaub fahren, sondern auf die Malediven. Borduntöne kennt man vom Dudelsack, da hört man immer ein paar Töne, die sich nicht ändern. Dadurch erklingen zwei Stimmen, obwohl man nur eine Stimme selber spielt.

Durch die Berühmtheit von Herrn Kerner wurde der Verkauf von Maultrommeln zu seiner Zeit im Schwabenländle massiv angeschoben und ein Azubi eines Musikladens namens Eulenstein begann daraufhin eine Karriere als Maultrommelvirtuose. Sogar Friedrich Schiller begleitete ihn auf der Gitarre. (Ja, der berühmte Schiller war auch ein Musiker.) Das Ende der Karriere des Herrn Eulenstein ist interessant: Ihm fielen irgendwann die Zähne aus und er verlegte Grammatikbücher. Was für eine Entwicklung!

Für die technisch Interessierten unter Ihnen: Es gab und gibt ein zweites Leben der Maultrommel. Das technische Prinzip der Tonerzeugung der Maultrommel wurde nämlich bei der Mundharmonika weiterentwickelt, und zack! war die Maultrommel musikevolutionär abgeschrieben. Die Mundharmonika ist lauter, hat einen größeren Tonumfang und ist vielfältiger einsetzbar. Ihre Vorgängerin taucht heute nur noch ab und zu auf Kindergeburtstagen als kurze Belustigung der Kleinen auf.

Herr Kerner aber wurde posthum und ungefragt als Namenspatron für eine Weinsorte herausgesucht, auf dass die Zungen der Welt fortan beim Namen Kerner nicht trommeln, sondern fachkundig schnalzen. Wenn Sie Ihr nächstes Glas Kerner trinken, werden Sie kurz an diese Geschichte denken und können Ihren Gesprächspartner beeindrucken, wenn Sie nebenbei bemerken: »Kerner ist die Weißweinsorte, die nach einem Maultrommelspieler benannt ist, der damit ein paar Verrückte gebändigt hat.«

Ohrwurm der Stunde

* »Griechischer Wein« von Udo Jürgens
* »Trink, trink, Brüderlein trink« von Wilhelm Lindemann

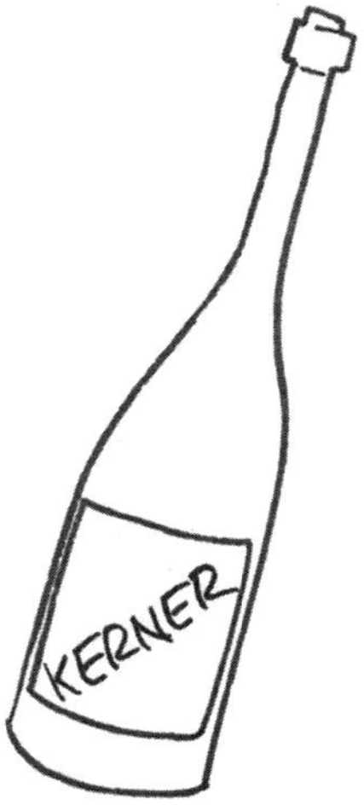

DER DJ

ODER WAS DER KOLLEGE MIT DEN KNÖPFEN MACHT

Für den klassischen älteren Musikliebhaber ist es nicht nachvollziehbar, warum junge Menschen sich zu Tausenden treffen und viel Eintrittsgeld bezahlen, um einem anderen jungen Menschen beim Betätigen von Start- und Stopptasten zuzuschauen. Für sie ist das ambitionierte Drehen an nicht einsehbaren Mischpulten sinnloser Quatsch. Nach dem Motto »Die Musik ist doch schon fertig.« Was tut der da jetzt so? Wofür feiern die Massen den ab? Das kann doch jeder. Das Berufsbild des DJs stößt auf blankes Unverständnis.

Schauen wir uns sein Betätigungsfeld genauer an. Wie können Sie DJ werden? Welche Voraussetzungen brauchen Sie? Wie bekommen *Sie* viele Menschen zum Tanzen durch das Drücken eines Startknopfes? Nun, zuallererst: Discjockey oder DJ ist kein geschützter Begriff, jeder kann sich so nennen. Auch Sie. Sagen Sie es gleich einmal laut: »Ich bin ein DJ.« Fertig. In der DDR hieß der DJ Schallplattenunterhalter, kurz SPU. Was sich anhört wie eine Partei, war tatsächlich die offizielle Berufsbezeichnung. Damals musste man sogar eine Prüfung ablegen als staatlich geprüfter Schallplattenunterhalter. Lustige Vorstellung, für das Drücken dieser Knöpfe von ein paar Schlipsträgern beurteilt zu werden. Die grobe Definition für einen DJ ist: Ein DJ spielt meist fremde Musik für ein ihm fremdes Publikum. Das Ziel ist es, die Leute zum Tanzen zu bewegen. Hört sich einfach an, kann aber sehr kompliziert sein. Standen Sie

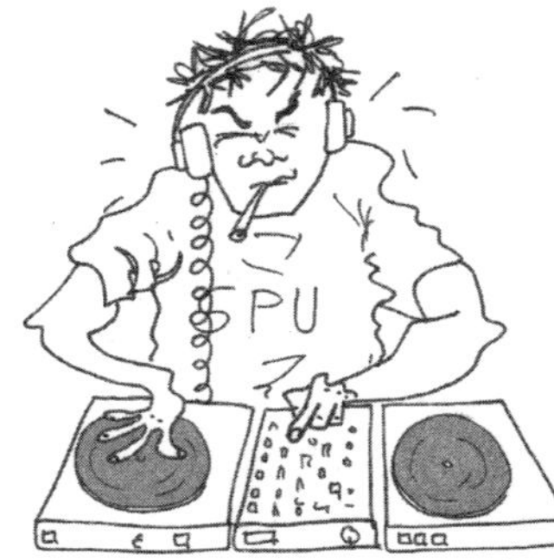

schon einmal vor 500 Menschen, die von Ihnen Großes erwarten? Ich meine *richtig* Großes? Und zwar das Drücken der Starttaste mit der richtigen Musik im richtigen Moment? Mit der Musik, die in diesem Moment passt? Vergessen Sie zuerst die Vorstellung, dass Sie da nur Musik spielen werden, die Ihnen gefällt. Sie sind Dienstleister, Sie sind der DJ, die Musik muss dem Publikum gefallen und nicht Ihnen. Und das sieben Stunden lang. Viel Spaß. Zuerst entscheiden Sie sich, was für ein DJ Sie sein wollen:

1. Club-DJ – 1a) in einem Underground Club oder 1b) in einer großen Disco
2. mobiler DJ für Hochzeiten, Geburtstage, Firmenevents oder Kindergartenpartys
3. Radio-DJ

Wenn Sie sich für die Karriere als Radio-DJ interessieren, sollten Sie sich um Ihre Stimme kümmern, sonst fällt diese Wahl flach. Weiter geht es. Warum wollen Sie DJ werden?

- ☐ Liebe zur Musik
- ☐ Knete
- ☐ Sex, Drugs und Rock'n'Roll

Kreuzen Sie an. Sie haben überall Ihr Kreuz gemacht? Respekt. Die Voraussetzungen stimmen.

Was braucht man als DJ für eine Ausrüstung? Gute Klamotten und einen coolen Gesichtsausdruck. Das coole Gucken üben wir jetzt zusammen. Und … cool genug? Gut, und was brauchen Sie technisch? Da hat sich die DJ-Gemeinde in zwei Lager gespalten. In der traditionellen DJ-Welt bedarf es zweier Plattenspieler und eines Zwei-Kanal-Mixers. Den Plattenspieler setze ich als bekannt voraus, den Zwei-Kanal-Mixer nicht. Der hat nichts mit einer Bar zu tun, in der man leckere Getränke gemixt bekommt, sondern es handelt sich dabei um ein Mischpult, mit dem man die beiden Plattenspieler mit Kabeln klanglich verbinden kann, um zwischen den beiden Plattenspielern beliebig hin und her zu wechseln.

Der andere Teil der DJ-Gemeinde ist jünger und schwört auf einen Laptop als alleiniges Arbeitsmittel. Das entlastet den Rücken, da man nicht 40 Kilogramm schwere Plattenkoffer durch die Gegend schleppen muss. Der Laptop entlastet sogar die handwerklichen Fähigkeiten, da er einem beim Mischen hilft. Besseres Handling, mehr Musikdateien und ein DJ-Programm namens *Traktor*. Der Name klingt altmodisch, ist aber topaktuell. Traktor. Die einen heizen damit über den Acker, die anderen heizen im Club ein. Das Programm macht fast alles selber, Tempo, Übergänge, Vorschläge für weitere Stücke. Sie müssen nur wissen: Wie geht der Computer an? Wie starte ich das Programm? Was soll das nächste Lied sein? Wo ist der Startknopf? Wo ist Stopp? Wie heißt die heiße Lady in der ersten Reihe?

Haben Sie schon einmal vor Menschen etwas aufgeführt? Solo gesungen, Blockflöte gespielt oder ein Gedicht vor der Oma aufgesagt? Mochten Sie das? Falls ja, ist der erste Auftritt als DJ schnell gemacht. Fragen Sie im Freundeskreis, ob Sie beim nächsten 30. (40., 50. …) Geburtstag auflegen können. Daraus wird sich dann, wenn Sie es gut gemacht haben, ein weiterer Job ergeben. Ansonsten war Ihr erster eben auch Ihr letzter Auftritt und das ist vollkommen in Ordnung. Nicht jeder ist für dieses Jetset-Leben gemacht.

Sie müssen als DJ vor allem stressresistent sein. Sie legen bereits auf, wenn noch keiner da ist und hören auf, wenn keiner mehr da ist. Das kann locker von 18 Uhr abends bis 3 Uhr früh gehen. Oft auch länger, wobei wir alle wissen: Am Ende ist merkwürdiges Volk auf der Tanzfläche. Die meisten von denen haben den Absprung nach Hause nicht geschafft. Eine Begleiterscheinung im DJ-Leben ist, dass Leute ungefragt zu Ihnen kommen, um, während die Musik laut läuft, musikalische Wünsche in Ihre Ohren zu brüllen. Dabei lösen sich gerne kleine feuchte Spucketröpfchen, die sich an Kleidungsstücken und Gesichtspartien langsam hinabhangeln. Lecker. Je später der Abend, desto größer die Tröpfchen und desto schlechter die Musikwünsche, die alkoholgeschwängerten Mündern entsteigen. Spiel doch mal »Die Schlümpfe«, und zwar sofort.

Dass Sie müde werden zu später oder früher Stunde, ist nicht zu befürchten: Die Reaktionen der Gäste auf Ihre Musikauswahl werden Sie zuverlässig massiv unter Adrenalin setzen. Es geht nicht um Sie persönlich, keine Angst. Sie sind dann als DJ in deren Augen einfach nur »Mist«, »'ne volle Pleite« und »haben es echt nicht drauf«. Berufsrisiko. Das Ziel ist es, dass Sie als DJ die Party führen. Sie sind der Chef. Auch wenn Sie arg beschimpft werden, gibt es die Möglichkeit, dass Sie nach einiger Zeit geliebt werden. Haben Sie etwas Geduld. Manchmal verliert man und manchmal gewinnen die anderen. Aber das wird sich von Party zu Party ändern.

Stellen Sie sich vor, Sie haben Tausende Musikdateien auf Ihrem Computer oder als analoger Freund ebenso viele Platten im Plattenschrank. Zwischenfrage: Sind Sie ein ordentlicher Typ? Wie ordnet der DJ seine Musik? Nach Lieblingsbands? Nach Genres? Nach Keine-Ahnung-einfach-so? Das wichtigste Kriterium neben dem Stil der Platte ist für einen DJ, der zum Tanzen auflegt, das Tempo. Daher finden Sie auf den Platten der Profis kleine Klebezettel mit Ziffern. Jedes Genre hat ein unterschiedliches Tempo. Hip-Hop liegt zwischen 70 und 110 bpm, *beats per minute*, also Schläge pro Minute. House und Techno sind etwas schneller zwischen 110 und 140 bpm. Drum and Bass ist noch schneller zwischen 140 und 190 bpm. Das gilt es zu beachten. Nach einem langsamen Hip-Hop-Track wird es schwierig sein, eine schnelle Drum-and-Bass-Nummer zu spielen, ohne dass das Publikum in Panik verfällt. Probieren Sie es lieber nicht aus.

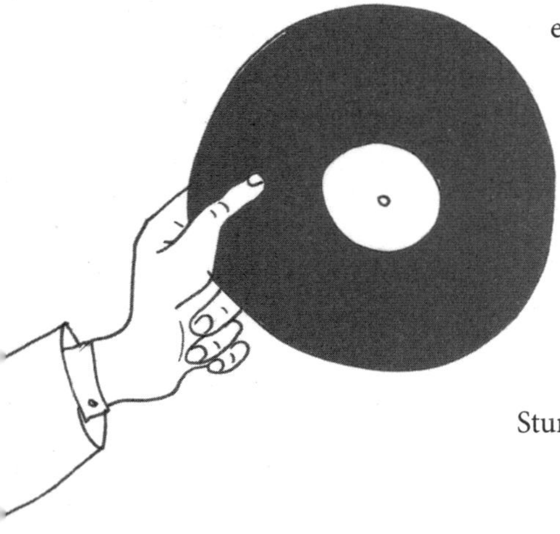

Hier kommt die Regel Nr. 1 für ein DJ-Set: Sie benötigen eine gute Dramaturgie im Set. Wenn Sie sechs Stunden Musik abspielen sollen, ist es nicht sinnvoll, alle großen Hits am Anfang zu spielen, wenn noch kein Publikum da ist. Am Ende spielen Sie noch »Dieser Weg wird kein leichter sein«.

Hier kommt die Regel Nr. 2 für ein DJ Set: Nicht nur Musik in einem Tempo spielen. Es ist besser, die Geschwindigkeit zu variieren, nur nicht allzu abrupt. Ansonsten schläft das Publikum ein und langweilt sich oder stirbt an einem Herzinfarkt. Kollektives Chaos kann spannend sein, aber auf Dauer nicht förderlich für die Karriere.

Hier kommt die Regel Nr. 3 für ein DJ Set: Die meiste neue Musik finden Sie in den einschlägigen Foren im Internet. Man kann sich an anderen Künstlern und DJs orientieren. Was legen die gerade auf? Wie gestalten die ihr Set? Denn keiner hat die Zeit, sich einen kompletten Überblick über die unzähligen Musiken zu machen.

Der Beruf des DJs hat sich mit der Zeit gewandelt. In den 1980er- und 90er-Jahren waren die Tänzer die Stars des Abends und nicht der DJ. Der DJ stand da eher im Dunkeln. Nun hat es sich gewandelt und die DJs werden die Stars des Abends und auf die Bühne gestellt.

Es heißt: Ein guter DJ kann den Tanzboden »lesen«. Er schafft es, durch seine spontane Musikauswahl und das Wissen um seine Musik, den Abend zu dirigieren. Es ist eine große Kunst, die Dramaturgie des Abends zu erschaffen. Jeder kann sich in kurzer Zeit das Mixen beibringen, aber diese Fähigkeit wird ihn nicht zu einem tollen DJ machen. Der Profi ahnt den Vibe des Abends und seines Publikums.

Es ist eine Kunst, in welchem Bereich auch immer, das Publikum zu unterhalten, ob die Regenbogengruppe aus dem Kindergarten oder das Berliner Hipsterpublikum, das die neuesten Tracks hören will. Wie steht es mit Ihnen? Wollen Sie es einmal ausprobieren, Musik aufzulegen? Jetzt haben Sie schon mal das Grundwissen dafür.

Ohrwurm der Stunde

* »Hyper, Hyper« von Scooter
* »Levels« von Avicii

DER UNSICHTBARE GROSSMEISTER DES DISCO

ODER WELCHE ROLLE EIN UNBEKANNTER IN IHREM LEBEN SPIELT – TEIL 1

Kommen wir zu einem besonderen Herrn. Dem Mann der Disco-Soul-Hits. Er wirkte an über 100 Millionen verkaufter Alben mit. Auf mehr als 1500 Platten ist er selbst zu hören. Er ist einer der ganz wenigen schwarzen Künstler, die sowohl beim schwarzen als auch beim weißen Publikum erfolgreich waren. Jeder, der in den 1970ern und 80ern gelebt hat oder die Musik aus dieser Zeit liebt, kennt seine Lieder. Er war der Erste, der Funk, schwarzen Soul und Disco verband und damit den Disco-Soul erfand. Wenn Sie eine Discokugel sehen, hören Sie unwillkürlich seine Musik: Hits wie »We Are Family« von Sister Sledge, »Le Freak« von Chic, »Upside Down« von Diana Ross oder Daft Punks »Get Lucky«. Er verhalf Madonna zu Welthits wie »Like A Virgin«, Duran Duran zu »Wild Boys«, David Bowie zu »Let's Dance« und war für Diana Ross' fulminantes Comeback mit »I'm Coming Out« 1980 verantwortlich. Die Liste seiner Kunden ist lang: Mick Jagger, Eric Clapton, Rod Stewart, Tina Turner, Aretha Franklin, Lady Gaga oder Michael Jackson. Mit seiner eigenen Band Chic schrieb er »Good Times« und »I Want Your Love«. Sein Name ist – tatata – Nile Rodgers er ist der unsichtbare Großmeister des Disco-Hits.

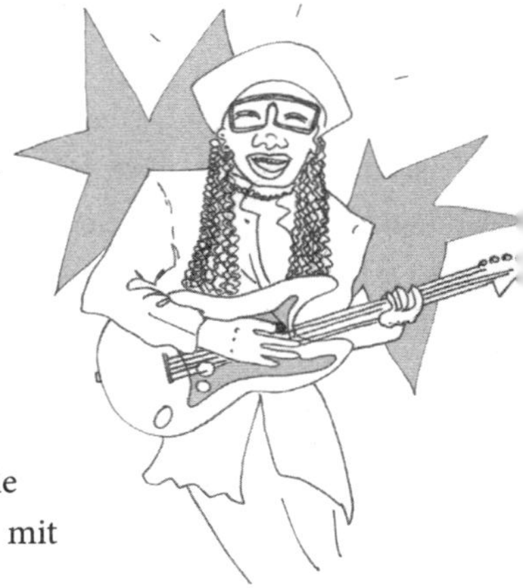

Sie denken: »Hä? Noch nie gehört.« Genau deswegen erzähle ich Ihnen das. Es gibt immer wieder Menschen, die hinter den großen Vorhängen der Popwelt ihre Arbeit machen. Einer von ihnen ist Rodgers. Obwohl er noch auf der Bühne steht und Konzerte spielt, stellt er sich selbst nie in den Mittelpunkt. Sein Credo: Arbeite mit Leuten, die du magst.

Der 1952 in New York geborene Nile Rodgers ist ein Allroundtalent. Produzent, Komponist und Gitarrist. Er hatte eine ausgesprochen komplizierte Kindheit, seine drogenabhängige Mutter brachte ihn auf die Welt, als sie 13 war, er war oft krank und verbrachte viel Zeit in Krankenhäusern. Die Beatles inspirierten ihn so sehr, dass er Musik machen und Gitarre spielen wollte. Sein erstes Lied, das er auf der Gitarre lernte, war »A Day In The Life«. Das war seine Rettung.

Der Mann hat die Angewohnheit, seine Gitarre, die auf den schönen Namen »Hitmaker« hört, eine Fender Stratocaster aus den 1960ern, mit ins Bett zu nehmen. Er hat sie seit 1973. Auf ihr hat er alle seine Lieder geschrieben. In einem Interview sagte Rodgers einmal: »Man ist nie einsam, wenn man Gitarre spielen kann.« Wenn die Gitarre in seiner Nähe sei, habe er keine Angst, so Rodgers. Das ist doch mal eine neue Therapie für Leute, die sich einsam und ängstlich fühlen. Kaufen Sie sich einfach eine Gitarre, lernen Sie sie zu spielen (siehe Kapitel »Schnell mal Gitarre lernen«), und schauen Sie, wie Sie sich danach fühlen. Nile Rodgers hatte ein chaotisches Leben und überstand Krebserkrankungen und Drogenexzesse. Dafür erscheinen sein Arbeiten und Denken umso gradliniger.

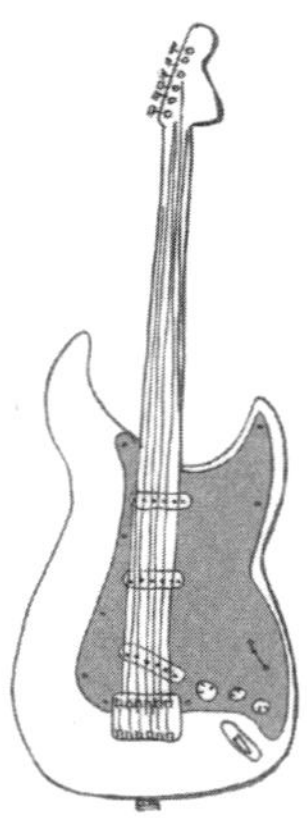

Er ist ein Musiker und Produzent vom alten Schlag. Bis zu den Beatles und den Stones entschieden Produzenten, Songwriter und Label-Bosse, welche Bands und welche Sänger welche Songs aufnehmen durften. Das wollte er ändern. Er schrieb immer erst Musik, nachdem ein Künstler auf ihn zugekommen war und er das Gefühl hatte: Der glaubt an mich. Danach kümmerte er sich um alles. Er schrieb die Musik, spielte sie ein, nahm sie auf und arrangierte sie. Der Star musste dann nur noch selber seine Stimme oder seinen Part einsingen bzw. spielen. Oft hat er nur ein einziges Mal mit einer Band oder einem Sänger zusammengearbeitet. Diese Alben waren dann häufig die erfolgreichsten der jeweiligen Künstler. An anderer Stelle erzählte er einmal, Madonna sei ein Opening Act für andere Künstler gewesen, bevor er ihr mit »Like A Virgin« einen Welthit auf den Leib produziert habe.

Eine Voraussetzung für große Karrieren ist angeblich das geringe Bedürfnis an Schlaf. Demnach muss Rodgers Weltstar sein. Angeblich schläft er nur zwei Stunden durch. Und trotzdem sprüht er vor Energie. Auf seinem Nachttisch liegt ein Aufnahmegerät, damit er neue Ideen auch nachts gleich festhalten kann. Selbst in seinen Träumen schreibt er Hits. Seine größten Hits sind ihm angeblich im Schlaf zugeflogen. Er hört in diesem Zustand fertige Musik. Passen Sie heute Nacht mal auf, wovon Sie träumen, vielleicht ist ja ein Hit dabei. Sie sind ja musikalisch.

Ohrwurm der Stunde

* »Good Times« von Chic/Nile Rodgers
* »Like A Virgin« von Madonna

DIE PLAYLIST FÜR IHRE PRIVATE PARTY

MITSINGHITS, FLOORFILLER UND WIE ICH MEINE HOMIES MUSIKALISCH IN STIMMUNG BRINGEN KANN

Musik lebt von der Kunst, vom Immergleichen überrascht zu werden. Profi-DJs, Bandmusiker, Alleinunterhalter, Karnevalisten und alle, die schon mal eine Party geschmissen haben, wissen Bescheid. Es braucht immer einen Beat, zu dem man sich gerne bewegt und der auch den überzeugtesten Tanzmuffel verführt. Die Liedauswahl, um einen Partyabend zum Laufen zu bekommen, sollte gut geplant sein. Da sind keine Experimente gewünscht, denn das verschreckt das Publikum. Keine Musik, die für Fragezeichen in den Köpfen sorgt. Der Hobby-DJ weiß, was alle mögen: ABBA geht immer. Das gemeine Publikum will von den immergleichen Songs überrascht werden. Die Menschen wollen einen Song erkennen und nach fünf Sekunden muss klar sein: Ja, dazu will ich tanzen und ich weiß sogar, der Nachbar tanzt mit. Das zeigt, ich habe guten Geschmack, nämlich so viel Geschmack wie die anderen im Raum. Es tanzt oder grölt selten einer alleine ekstatisch auf der Tanzfläche, wenn der Rest am Rand steht und denkt: »Was soll das jetzt?«

Bei einer Umfrage in einer zufällig ausgewählten Einkaufsstraße haben die Leute bei der Frage, welche Musik sie mit ihrem Leben assoziieren, immer nur mit Popsongs geantwortet. Kein Einziger nannte ein

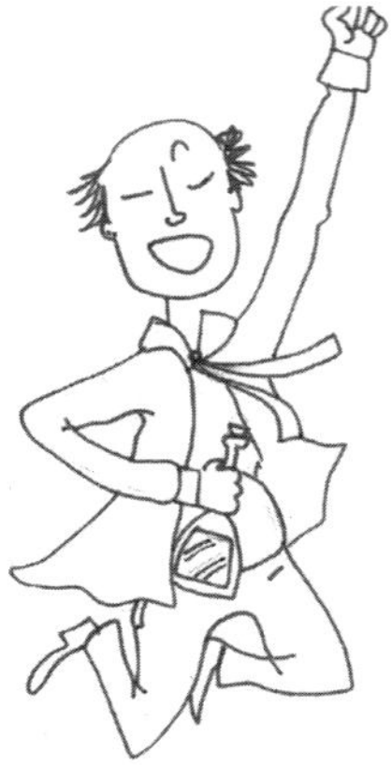

Lied aus der *Winterreise* von Schubert oder ein Streichquartett von Brahms oder Messiaen. Die ganze musikalische Entwicklung der letzten 500 Jahre – umsonst! Was sind Ihre wichtigsten Lieder des Lebens? Und? Da kommt garantiert auch bei Ihnen etwas mit Pop vor oder »Ich glaub, es geht schon wieder los«.

Schauen wir uns die konkrete Situation an: Bei einer Party wollen auf einmal alle tanzen. Was jetzt? Wie schaffen Sie es, alle Anwesenden von 9 bis 99 Jahren glücklich zu machen? Hier kommen die Songs, die von Hochzeits- und Geburtstags-DJs für alle Generationen eingesetzt werden, um eine Party zum Mitsingen und Tanzen zu bringen:

 # Mitsinghits

Bei den Liedern, die Sie textsicher mitsingen können, werden sich sicher die Geister scheiden. Für die einen ist der Shanty »Wir lagen vor Madagaskar« das absolut Passende oder »Im weißen Rössl am Wolfgangsee«, für die anderen geht das gar nicht und sie brauchen Westernhagens »Weil ich dich liebe«, »Moskau«, Kool & the Gangs »Celebration« oder Dr. Alban mit »Sing Hallelujah«. »Marmor, Stein und Eisen bricht« und »Anita« sind zwar alte Schlager, werden aber ebenfalls sehr gerne genommen. Udo Jürgens kann eh nie verkehrt sein mit »Aber bitte mit Sahne«, »Griechischer Wein« oder »Mit 66 Jahren«. Wenn es gar nicht anders geht, dann eben »Atemlos«, »Verdammt, ich lieb dich« und »An Tagen wie diesen« von den Toten Hosen. »Über sieben Brücken musst du geh'n« oder »Du hast den Farbfilm vergessen« kennt man noch immer. Gerne auch »Auf uns« von Andreas Bourani. Ein »Girls Just Want to Have Fun« von Cyndi Lauper oder Bon Jovis »Living on a Prayer« bringt den Laden zum Kochen. Diese Liste könnte unendlich fortgesetzt werden. Aber wenn Sie auch nur bei ein paar Titeln die ersten Töne innerlich mitsingen konnten, bin ich stolz auf Sie.

Tanzen im Wohnzimmer

Wenn die Leute tanzen wollen, dann gibt es sogenannte »Floorfiller«, also Titel, die die Tanzfläche sicher füllen. Beginnen wir mit »I will Survive« von Gloria Gaynor, »Billie Jean« von Michael Jackson oder »Could you be loved« von Bob Marley & the Wailers. Falls Sie denken, oh, da kenn ich keinen einzigen Titel – Sie müssen nicht alles kennen, lesen Sie es wie ein neues Gericht. Legen Sie los mit »Mercy« von Duffy und »Fresh« von Kool & the Gang. »Sex machine« und »I feel good« von James Brown kommt bei fast allen gut an. Earth, Wind and Fire sind mit »September« bei allen Partys mit dabei. Klar, »Sexbomb« von Tom Jones rockt die Bude. Auch ein »Ain't nobody« von Chaka Khan reißt die Stimmung in die Höhe. »Let me entertain you« von Robbie Williams ist seit Jahren auf der Pflichtliste der Party-DJs. Auch »Uptown Funk« von Mark Ronson feat. Bruno Mars darf nicht fehlen. Wenn es dann richtig knallen muss, na dann holen Sie halt die »Seven Nation Army« raus. Die jedes Haus oder Stadion rockt. Es gibt Titel, die über Generationen geliebt werden. Welche das von den heute aktuellen Hits sein werden, entscheidet das Publikum erst in den nächsten zehn Jahren. Aber einmal im universellen musikalischen Gedächtnis angekommen, bleibt er für immer. Und fürs Protokoll einmal die zwölf größten Hits von ABBA: »Dancing Queen«, »The Winner takes it all«, »Waterloo«, »Mamma Mia«, »Chiquitita«, »Money, Money, Money«, »Super Trouper«, »Knowing me knowing you«, »SOS«, »Take A Chance On Me«, »Fernando«, »Gimme! Gimme! Gimme!« Falls Sie auf der nächsten Feier nicht wissen sollten, was zu spielen ist. Jetzt wissen Sie Bescheid.

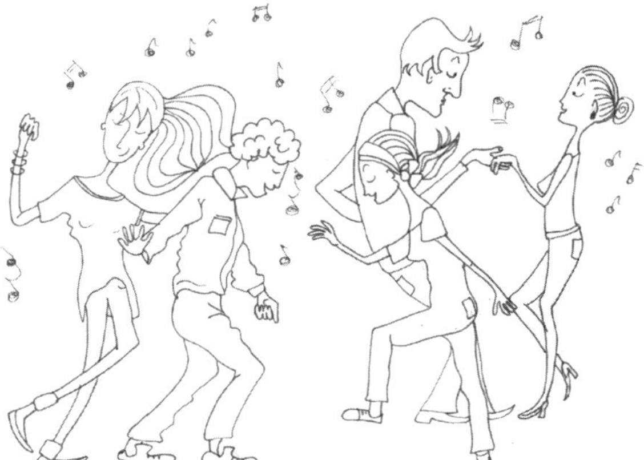

Meine persönlichen Top-Disco-Hits:

1.
2.
3.

DIE POPMUSIK

EINE KOMPRIMIERUNG DER LETZTEN 20 JAHRE

Wenn Sie am Morgen im Badezimmer Ihr Radio mit netten Popsongs anschalten, freuen Sie sich urplötzlich auf den Tag, auch wenn es erst 5.30 Uhr ist. Sie pfeifen die Melodien mit. Dadurch kommen Sie locker durch die nächsten zwölf Stunden, während Sie sich zum Beispiel pflichtbewusst vor einem Computer mit Problemen anderer Leute befassen. Die leichte Popmusik führt Sie da durch. Sie ist Ihr Begleiter. Sie war dabei, als Sie letzte Woche Geburtstag gefeiert haben, sie war dabei, als Sie sich gestern neue Schuhe gekauft haben, und sie war dabei, als Sie sich das Mittagessen zubereitet haben. So weit, so gut. Leider werden Sie, nachdem Sie dieses Kapitel gelesen haben, weniger Respekt vor dieser Popmusik haben. Das sind Risiken und Nebenwirkungen der Lektüre. Glücklicherweise vergessen wir sehr viel und nach ein paar Tagen werden Sie die Musik wieder genießen, versprochen.

#1 Ähnliches zieht Ähnliches an

Haben Sie sich vielleicht auch schon einmal gefragt, warum sich beim Suchen der Sender im Radio die Musik immer so gleich anhört? Dafür gibt es ein paar schlüssige Erklärungen. Unser Gehirn liebt vertraute Sachen. Deswegen gehen die meisten Menschen jeden Abend wieder zu sich nach Hause und schmieren sich ihr Käsebrot am selben Tisch wie am Tag davor. Genau das Brot mit genau der Butter von dem Hersteller und dem Käse aus dem bestimmten Laden. Immer gleich. Das gibt uns Sicherheit und Geborgenheit. Im Idealfall legen wir uns über eine längere Zeit abends auch noch neben denselben Bettnachbarn. Das, was für unseren Alltag gilt, gilt auch für die Lieder. Unser Gehirn mag vertraute Dinge, daher klingen viele Lieder ähnlich und ab dem ersten Hören vertraut. Das beruhigt uns, macht uns zufrieden und glücklich. Ähnliches zieht Ähnliches an. Wenn ein Lied mit einem ganz bestimmten Rhythmus und einer Art von Gesang mit einer ganz bestimmten Melodie und gewissen Akkorden erfolgreich war, dann wird es wahrscheinlich ein weiteres Lied, das so ähnlich klingt, auch sein. So ist das Kalkül und das klappt. Auch wenn wir ein neues Lied noch nie gehört haben, erkennen wir genug bekannte Dinge. Streng genommen ist die Musik ein einziger Remix. Alle klauen untereinander. Seit dem Barock bis heute. Das ist ganz normal. Es gibt eine Website namens www.thatsongsoundslike.com (Stand März 2021), da finden Sie die ähnlichen Popsongs. Und das sind mehr, als Sie denken.

#2 Die Texte

Haben Sie schon einmal etwas von dem »Flesch Reading Ease« gehört? Nein? Das ist ein Lesbarkeitsindex. Dabei rechnet man anhand einer Formel, die Satzlänge und Silbenzahl pro Wort berücksichtigt, die sogenannte Lesbarkeit eines Texts aus. Je höher der Wert, desto verständlicher ist der Text. Das geht von 0 für einen Text, den nur Albert Einstein verstehen würde, bis zum Wert 100, bei dem auch ein 11-jähriger Schüler, ohne sich arg den Kopf zu zerbrechen, mitkommt. Nun die schlechte Nachricht. Der Flesch-Wert von Popmusiktexten hat in den letzten 10 Jahren zugenommen, und was für Ihre Hüften nicht gut ist,

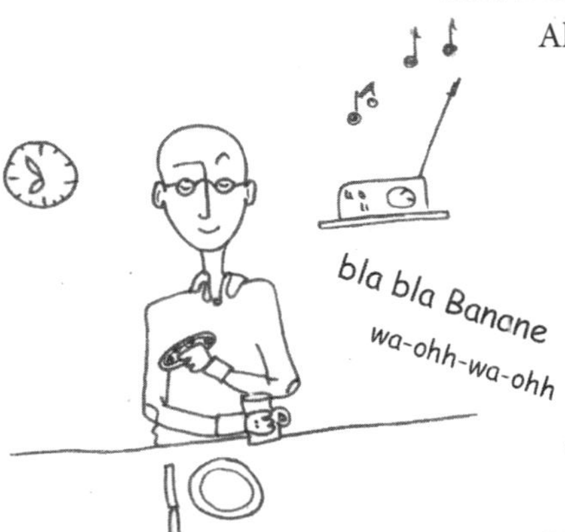

ist es in diesem Fall auch nicht für die Intelligenz. Es ist unwahrscheinlich, dass er je wieder nach unten geht. Das scheint fast so schwer wie Abnehmen auf Dauer.

Die meisten Hits werden im sogenannten »Track'n'Hook«-Verfahren geschrieben. Das heißt, erst kommt der elektronische Track und dann wird darauf die Melodie geschrieben mit der Hook, dem »Haken«, d.h. der Zeile, der Melodie, die einen Song im Gedächtnis fest verankert. Der restliche Text kommt erst zum Schluss dazu. Von ABBA bis Herbert Grönemeyer arbeiten viele Künstler am Anfang mit beliebigen Füllsätzen und schreiben danach erst den richtigen Text. Manchmal bleibt es auch beim Fake-Text, wie zum Beispiel bei Roxettes »The Look«. Da passt keine Zeile zur anderen. Roxette war das wohl bewusst, aber es war egal. Manchmal ist einfach der Zeitdruck bei der Produktion zu groß und man kann ahnen, dass es oft schwierig ist, noch mit Ach und Krach eine Bedeutung in den Text hineinzulegen. DJ Bobo hat das mal ganz freimütig in einem Interview gesagt: »Da haben wir einfach genommen, was uns in dem Moment vom Klang gefiel, die Bedeutung war egal.« Da lob ich mir doch die alten Schlagertexte – das waren wenigstens oft noch richtige Geschichten. Ich sag mal so: Kylie Minogues Hit »Can't Get You Out of My Head« hat die wundervolle Refrainzeile: la-la-la-la-la-la-la-la, la-la-la-la-la-la-la-la. Das kann sich jeder merken. Das wussten auch die Beatles, dass na na na eine gute Textzeile ist. »Na, na, na, na-na-na, na, na-na-na, na, Hey Jude.« Hier, haben Sie sicherlich gerade gedacht, war der Flesch-Index auch nicht sehr hoch. Korrekt. Führen Sie diese Liste gerne weiter. Nanana ist einfach zeitlos angesagt.

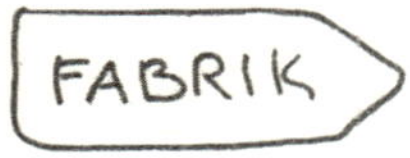

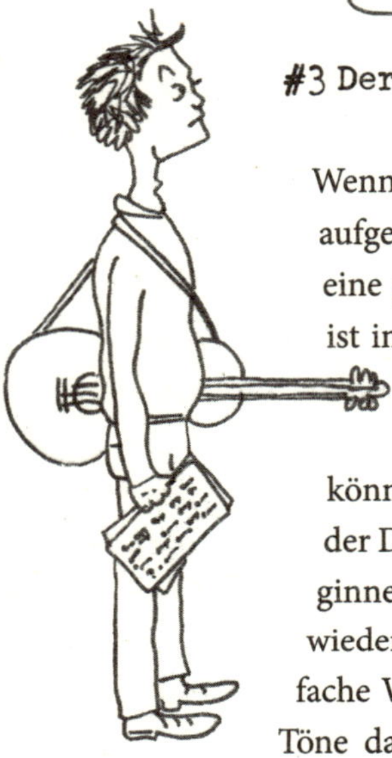

#3 Der Millennial Whoop

Wenn Sie aufmerksam zuhören, ist Ihnen vielleicht bereits aufgefallen, dass in vielen Popsongs der letzten 20 Jahre eine ganz bestimmte Tonfolge vorkommt. Diese Tonfolge ist in Deutschland bekannt durch den Beginn des Liedes »Der Kuckuck und der Esel«. Es geht nur um die zwei Töne »Der Ku-ckuck und der«. Musikalisch können wir diese Melodiephrase mit den Ziffern innerhalb der Dur-Tonleiter als 5, 3, 5 bezeichnen, typischerweise beginnend mit dem höheren Ton. Also Quintton, Terzton und wieder der Quintton. Es ist somit schlichtweg eine mehrfache Wiederholung zweier Noten. Allerdings werden diese Töne dann mit dem Text »Wa-oh-wa-oh« gesungen. Diese Tonfolge ist mittlerweile bekannt als »Millennial Whoop« (frei übersetzt: Jahrtausend-Schrei), da sie vermehrt ab der Jahrtausendwende in Popsongs verwendet und von Musikmanager Patrick Metzger so beschrieben wurde. Unzählige Lieder enthalten diese Sequenz, achten Sie gerne mal beim Radiohören darauf. Aushängeschild ist »In the Shadows« von The Rasmus.

Die coolen amerikanischen Popkomponisten wussten aber nicht, dass es dazu schon lange ein deutsches Volkslied gibt, neben sicherlich unzähligen anderen alten Liedern mit dieser Tonfolge. Sie denken noch, sie haben das erfunden. Lassen wir sie in dem Glauben. Bekanntes zieht Bekanntes an. »Wa-oh-wa-oh!«

#4 Komposition

Wer schreibt die Pop-Hits? Das Publikum macht sich selten Gedanken darüber, wer das Lied geschrieben hat. Es denkt sich, mein Lieblingskünstler schreibt seine Lieder sicher selber. Da muss ich Sie enttäuschen. Fast *keiner* singt, produziert und komponiert heute seine Nr.-1-Popsongs alleine. Das ist einfach zu viel Arbeit. Um ein Lied im Pop mit einem Interpreten zu produzieren und erfolgreich in den Musikmarkt zu bringen, braucht man eine Vielzahl von Spezialisten im Hintergrund – Produzenten, Toningenieure, Texter, Komponisten, Manager, Marketingexperten, Stylisten, Videomacher etc. Die Bands oder Solisten haben in der Popbranche viel weniger Einfluss auf das, was sie eigentlich interpretieren, als man gemeinhin denkt. Der Einfluss liegt in der Hand von Leuten, die die Vermarktung im Auge haben. Es geht darum, Images zu kreieren und Musik zu verkaufen. Nur noch in der rosaroten Traumwelt der jungen Leute ist es so, dass sich die Musiker der Band an einem schönen Ort, einem Haus am Meer, treffen und am Klavier Songs schreiben mit Texten aus ihrem Leben. Danach nehmen sie diese schönen Lieder in einem schönen Studio auf. Platte fertig, alles gut. Aber das gibt es in der Popwelt … nicht. Ich persönlich hänge selbst noch diesem Traum nach, bin aber deswegen auch nicht als Songwriter erfolgreich und weiß leider, warum. Musik wird produziert in sogenannten Pop-Fabriken. Popsongideen werden nicht auf Notenblättern notiert, sondern aufs Handy gesummt. (Lesen Sie die Kapitel über die unsichtbaren Großmeister des Disco und des Pop.) Die wenigsten Musiker und Sänger sind so talentiert wie Prince oder Lenny Kravitz, die ihre Musik allein geschrieben haben. Historisch gesehen gab es in den 1950er-Jahren mit Chuck Berry eine Ausnahme, denn er komponierte und interpretierte seine Songs selbst. Dann war Bob Dylan in den 60ern/70ern einer der ersten Musiker, der seine Songs selber geschrieben und gesungen hat. Vorher war es normal, anderer Leute Musik zu interpretieren. Elvis schrieb seine Lieder nicht selber, Frank Sinatra auch nicht. Sie alle hatten selbstverständlich Komponisten und Texter, die für sie arbeiteten. Dann kamen die Beatles und änderten die Popwelt für immer. Die Beatles schrieben und sangen selber.

Viele Hits werden heute auch in Deutschland in Songwriting Camps geschrieben. Und das geht so: Ein Musikverlag lädt Komponisten und Produzenten an einen schönen Ort ein und lässt sie in verschiedenen Teams Ideen für bestimmte Interpreten mit spezifischen Images finden. Dann hören sich die Auftraggeber alles an und steuern die Kreativität. Das sollte eher klingen wie der oder die oder anders oder genauso. Die späteren Sänger oder Stars sind normalerweise nicht dabei. Im Idealfall hat man am Abend schon ein Lied oder ein ganzes Album. Wie in einer Fabrik. Unter der Hand sagen die Songwriter, dass 70 Prozent ihrer Ideen im Papierkorb landen, aber wenn halt ein Titel wie »Atemlos« darunter ist, kann die ganze Bude durchgefüttert werden. Es gibt einen alten Spruch im Songwriter-Business: Verändere ein Wort im Liedtext und du bekommst ein Drittel der Tantiemen. Das wissen die Stars auch und schreiben sich einfach mit hinein, selbst wenn sie außer Kaffee gar nichts an dem Lied gekocht haben. In Deutschland gibt es etwa 50 hauptberufliche Songschreiber, die die Lieder für alle Stilistiken von Pop über Schlager und Volksmusik schreiben. Nehmen wir als Beispiel den bekannten Popsänger Max Giesinger. Er wurde von Jan Böhmermann in einer Fernsehsendung gefragt, ob er seinen Hit »80 Millionen« selbst geschrieben habe. Das bejahte er. Auf die Nachfrage, ob er das Lied ganz alleine geschrieben habe, meinte Giesinger: »Ich habe einen Kumpel, mit dem mache ich das zusammen.« In den Credits des Liedes stehen vier Autoren. Aber in der Außenwahrnehmung denken alle: Der Max macht alles allein, er bekommt nur wie alle halt etwas Hilfe. Wie in einer Fabrik. Da gibt es auch Arbeitsteilung. Der eine Spezialist bastelt den Beat. Der nächste Spezialist liefert die Topline, der nächste die »Hooks«. Teamarbeit ist bei der Entstehung von Drehbüchern für TV-Serien bekannt. Warum sollte das nicht genauso im Pop funktionieren? Die meiste Musik, die wir im Radio hören, ist so geschrieben und produziert worden. Im Team.

#5 Der Wiedererkennungseffekt

Auch wenn oder gerade weil sich viele der aktuellen Popsongs sehr ähneln – was kein Zufall ist, wie wir gesehen haben –, wird der kleine Unterschied umso wichtiger. Die entscheidende Refrainzeile, die sich einem gleich beim ersten Hören ins Gedächtnis schreibt, nennt man auf Englisch *Hook*, »Haken«. Für Laien ist das die Melodie, ein Text, den man nicht mehr aus dem Kopf bekommt. Die Zeile »Live is Life« ist eine Hookline oder »I can't get no satisfaction«, oder Rihanna mit: »Umbrella

ella ella, eh, eh« oder »17 Jahr, blondes Haar«. Die Bedeutung der Hookline wurde in den letzten Jahren immer wichtiger, damit ein Lied aus den tausend anderen Titeln heraussticht. Aufmerksamkeit ist ein so rares Gut.

Doch nicht erst der Refrain entscheidet über den Erfolg, also die Hookline, sondern bereits der Anfang des Liedes. Nach einer Sekunde muss der Song erkennbar sein. Sticht er gegenüber den anderen heraus? Ist der Sound so einzigartig, dass der Konsument das Lied erkennt? Und die Hookline kommt in den letzten Jahren immer früher im Lied. Da hat keiner mehr Zeit, eine Minute zu warten, bis es zum Refrain kommt. Das ist »Verdamp lang her«.

#6 Laut muss es sein

Ein Hit muss immer etwas lauter sein als die Konkurrenz. Wie schafft man das? Durch ein kleines Effektgerät namens Kompressor. Kennen einige vom Auto. Da gibt es auch einen Kompressor. Und so ähnlich ist das in der Musik. Der Kompressor macht die leisen Stellen lauter und damit die dynamische Bandbreite kleiner. Die Musik wirkt lauter. Der Unterschied zwischen den lautesten und leisesten Parts wird kleiner. Der Preis für die Lautstärke geht auf Kosten der kleinen, feinen, kreativen Dinge, die untergehen. Klingt nach Doping und das ist es auch.

#7 Der Signature-Song

Jeder Star hat einen Song, der ihn zu einem Superstar macht. Der sogenannte Signature-Song, das Markenzeichen. Frank Sinatra hatte »New York, New York«, Ray Charles »Hit the Road Jack«, Wolfgang Petry »Wahnsinn«, Rihanna hatte »Umbrella« und Jürgen Drews »Ein Bett im Kornfeld«. Ein Lied, das wie kein anderes für einen Star steht und ihn von allen anderen unterscheidet. Im großen Popgeschäft geht es um Hits und Hooks. Ein Song hat die Kraft, eine gesamte Karriere zu verändern. Das Lied »Like A Virgin« machte Madonna zum Star. Dabei weiß niemand beim ersten Hören, was ein Megahit wird. Keiner kann das voraussagen.

Aber es gibt aktuelle Trends und vielversprechende Macharten. Produzenten wollen natürlich gerne, dass ein bereits etablierter Star solch einen Titel zum Hit macht. Da freut sich dann der Songwriter. Auf der Suche nach dem Signature-Song sind einfach *alle*. Bis auf mich. Ich trinke lieber noch einen Tee. Wollen Sie auch noch einen?

#9 Risikominimierung der Plattenfirmen

Warum das alles? Weil es um eine Minimierung des Risikos geht. In den 1950er- bis 1990er-Jahren bekamen die Plattenfirmen Demobänder zugesendet. Und zwar Hunderte pro Woche. Sie nahmen dann die in ihren Augen talentiertesten Musiker unter Vertrag. Die Plattenfirma machte das Marketing und das Publikum wählte durch den Kauf der Platten, ob die Musiker durchstarteten oder doch eher am Boden blieben. Das war risikoreich. Aber meistens wurde ein Künstler sehr erfolgreich und konnte alle anderen unerfolgreichen Künstler in einer Firma mit durchfüttern.

Heute kostet die Promotion unglaublich viel Geld. Es werden Millionensummen investiert, um einen Künstler im Musikgeschäft global aufzubauen. Das gibt der Firma aber immer noch nicht die Garantie, dass es ein Erfolg wird. Schon interessant, da hat man die besten Marketinggurus in der Abteilung, die besten Produzenten und Ideengeber und trotzdem kann keiner vorhersagen, was klappt. Daher nehmen sie am liebsten ein fernsehbekanntes Gesicht und machen das bekannte Gesicht noch berühmter. Der Star ist dann auf allen Kanälen zu sehen und zu hören. Irgendwann kommt man an ihm nicht mehr vorbei. Das neue Lied kommt in einen Film, ist in

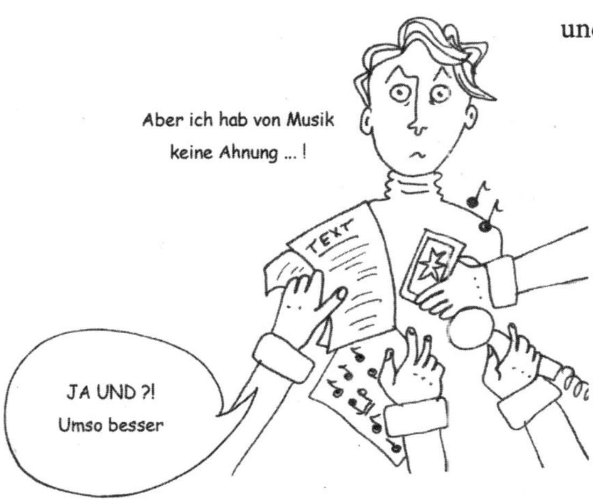

Kaufhäusern und Supermärkten am Start, in Werbungen und TV-Shows. Wenn wir einen Song oft hören, mögen wir ihn immer mehr. Das ist der Mere-Exposure-Effekt. »Happy« von Pharrell Williams ist ein gutes Beispiel dafür. Das Lied nahm seinen Anfang in einem Film und wurde groß.

Es wird heute nahezu keine Band mehr mit ihren eigenen Songs unter Vertrag genommen. Das ist viel zu riskant für das große Musiklabel. Die Musik als Kunst hat ausgedient, es zählt vor allem der Kommerz. Das sind im Grunde genommen Banker, die in Risikokapital investieren. Und die Start-ups sind die Künstler.

Da draußen gibt es eine große Welt mit spannender neuer und kreativer Musik. Nur bekommen Sie die nicht im Mainstream-Radio zu hören. Dort muss das Geld verdient werden, um neue Künstler aufzubauen. Sie als Publikum haben aber ganz andere Möglichkeiten. Sie können in die kleinen Klubs und Konzertsäle gehen, da werden Sie Musiker finden, die ihre eigene geliebte und handgemachte Musik spielen. Ohne Industrie.

Schlussendlich ist die Fabrik-Popmusik in den letzten 20 Jahren lauter, schneller, kürzer geworden, die Texte sind einfacher, die Melodien simpler. Weil Algorithmen das so berechnet haben, um uns zu gefallen. Echte Instrumente entfallen, Computer haben übernommen. Und doch gibt es Hoffnung. Wir können entscheiden, was wir hören. Vielleicht ändert sich ja auch der Musikgeschmack wieder. Dann hört man wieder einmal ein zweiminütiges Gitarrensolo in einem Hit und ich lehne mich dann zurück und sage: »Ich habe es gewusst.«

Ohrwurm der Stunde

* »Sternenhimmel« von Hubert Kah
* »Da, da, da« von Trio
* »Hit the Road Jack« von Ray Charles
* »Black or White« von Michael Jackson

DER UNSICHTBARE GROSSMEISTER DES POP

ODER DIE GESCHICHTE VON EINEM, DEN ALLE KENNEN, NUR NICHT SEINEN NAMEN – TEIL2

Denken Sie an einen Großmeister. So wie Magnus Carlsen im Schach oder Magic Johnson im Basketball oder Lothar Matthäus, okay, an den vielleicht doch lieber nicht. Aber an einen, der sein gesamtes Genre prägt. Seit 20 Jahren. Wer fällt Ihnen da im Pop ein? Wer hat 22 Nummer-1-Hits auf seinem Konto? Wer hat schon 58 seiner Songs in den Billboard Top 10 platzieren können? Wer schreibt und produziert die perfekten Popsongs für Justin Bieber, Ed Sheeran, Britney Spears, Adele, Backstreet Boys, Céline Dion, Bon Jovi, Maroon 5, Pink, Katy Perry, Westlife, Justin Timberlake, Will.i.am u.a.? Kurz, für die Crème de la Crème der Popmusik? Wer ist der erfolgreichste Popproduzent der Gegenwart? Der Poptitan unserer Zeit ist nicht, wie einige RTL-Zuschauer jetzt denken werden, Dieter Bohlen, sondern der schwedische Songwriter Max Martin. Sie werden diesen Namen möglicherweise noch nie gehört haben und denken, das denkt der Herr Reuter sich ganz sicher aus. Aber spaßeshalber sollten Sie mal diesen Namen in eine Suchmaschine eingeben und staunen. Ich habe arg gestaunt. Nur Lennon/McCartney haben mehr Hits.

Der 1971 geborene Schwede ist der Hitmacher schlechthin. Er war zwischen 1999 und 2017 zehn Mal »Songwriter of the year«. Hat viele

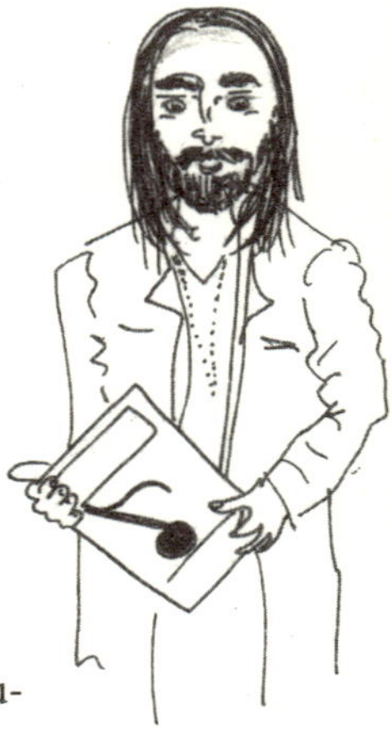

Grammy Awards und ist auf der *Rolling-Stone*-Liste der besten Songwriter aller Zeiten auf Platz 41 gelistet. Er kommt aus Schweden. Das sagt schon mal einiges aus. Er wurde als Martin Sandberg geboren und begann als erstes Instrument Waldhorn in der Musikschule von Stenhamra, auf einer Insel westlich von Stockholm, zu spielen. Da haben wir es, liebe Leser. Eine kleine Musikschule ist der Ausgangspunkt für diese Weltkarriere. Schicken Sie Ihr Kind in die Musikschule und lassen Sie es Waldhorn lernen. Sie wissen nicht, wozu es mal gut ist.

Max Martin produziert und schreibt seit 30 Jahren Hits. Eine große Kunst. Alle kommen zu ihm. Er hat, wie einige Kritiker schreiben, das Talent zur Unauffälligkeit. Er ist keine Rampensau und gab in den letzten 20 Jahren ganze drei Interviews. Der große Mann im Hintergrund. Wie kam es dazu?

Für seinen Werdegang war noch ein anderer Produzent entscheidend. Auch ein Schwede mit dem Namen Denniz PoP. Der war schon in den 90ern eine große Nummer im Musikgeschäft. Max Martin begann, als Praktikant bei Denniz PoP zu arbeiten, und stieg auf. Zusammen haben die beiden fast zehn Jahre lang die weltweite Popmusik geprägt. Das Studio der beiden stand in Stockholm und die Stars kamen vorbei. Ihre Rhythmen wurden sogar nach dem Namen des Studios benannt – Cheiron Beat. Der erste Nummer-1-Hit der beiden war »All That She Wants« von Ace of Base.

Schweden. Ein musikalisch höchst erfolgreiches Land. ABBA, Roxette, The Cardigans oder Ace of Base. Sechs Mal gewannen die Schweden den Eurovision Song Contest. Das haben wir in Deutschland noch lange nicht geschafft, obwohl wir viel mehr Einwohner haben. Aber leider keinen Max Martin, nur Ralph Siegel.

#Das musikalische Geheimnis

Was macht seine Musik so erfolgreich? Denniz PoP und Max Martin begannen in den 90ern, Mainstream-Pop neu zu definieren. Sie mischten »weiße« europäische Melodien mit »schwarzen« amerikanischen Rhythmen und feierten die Einzigartigkeit eines Stückes ab dem ersten Takt. Sie waren der Meinung, dass der Song schon ab der ersten Sekunde unverwechselbar sein muss. Traurigerweise verstarb Denniz PoP 1998 an Krebs und Max Martin machte alleine weiter. Er zog zwei Jahre später nach Kalifornien, denn die Songwriter-Hauptstadt ist immer noch Los Angeles.

Der sogenannte Max-Martin-Sound ist eine klassische Strophe-Refrain-Songstruktur mit großem Ohrwurmpotenzial. Es gibt oft mehr als eine »Hookline« im Song, d.h. mehr als einen »Haken«, der als Ohrwurm im Kopf bleibt. Der amerikanische Journalist John Seabrook analysierte Martins Musik und stellte fest, dass er Dur- und Moll-Akkorde vertauscht und dadurch fröhliche Lieder traurig und traurige Lieder fröhlich klingen lässt, um Spannung zu erzeugen. ABBA waren darin auch super. Lieder wie »The Winner Takes It All« oder »Thank You For The Music« zeigen dieses Prinzip, Max Martin entwickelte es weiter. Außerdem kam Martin zu der Überzeugung, dass ein Lied alle sieben Sekunden eine kleine Überraschung braucht, da sonst die Aufmerksamkeit nachlässt. Er begann, den Text nur als Rhythmus oder Garnitur anzusehen, dessen Sinn zweitrangig ist. Seiner Meinung nach geht es um Rhythmen und die angesagten Sounds. Er meint, dass es keinen interessiert, worüber eine Band singt. Dem Klang der Wörter zu lauschen, steht im Vordergrund, nicht deren Bedeutung. Da werden zwar jetzt einige Leser vehement widersprechen. Aber für die Bedeutung von Texten gibt es andere Genres als die Popmusik. Max Martin machte Britney Spears mit »… Baby One More Time« berühmt. Könnten Sie mir sagen, worum es in dem Titel thematisch geht?

#Team

Natürlich schafft man so eine Hitmaschine nicht alleine. Max Martin hat ein großes grandioses Team um sich herum aufgebaut, das mit ihm komponiert, aufnimmt, abmischt und mastert. Seine Arbeitsweise wurde verglichen mit den Malerwerkstätten aus vergangenen Jahrhunderten. Fleißige Schüler erledigen die Routinearbeit und er ist für die finalen Details und großen Richtungen zuständig. Normalerweise gibt es ein ungeschriebenes Gesetz, nach dem ein Songwriter nur sechs bis sieben erfolgreiche Jahre hat, bevor es den nächsten großen Hype um den nächsten großen Sound und Songschreiber gibt. Aber Max Martin bleibt am Ball. Bis heute. Er ist die graue Eminenz des Chart Pop. Damit Sie es mir glauben, hier sieben große Hits vom Meister:

»... Baby One More Time«	Britney Spears 1998
»I Want It That Way«	Backstreet Boys 1999
»It's My Life«	Bon Jovi 2000
»I Kissed a Girl«	Katy Perry 2008
»Shake It Off«	Taylor Swift 2014
»Send My Love«	Adele 2015
»Can't Stop The Feeling«	Justin Timberlake 2016

ORDNUNG IN DER MUSIK SCHAFFTE HERR K.

OPUS UND DAS KÖCHELVERZEICHNIS

Jeder kennt das Problem, Ordnung zu schaffen. Die einen mehr, die anderen weniger. In der Handtasche, im Leben, im Auto, in der Spülmaschine, im Kleiderschrank. Und natürlich Ordnung im Plattenschrank, im CD-Regal oder in der Playlist. Wie ordne ich die Musik, alphabetisch, nach Genre oder nach Lieblingskünstler oder gar nicht? Fragen über Fragen, die auch Komponisten beschäftigten und beschäftigen. Der erste Kollege, der Ordnung in seine Kompositionen brachte, war Wolfgang Amadeus Mozart. Mozarts weitsichtiger Vater legte bereits 1768 ein erstes Verzeichnis der Werke seines Sohnes an, da war das Wunderkind gerade mal zwölf Jahre alt. Wolfgang selbst führte ab 1784 ein handschriftliches Verzeichnis seiner Werke. Er hatte damals, das kann man sich gar nicht mehr vorstellen, keinen Computer. Der schrieb das noch mit der Hand! Ein echter Nerd. Sein Verzeichnis war allerdings unvollständig, da er Gelegenheitswerke und Fragmente nicht mit aufnahm. Insgesamt soll er über 600 Werke komponiert haben, obwohl er sich 1791 mit 35 Jahren schon aus der Welt verabschiedete. Fleißiger Mensch.

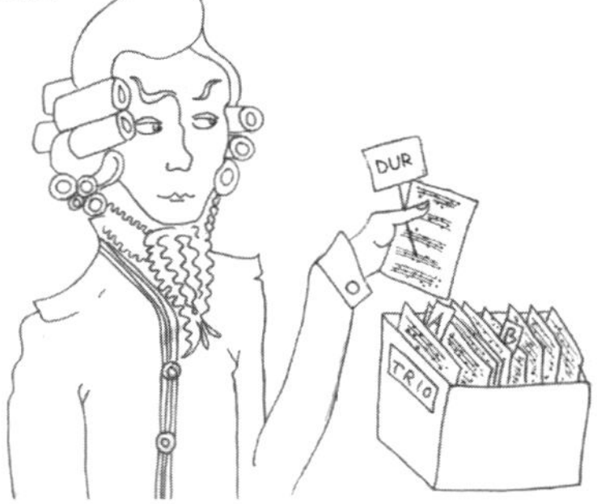

Der Erste, der Mozarts Musik ordnete, war 71 Jahre nach dessen Tod ein Herr namens Ludwig von Köchel. Köchel war Jurist, interessierte sich für Musik und war ein großer Mozart-Fan. Er hegte den Wunsch, Mozarts Werk vollständig zu katalogisieren. Auf so eine Idee kommt echt kein Musiker. Ein Glück, dass es diese ordentlichen Juristen gibt. Köchel sammelte alle Informationen, die er über Mozart kriegen konnte, und nummerierte die Werke chronologisch. 1862 war es vollbracht. Auf 551 Seiten ordnete er das Lebenswerk des Meisters – ganze 626 Kompositionen. Das war auch nötig. Mozart hat beispielsweise über 20 Sinfonien in D-Dur komponiert. Da war einige Verwirrung angesagt, welche Sinfonie man als Musiker üben sollte. – Ich dachte, diese D-Sinfonie?! – Nein, ich meinte aber diese. Und schon sitzen die Läufe der Geigen in der ersten Probe nicht.

Ludwig von Köchel nummerierte die Werke nach ihrer Entstehungszeit von »Opus 1« bis »Opus 626« (wobei »Opus« nichts anderes als das lateinische Wort für »Werk« ist). Komplett lautet die Abkürzung also zum Beispiel »KV Op.1«. KV steht für das Köchelverzeichnis. Zurzeit ist die 8. Auflage des Köchelverzeichnisses zu erhalten. Die Nummerierungen wurden im Laufe der Zeit immer mal wieder geändert, da Musikwissenschaftler neue Erkenntnisse aus der Forschung einfließen ließen.

Mozart und Köchel waren natürlich nicht die einzigen, die sich dafür interessierten, Werke zu katalogisieren. Seit dem 17. Jahrhundert gab es erste Versuche. Im Grunde aber haben Musikverleger den Stein ins Rollen gebracht. Um das Werk der Komponisten zu ordnen, vergaben die Verleger Opuszahlen, vor allem, damit sich Notenkäufer orientieren konnten. Beethoven war der erste Komponist, der sich nicht nur als »Tonsetzer« oder Handwerker begriff, sondern als Künstler. Seine Musik sollte die Menschheit in ihrem Streben zum Besseren, Edlen bestärken. (Ich glaube, da sollten noch ein paar mehr Menschen Beethoven hören.) Beethoven war auch der Erste, der den Verlegern seine Opuszahlen diktierte. Aber wie das so ist, wenn die Musiker es selbst machen und es nicht Juristen und Verlegern überlassen: Die Zahlen bei Beethoven sind etwas merkwürdig. Er hat einige Werke gar nicht mit Opuszahlen versehen. »Für Elise«, sein berühmtestes Klavierstück wurde zum Beispiel von ihm nie veröffentlicht. Das Stück hat der Meister nicht als wichtig empfunden. Die Nachwelt schon.

Seit der Romantik nummerieren die meisten Komponisten ihre Werke durch, unabhängig davon, ob sie gedruckt wurden. Bisweilen wurden von Musikverlegern allerdings willkürlich hohe Opuszahlen vergeben. Damit zielten sie darauf ab, eine hohe Werkanzahl und Reife des Komponisten vorzugaukeln. Heute vergeben die wenigsten noch Opuszahlen. Da wollen die Komponisten eher Klickzahlen. Was wohl Köchel dazu sagen würde?

Ohrwurm der Stunde

* Andante für Cembalo C-Dur, KV 1a, von Wolfgang Amadeus Mozart
* Klaviertrio Es-Dur, op. 1,1 von Ludwig van Beethoven

AUCH KÄSE IST MUSIKALISCH!

ODER EINE VERRÜCKTE IDEE

Es gibt verrückte Ideen, die aber viel Spaß machen. Ein Fallschirmsprung, obwohl das Flugzeug völlig intakt ist, oder Klettern ohne Seil. In diese Kategorie gehört die Frage einiger Schweizer Forscher, die wissen wollten: Was passiert, wenn man einen Käselaib sieben Monate lang mit Musik beschallt? Lässt sich der Käse von bestimmten Musiken beeinflussen? Ist es einem Stück Emmentaler vollkommen schnuppe, ob er Mozart oder Eminem hört, oder passiert etwas? Und falls ja, ist er ein Klassikfreund, Rap-Fan oder Volksmusikliebhaber? Wie findet man das heraus? Nun, die armen Käse mussten sieben Monate dieselbe Musik hören. Sie mögen vielleicht einwenden, das grenzt an Körperverletzung, wenn man so lange ungeliebte Musik vorgesetzt bekommt. Aber der Käse hat keinen Widerspruch eingelegt.

Angefangen hat die Geschichte übrigens in der Hochschule der Künste in Bern. Ausgehend von der Beobachtung, dass Menschen und Tiere auf äußere Einflüsse wie Musik reagieren, stellten sich die Studenten die Frage: »Warum sollen Schallwellen nicht auch die Mikroorganismen im Käse beeinflussen?« Sie fanden einen Tierarzt und Hobbykäsehändler. In seinem unterirdischen Käselager in Burgdorf beschallte dieser den Käse mit Musik. Sieben Monate reiften die Käselaibe jeweils in getrennten Holzkisten, in denen die Schallwellen der Musik direkt auf den Käse geleitet wurden. Gespielt wurde Mozarts *Zauberflöte*, Rock in Form von

Led Zeppelins »Stairway to Heaven« und Hip-Hop von Eminem. Danach wurde es spannend. Der Tag der Entscheidung nahte. In einer Blindverkostung wurden die Käse probiert. War das alles totaler Blödsinn oder eine geniale Idee? Das Ergebnis war überraschend: Käse lässt sich tatsächlich von Schallwellen beeinflussen. Seine Lieblingsmusik? Hip-Hop. Und zwar je tiefer, desto besser. Der mit Hip-Hop beschallte Käse wurde als der fruchtigste von allen gekürt.

Da stelle ich mir die nächsten Marketingkampagnen in den Supermärkten vor: Die coolen Hip-Hopper bekommen dann den Hip-Hop-Käse verkauft. Die »Drake-Edition«, die »Eminem-Variante« oder den »Sido-Style«. Da die Hip-Hop-Kultur gerne die Konkurrenz beschimpft, können sie alle anderen Käsesorten dann unflätig »dissen«. »Vergiss den Gouda, ich bin lauda.« Ich bin gespannt auf die Vermarktungsideen.

Für Wissenschaftler ist es plausibel, dass die Frequenzen der Musik Wirkung auf die Schwingungen der Membrane bei den Mikroorganismen haben. Biotransformation nennt man das. Im Grunde sind wir Menschen ja auch nichts anderes als ein Haufen Mikroorganismen, die mal mehr, mal weniger gut zusammenarbeiten. In Indien haben Forscher 2015 nachgewiesen, dass Musik Einfluss auf Mikroorganismen hat. Fast alle waren durch den Einsatz von Musik teilweise um 40 Prozent mehr gewachsen. Fakt ist, dass durch tiefe Frequenzen beim Käse die meisten freien und gebundenen Aminosäuren und mehr Aromastoffe festgestellt wurden. Schalten Sie in Ihrem Kühlschrankkäsefach die Beats ein und schauen Sie, was passiert! Alle Käsesorten wurden noch nicht durchprobiert, aber ein Ergebnis lässt sich sicher voraussagen. Alle Käse sind musikalisch – außer manche.

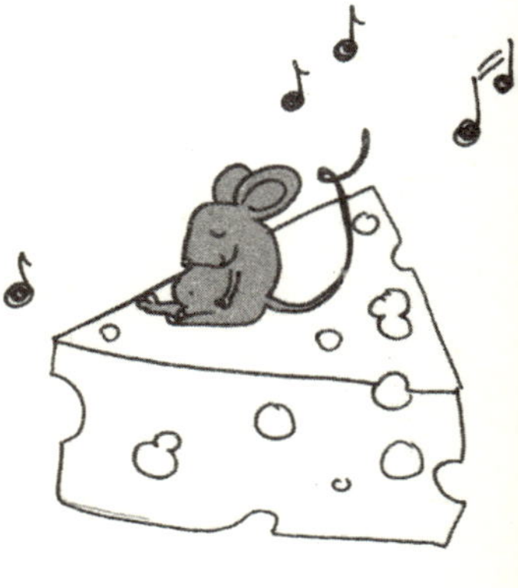

Ohrwurm der Stunde

* »Polonäse Blankenese« von Gottlieb Wendehals mit dem Refrain: »Hier fliegen gleich die Löcher aus dem Käse«

WIE HÖREN SIE MUSIK?

UND WAS DAS ÜBER SIE SAGT

Wie hören Sie zu Hause Musik? Haben Sie noch einen CD-Player im Wohnzimmer? Ja? Dann weiß ich, wie alt Sie sind. Keine Angst, ich sag es niemandem. Erst wenn Sie noch Kassetten kaufen, sind Sie richtig alt. Die Generationen X oder Y haben das analoge Zeug nicht mehr, Z kennt es gar nicht. Sie hören ausschließlich digital. Man kauft keine Tonträger mehr, man streamt. Wenn Sie als jung gelten wollen, wobei das kein Qualitätskriterium ist, dann sagen Sie: »CD-Player? Was ist das? Was für die Küche?« Ewige Jugend sei Ihnen gegönnt.

Ja, ich habe früher in meiner Jugend auch Kassetten gekauft, und zwar leere Exemplare. Um sie mit meiner Lieblingsmusik zu bespielen. Die Kassette wurde dann als sogenanntes Mix-Tape der Angebeteten überbracht. Ja, das habe ich gemacht, auch wenn ich das auf einer Party vehement bestreiten würde. Damals gab es noch die Freiheit des unkontrollierten Hörens. Auf Kassette, Schallplatte oder CD hörte ich Musik, ohne durch Streamingdienste überwacht zu werden, ohne Statistik. Wie oft ich mir Peter Gabriels Album *So* reingezogen habe, hat keiner kontrolliert – nur meine genervte Familie wusste es. Es ging mir vor allem um eine ganz bestimmte Schlagzeugstelle. Die hörte ich mir wieder und wieder an in dem tollen Song »Sledgehammer«. Das Lied ist immer noch der absolute Hammer für mich. In Zeiten der heutigen Statistiken, Kontrollen und der abstrusesten Algorithmen wird dieser emotionale und persönliche

Bereich unseres Lebens komplett analysiert. Selbst in wen wir uns verlieben, wird heute erfolgversprechend mit einem Algorithmus errechnet. Dann weiß der Computer bis in alle Ewigkeit, mit wem Sie was geschrieben oder getrieben haben oder halt nicht. Wenn Sie dann 25 Jahre später Bundeskanzlerin werden wollen, könnten Sie mit SMS-Konversationen verflossener Liebespartner konfrontiert werden. Na, das wird ein lustiger Wahlkampf.

Früher konnten Sie das Album der Kastelruther Spatzen stundenlang hören und vor Ihren Rockerfreunden lässig behaupten, Sie hätten sich die Foo Fighters reingezogen. Für die älteren Zeitgenossen unter Ihnen: Die Foo Fighters sind eine erfolgreiche Band aus Amerika mit dem Ex-Schlagzeuger von Nirvana als Sänger. Wenn Sie Nirvana für einen Platz im Paradies und nicht für eine Band halten, kann ich leider nicht weiterhelfen.

Diese paradiesische Zeit ohne Kontrolle der Hörgewohnheiten ist Vergangenheit. Alles wird aufgezeichnet. Wenn ich mein Musikhörprogramm öffne, zeigt mir der Computer auf die Minute genau an, was ich wann wie oft gehört habe. Am Ende des Jahres gibt er exakt an, wie viele Minuten ich welche Musik konsumiert habe. Wenn Spotify Ihnen sagt: »Du hörst 64 Prozent häufiger unbekannte Künstler als der durchschnittliche Spotify-Hörer«, sagt das einiges über Sie aus. Sie sind ein Nerd! (Wenn Sie dann allerdings nur noch die Spotify-Vorschläge hören, die alle Nerds gerne hören, dann ist es mit der echten Nerdigkeit schnell vorbei.)

Wenn die digitale Welt alles weiß, was hören dann die meisten Nutzer von Streamingdiensten? Interessanterweise schnitten auf diesen Plattformen in den letzten Jahren männliche Rapper besonders gut ab. Meine Schlussfolgerung daraus ist: Entweder die Konsumenten sind zum großen Teil männliche Jugendliche bis 25 Jahre oder die Mädels hören heimlich auch Rap, was sie »niemals« und »auf gar keinen Fall« und »sag mal hast du sie noch alle« offiziell zugeben würden; oder die Rapper haben eine große Fangemeinde quer durch alle Altersgruppen und Geschlechter und selbst Mozartpuristen feiern heimlich obszön schimpfende Jungrapper ab.

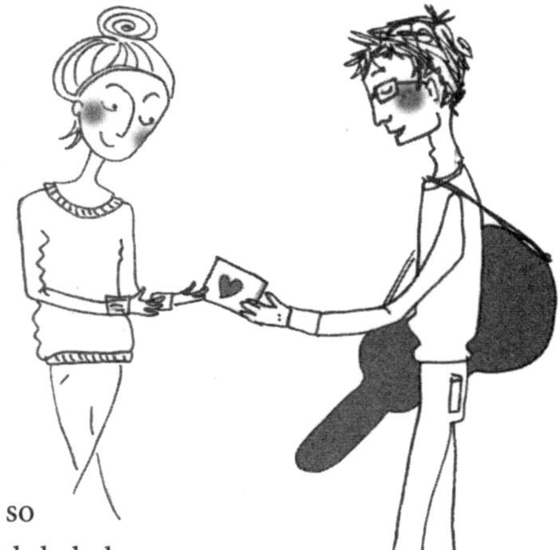

Früher fühlte man sich als Musikfan *einer* musikalischen Richtung zugeordnet. Man war Rocker *oder* Popper *oder* Punker *oder* Beethovenfan etc. Das gibt es nicht mehr. Der gemeine Musikhörer ist offener, auch beliebiger geworden. Die Masse der Bands, die man theoretisch aus einem Genre kennen kann, ist so groß, dass keiner mehr den Überblick behalten kann. Es ist das Ende des Auskennertums. Früher hatte man seinen Club, seine Kneipe, seine Musik und seinen Plattenladen. Da wollte man zu einer bestimmten Szene dazugehören. Stones oder Beatles. Depeche Mode oder Bob Dylan. Diese Zeiten sind vorbei, seit ein gewisser Daniel Ek 2006 Spotify gründete. Spotify hat das Ziel, die Leute an die Plattform zu binden statt an einen Künstler, und letztere werden nicht mehr anhand eines Albums, sondern einzelner Songs wahrgenommen. Viele kennen ein Lied von einem Künstler, kennen dessen Namen allerdings nicht. Das ist der entscheidende Unterschied. Für einen Künstler ist das gut und schlecht zugleich. Jeder Musiker kann für relativ wenig Geld Musik produzieren, aber dass diese Musik auch gehört wird, steht auf einem ganz anderen Blatt. Das bedeutet, dass nicht mehr die Plattenbosse oder Musikjournalisten über die Musik entscheiden, sondern direkt das Publikum. Klingt erst mal gut. Ein Journalist hat das mal als das totale Demokratieversprechen bezeichnet. Das Volk entscheidet. Der kleine Haken daran ist nur, dass das Volk erst mal die Musik kennenlernen muss, um zu entscheiden, was es hören möchte. Hier liegt der Hase wieder im Pfeffer. Das bedeutet Werbung und Marketing und das kostet im Normalfall Geld. Wer hat das Geld? Überraschung: die großen Buden.

In den 90ern haben Musikzeitungen wie *SPEX, INTRO, Rolling Stone* oder *Musikexpress* den Pop- und Rockfans die aufstrebenden Künstler vorgestellt. Diese Blätter las der geneigte Musikfreund und wusste Bescheid. Schlussfolgerung: Platte kaufen. Ergebnis: Der Künstler wurde berühmt. Nun sind die Zeitungen komplett in die Onlinewelt gezogen und der Einfluss ist massiv geschrumpft. Dinosaurier gibt es nicht mehr. Früher gab es bei MTV, dem Musikfernsehen, einen Redakteur, der die Macht hatte, die Rotation, also die Häufigkeit der Wiederholung der Videos, zu bestimmen. Diese Rotation entschied darüber, welcher Song ein Hit wurde und welcher nicht. Wenn er nur oft genug über den Bildschirm flimmerte, liebte das Volk die Musik und kaufte die Platten. Jede Woche hatte der Redakteur bei MTV Hunderte Videos zu sichten und entschied durch seine Auswahl, was erfolgreich werden sollte und was nicht. Jetzt übernimmt diese gottgleiche Funktion über Sein oder Nichtsein der Streamingdienstredakteur, der die Playlisten zusammenstellt, die viele Follower und Fans haben. Das hat Vorteile, denn es wird Musik gehört, die es früher niemals an die Ohren der geneigten Zuhörer geschafft hätte. Musik, die nur in einer bestimmten Musiksendung aufgetaucht wäre oder in speziellen Musikliebhaberkreisen, die sich dadurch auszeichnen, besonders ausgefallene Musik zu kennen. Aber es ist auf der anderen Seite auch wieder ein Zufall, ob der geneigte Redakteur die Musik wirklich gut findet oder sie nur unterstützt, weil eine nette Person ihm mit ein paar Scheinen die Entscheidung leichter gemacht hat.

Das Ende des Auskennertums. Der Anfang der Kleinteiligkeit. Die Musikwelt ändert sich. Wie werden wir sie in Zukunft hören? Ich bin gespannt. Aber eins ist sicher: Wir werden Musik hören!

Ohrwurm der Stunde

* »Sledgehammer« von Peter Gabriel

JAZZ

DER JAZZ – EINE EINSTIEGSEMPFEHLUNG

Jeder erzählt gerne Heldengeschichten. Im Fußball wird ein längst vergangener Sieg über die brasilianische Fußballnationalmannschaft immer wieder erzählt, egal an welcher Stelle der Weltrangliste man im Moment steht. Jeder Fan träumt sich gerne zu diesem spektakulären Spiel zurück. Fazit: Damals war alles super.

Im Jazz ist es ähnlich. Die Großmeister des traditionellen Jazz sind sehr alt oder schon tot. Wir glorifizieren diese alten Zeiten. Damals war alles super. Stimmt das wirklich? Vor vielen Jahren wurden bestimmte Aufnahmen des Jazz als Meisterwerke deklariert und allgemein für richtig wichtig und gut befunden. Das hat dazu geführt, dass 50 Jahre später alle angehenden Jazzmusiker diese Meistersoli nachspielen können. Und es hat dazu geführt, dass viele diese alten Meister hören wollen. Das Publikum ist der Verklärung der Vergangenheit erlegen. Neue Ideen haben es schwerer. Es ist einfacher zu sagen »Ich spiele einen Frank-Sinatra-Abend« als »Ich spiele Musik vom Christoph-Reuter-Trio«, das keine Sau kennt und von dem niemand weiß, ob das hörbare Musik ist oder nicht. Da denkt der gemeine Konzertgänger: Dann lieber Frank Sinatra oder wir bleiben zu Hause und schauen eine Serie. Ach ja, ich wollte eh nicht mehr raus.

Im Moment gibt es drei große Strömungen im Jazz. Die eine bewahrt das Alte. Die zweite macht das Gegenteil und entwickelt immer komplexere Strukturen. Und die dritte Richtung mischt bekannte Dinge neu. Sie mischen und mischen und irgendwann kommt eine leckere persönliche

Sauce hollandaise mit einer besonderen Note heraus. Oft klappt es. Es brodelt und an neuen Orten in neuen Clubs spielen junge, neue Jazzmusiker den Jazz.

Die goldenen Erinnerungen an den frühen Jazz verschweigen gerne die dazugehörigen Randerscheinungen. Charlie Parker, einer der wichtigsten Saxofonisten des Jazz und Erfinder des Bebop, nahm lange Zeit seines Lebens Drogen, was dazu führte, dass Heerscharen von ihm nacheifernden Jazzmusikern sich die Nadel in den Arm rammten, um genauso gut zu werden wie der Meister, was überraschenderweise nicht klappte. Nur kurz, bevor Sie sich jetzt aufregen: Heroin wurde um 1900 von Bayer als Husten- und Schmerzmittel verkauft. Damals flößten auch schwäbische Hausfrauen ihren Kindern pflichtbewusst das Zeug ein. Die Dosis des zu schluckenden Medikaments war allerdings viel zu gering, als dass man davon abhängig geworden wäre, das kam dann erst später mit anderen Darreichungsformen. Die zweite unschöne Verbindung: Jazz und Rassismus hingen ebenfalls eng zusammen. In dem oscarprämierten Film *Green Book* wird das ausführlich erzählt. In dem Roadmovie über die Reise des schwarzen Pianisten Don mit seinem weißen Fahrer Tony in den Süden der USA geht es unter anderem um ein Buch, das *Negro Motorist Green Book*, das in den 30er-Jahren des letzten Jahrhunderts alle Übernachtungsmöglichkeiten für Schwarze im amerikanischen Süden aufzeigte. Die anderen Übernachtungsmöglichkeiten waren nur für Weiße. Rassismus pur. Schwarze Musiker durften nicht in den gleichen Hotels schlafen oder durch den Vordereingang in den Konzertsaal kommen. Aber diese Zeiten sind glücklicherweise vorbei. Jazz war der Soundtrack zu einer bestimmten Zeit mit ihren gesellschaftlichen Ereignissen.

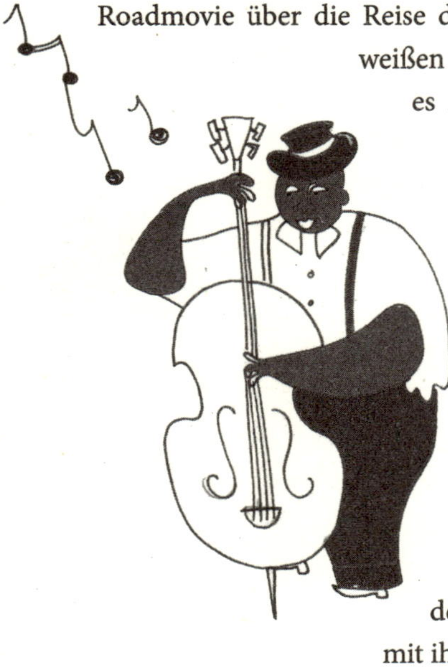

Was sollte man hören, wenn man Jazz bisher gemieden hat wie der Teufel das Weihwasser? Trotz aller historischen Bedenken, und obwohl ich Ihnen natürlich auch gerne experimentellen Jazz ans Herz legen möchte – zum Einstieg eignet sich eine Form des »klassischen« Jazz vielleicht am besten. Fangen Sie mit **Robbie Williams** an. Er nahm eine Jazzplatte – *Swing When You're Winning* – mit Big Band auf. Die Jazzgemeinde regte sich damals fürchterlich darüber auf. Ich fand es toll. Einige Popkonsumenten hatten bis dahin noch nie eine Big Band gehört und so wies ihnen Robbie Williams den Weg in die Welt des Jazz. Vielleicht ist das ja ein Einstieg für Sie?! Vorschlag Nr. 2: Beginnen Sie mit **Keith Jarretts** *The Köln Concert*. Es ist eine der erfolgreichsten Jazzplatten auf dem ECM-Label, das seit Jahrzehnten von einem unglaublich musikbegeisterten Inhaber geführt wird und einen Stil des Jazz verkörpert, den ich als mystisch, leicht melancholisch, unaufgeregt bezeichnen würde – mit schönen schwarz-weiß Covern. Oder fangen Sie mit dem Trompeter **Miles Davis** und seinem Album *Kind of Blue* an. Diese Musik ist der perfekte Soundtrack für eine Großstadt wie New York. Miles Davis hat nicht gesungen, sondern Trompete gespielt, falls Sie eine Fangfrage in einem Quiz mal beantworten müssen. Falls Sie aber falsch antworten, sind Sie bestimmt nicht allein. Die folgende Story wird in der Jazzwelt gern erzählt: Miles Davis stieg in ein Taxi und der Taxifahrer fragte: »Mensch, sind Sie der berühmte Miles Davis?« Der sagte: »Ja, das bin ich.« Darauf der Taxifahrer: »Ich habe alle Platten von Ihnen, Sie singen fantastisch.« Aber, um das Jazzkapitel mit einem klassischen Klassiker enden zu lassen: Herbert von Karajan, damaliger Dirigent der Berliner Philharmoniker, stieg in ein Taxi und der Taxifahrer fragte: »Wohin?« Darauf er: »Egal, ich werde überall gebraucht.«

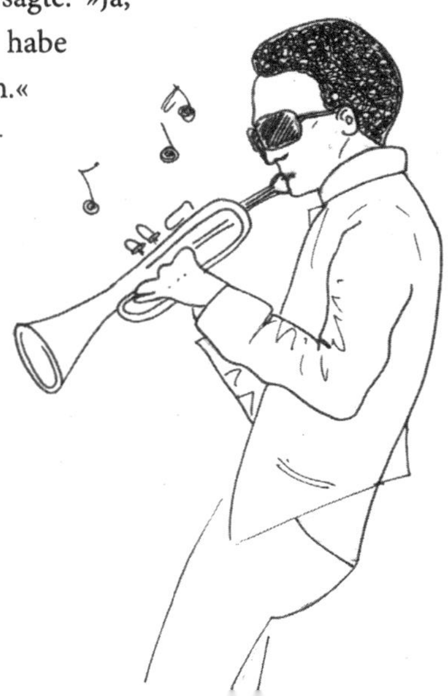

Ohrwurm der Stunde

* »Take Five« von Paul Desmond
* »Fly Me to the Moon« von Frank Sinatra

GEBRAUCHSANWEISUNG FÜR DEN UMGANG MIT MUSIKERN

ODER WAS EIN MUSIKER GERNE HÖRT UND WAS NICHT

Wenn Sie nach dem Konzert mit einem Musiker ein nettes, unkompliziertes Gespräch führen wollen, sollten Sie, falls Sie die Mindestgesprächsdauer überstehen möchten, ein paar Dinge berücksichtigen. Musiker sind im Moment nach dem Konzert etwas empfindlich. Okay, nicht nur zu diesem Zeitpunkt, aber da besonders. Erzählen Sie dem Musiker lieber nicht unmittelbar nach dem Konzert, bei welchen tollen Konzerten Sie in der letzten Woche waren oder wie berührend Sie es fanden, wie die Band da gespielt hat. Kann man machen. Kommt nur nicht so gut. Wenn Sie im Anschluss noch erwähnen, dass das Konzert heute Abend wirklich gut war, aber das letzte Woche Weltklasse hatte, ist das wie Senf im Pfannkuchen. Wenn Sie dann noch Ihr großes Wissen als Musikkenner spontan ausbreiten und sich über den 54. Takt im dritten Lied austauschen wollen, ob der nach historischer Aufführungspraxis nicht doch etwas schneller hätte gespielt werden müssen, dann verdreht der geneigte Musiker innerlich schon sein linkes Auge, während er vordergründig noch höflich Interesse bekundet.

Übrigens gilt für Schauspieler und Musiker angeblich der § 21 des Strafgesetzbuches. Dieser besagt, dass man einige Stunden nach der

Vorstellung nicht voll zurechnungsfähig ist. Ich habe noch nicht ausprobiert, ob man damit vor Gericht durchkommt. Bei vielen Bands gibt es die sogenannte Friedenspflicht. Bei meiner Band auch. Das heißt, dass man nicht direkt nach dem Konzert oder in der Pause mit der vernichtenden Kritik übereinander herfällt und sich unter die Nase reibt, wie schrecklich man diese oder jene Parts oder Songs gefunden hat, sondern dass man ein paar Stunden damit wartet. Die Erinnerung an ein Konzert scheint sich in den ersten Minuten danach im Gehirn abzuspeichern und dann nicht mehr so schnell zu verändern. Sie kennen sicher die Quote, dass eine negative Anmerkung fünf positive braucht, um ausgeglichen zu werden. Diese Quote liegt bei Musikern definitiv höher. Das weiß ich. Viel höher. Die drei Sätze, die ein Musiker nach dem Konzert nicht hören möchte, sind:

1. »Sag mal, woran lag es denn heute?«
2. »Das Stück heute Abend war echt schwierig zu spielen, nicht wahr?«
3. »Du hast dir aber wirklich viel Mühe gegeben!«

Hier realisiert jeder, dass es mächtig schiefgelaufen ist. Und wenn man schon selber gemerkt hat, dass man mit der Leistung dieses Abends nicht direkt bei den Berliner Philharmonikern anheuern kann, ist es doppelt hart, wenn das Publikum in dieselbe Kerbe haut.

Das Image eines Musikers ist, gelinde gesagt, ausbaufähig. Darunter leide ich seit der Bekanntgabe meines Berufswunschs in der Familie und Nachbarschaft. Bitte kein Mitleid. Denn es gibt eine Ausnahme. Wenn man als Musiker einmal im Fernsehen zu sehen ist, dann glaubt die Verwandtschaft, dass man zumindest in diesem Monat die Miete zahlen kann. Da greift dann die Verknüpfung: Der ist im Fernsehen, das ist gut. Aber ein Ingenieur, selbst wenn er richtig schlecht ist und eine miserabel bezahlte befristete Teilzeitstelle angetreten hat, wird beim Willkommensgespräch mit der Schwiegermutter immer besser dastehen als ein freiberuflicher Musiker. Die häufigsten Fragen an Musiker nach der Begrüßung lauten:

1. »Was machen Sie tagsüber?«
2. »Kann man davon leben?«

3. »Was machen Sie sonst so?«

4. »Ihr Abi war doch gut, da mussten Sie doch keine Musik machen!« Auch Schauspieler und Lebenskünstler werden diese Top 4 der Fragen kennen. In meiner Gebrauchsanleitung für Gespräche mit Musikern empfehle ich daher, diese Fragen außen vor zu lassen. Unverfänglicher ist: »Ah, ein Keyboard. Ist die Firma Roland wirklich besser als Yamaha? Da habe ich aber schon anderes gehört.« Eine vollkommen sinnlose Konversation, aber sie lenkt erfolgreich von den Minenfeldern ab. Falls Sie die Mindestgesprächsdauer mit diesem Wissen überstehen, bin ich sehr stolz auf Sie.

Unter Hobbygitarristen habe ich die Beobachtung gemacht, dass diese sich gerne vor dem Konzert oder in der Pause auf den Weg zur Bühne machen und die vorhandenen Instrumente und vor allem die Effektgeräte des Spielers begutachten und fachmännisch kommentieren. Ein guter Einstieg für ein Gespräch, das uferlos werden kann. In diesen Kreisen habe ich den Eindruck, dass das Besitzen eines bestimmten Effektgeräts Spieler automatisch besser macht. Viele meinen, das Instrument entscheidet über die Qualität des Musikers. Ich würde es sehr begrüßen, einige Stunden üben durch den Kauf eines neuen Instruments zu sparen.

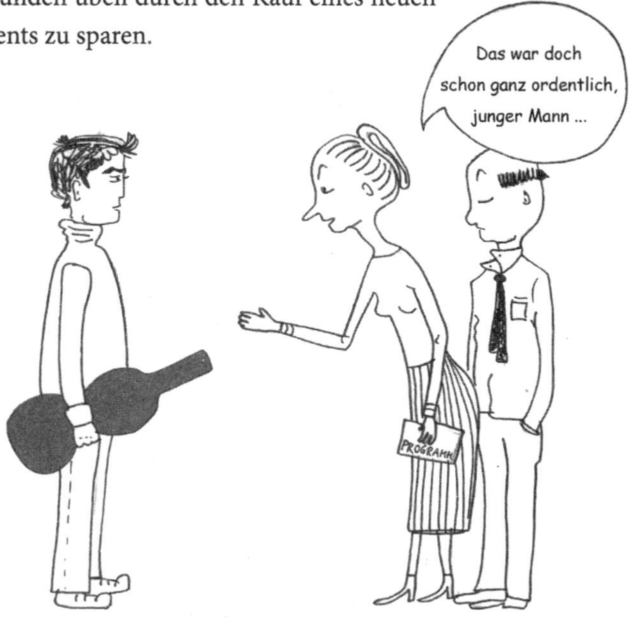

Ohrwurm der Stunde

»Halleluja« von Georg Friedrich Händel

Welche unsinnigen Klischees gibt es in meinem Beruf?

1.
2.
3.

INDISCHES CURRY – MUSIK AUS INDIEN

ODER EXOTISCHE MUSIK MIT DER BESONDEREN NOTE

Wenn Sie bisher bei dem Wort Indien nur an eine Reise zum Taj Mahal, scharfes Curry und Bollywood gedacht haben, möchte ich Ihnen hier die faszinierende Welt der indischen Musik ans Herz legen. Wenn Sie dachten, wir Europäer hätten mit die älteste Musiktradition, muss ich Sie enttäuschen. Indien verehrte Musik schon 6000 Jahre *vor* unserer Zeitrechnung. Wir bauten da noch Hünengräber und lebten in feuchten Erdhöhlen. An Posaunen, Geigen, Playbackshows und Helene-Fischer-Doubles war noch nicht im Entferntesten zu denken. Wir haben uns damals in Wäldern herumgetrieben, im Mittelmeerraum herrschte Monsunklima. Keine Sau dachte an die Erschaffung von Klavierkonzerten oder Geigenkadenzen. Die Himmelsscheibe von Nebra wurde erst 4000 Jahre später gebastelt. Die ersten Pianos entstanden 7850 Jahre danach …

Einigen wir uns darauf, dass die Inder vor uns am Start waren. Sie müssen niemandem Einzelheiten erklären. Richten Sie Ihre Aufmerksamkeit ein paar Minuten auf diese für uns exotische Musik und machen Sie sich bewusst, dass es über 1,3 Milliarden Inder gibt, für die diese Musik vollkommen normal ist. Ein kleiner Ausflug hinaus aus unserer Wohlfühlzone der Musik.

Die Hindus glauben daran, dass der Gott Shiva den Menschen höchstpersönlich die Musik und den Tanz gelehrt hat. Wenn das mal kein würdiger Erfinder ist. Fakt ist: Indien hat eine der ältesten Musikkulturen der Welt. Wenn Sie das erste Mal indische Musik hören, werden Ihre europäischen Ohren einige Töne als schräg empfinden. Diese Musik ist anders und fremdartig für uns. Wir denken sofort an einen Bollywood-Film, große Hitze, viele Menschen und Gandhi. Wir empfinden als größte Unterschiede, dass es mehr Töne in einer Tonleiter gibt als in der westlichen Welt und dass wir die ganze Zeit einen Ton hören, der durchklingt. In der europäischen Musiktradition wird ein durchklingender Ton Bordun genannt. Sie kennen das von einem schottischen Dudelsack. Da dudelt auch die ganze Zeit ein durchdringender Ton, der unverändert bleibt und dafür sorgt, dass die Musik nach einer Weile für Nichtschotten langweilig klingt. Etwas leiser und entspannter ist das in der indischen Musik. Die Inder bezeichnen den Bordunton als Grundton mit der Silbe »sa«. Wenn Sie das nächste Mal in der Bahn einen langen durchklingenden Ton beim Bremsen hören, denken Sie an mich: Genau das ist ein »sa«. In der indischen Musik wird alles in Beziehung zu diesem Grundton gesetzt. Wir kennen in der westlichen Musik Harmonie, Melodie und Rhythmik. Der wichtigste Unterschied ist, dass in der indischen Musik die Harmonik völlig unbekannt ist. Hier zählt nur Rhythmik und Melodie, die in eine Perfektion und Komplexität gebracht wurden, die weltweit einmalig ist. Es gibt meist ein Soloinstrument wie die Stimme oder eine Sitar, die von Trommeln, sogenannten Tablas, begleitet wird. Wenn Sie versuchen, als Harmonielehrer in Indien Fuß zu fassen, könnte das schwierig werden.

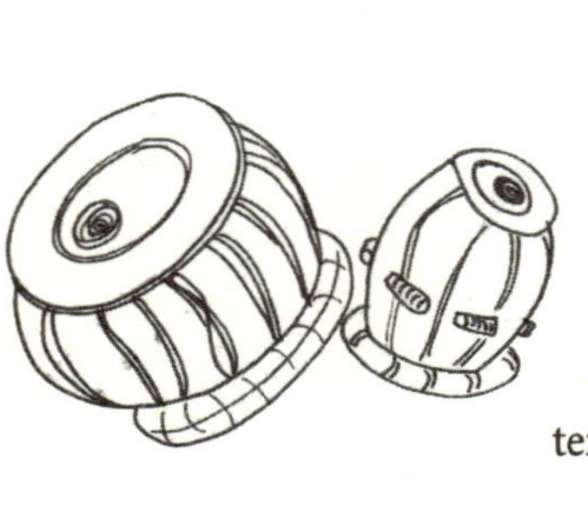

#Tabla

Für den Rhythmus ist die Tabla zuständig. Was ist eine Tabla? Das Wort kommt ursprünglich aus dem Arabischen und heißt nichts anderes als »Trommel«. Tablas treten paarweise auf, wie Marianne und Michael oder Dick und Doof. Die kleinere Trommel, die eigentliche »Tabla«, wird auch Dayan genannt. Sie wird von der starken, dominanten Hand gespielt. Die größere Trommel wird als Bayan bezeichnet. Bayan kann die tiefen und bassigen Sounds hervorbringen. Für einen Europäer sind das ungewohnte Klänge. Die hohe Tabla kann sogar verschiedene Tonhöhen ermöglichen, die, je nach Meisterschaft des Spielers, Melodien erzeugen. Die Felle dieser Tablas bestehen aus drei Lagen Ziegenhaut, die am Rand mit kleinen Holzstäben gespannt wird. Auffällig sind die schwarzen Punkte auf den Tablas, die zur besseren Stimmbarkeit in einer komplizierten Prozedur auf die Felle gebracht werden. Die tiefe Tabla erzeugt einen paukenähnlichen Klang, man spielt sie im Sitzen. Im Schneidersitz. Die meisten Mitteleuropäer bekommen bei der Vorstellung, die nächsten drei Stunden im Schneidersitz zu sitzen, Schweißperlen auf der Stirn. Falls sie es überhaupt schaffen, in diese Sitzposition zu kommen, sind arge Rückenschmerzen am folgenden Tag vorprogrammiert. Schmerzmittelhersteller müssten ihre Tagesproduktion verdoppeln, falls mehr Europäer in diese Kunst eingeweiht werden wollen. Um gut Tabla spielen zu können, dauert das. Sehr lange. Für einen Europäer ist das meisterliche Erlernen des Tablaspiels, so dass ein Inder sagt: »Sie sind aber ein super Tablaspieler«, theoretisch unmöglich. Das sagt er dann höchstens aus Höflichkeit. Das Erlernen des Tablaspiels ist von Kindesbeinen an erforderlich. Ungefähr so wie alle europäischen Musiker Klavierunterricht nehmen, egal welches Instrument sie spielen, lernen die traditionellen indischen Musiker Tabla. Das Verstehen des Rhythmus in der indischen Musik ist die Grundlage. Große Kunst. Große Magie.

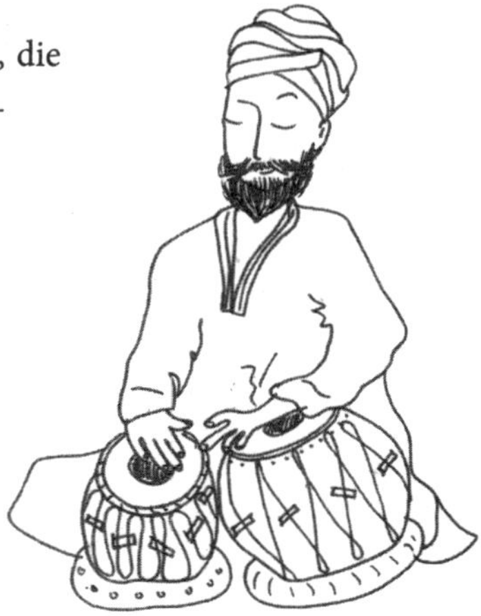

#Rhythmus

Die Grundlage des Rhythmus ist der sogenannte »Tala«. Die Rhythmen sind in der indischen Musik ein wichtiger Teil der Komposition. Sie sind der Gegenpart zur Melodie. »Tala« ist ein rhythmischer Zyklus mit, jetzt staunen Sie, 3 bis 108 Schlägen. Wenn Sie das einem klassischen Musiker erzählen, dass er bis 108 zählen soll, um einen Takt zu schaffen, dann wird er Sie ungläubig anschauen. Wir kennen nur 3/4 oder 4/4 im Normalfall, aber 108 ist eine andere Hausnummer. Es gibt dann noch weitere kleinere rhythmische Einheiten innerhalb der Takte, aber Sie ahnen schon, das ist eine echte Wissenschaft. Die Rhythmen der Kompositionen werden in Form von gesprochenen Silben, sogenannten Bols, weitergegeben, die auch die Art, wie der Ton erzeugt werden soll, mit angeben. Das sieht doch echt interessant aus:

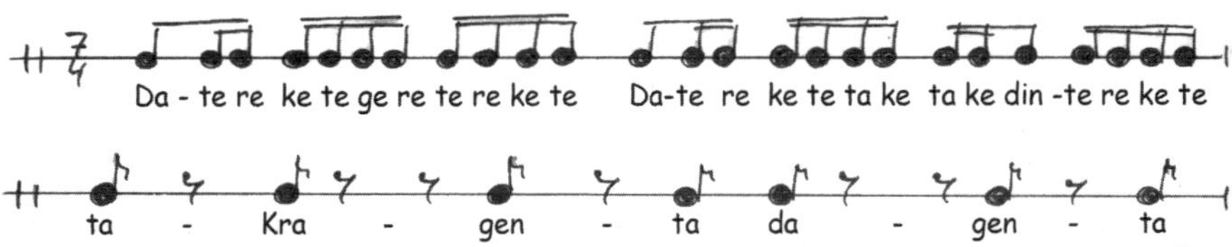

#Harmonie

Die Inder haben keine Harmonien. Fertig.

Die Melodik

Die Melodik ist wesentlich komplizierter und reichhaltiger als wir sie kennen. Die indische Musik kreist um den Grundton »sa«. Der zweitwichtigste Ton ist die Quinte mit dem Laut »pa«. Dadurch weiß der Hörer immer, in welcher Verbindung die Musik zum Grundton steht. Die Tonleitern in der indischen Musik nennt man Raag oder in Sanskrit Raga. Ragas sind nicht nur profane Tonleitern, sondern haben jeweils weitere Bedeutungen. Für die Inder gibt es eine Verbindung der Ragas mit bestimmten Tages- und Nachtstunden. Da der Körper am Morgen frisch ist und am Abend eher müde, werden unterschiedliche Ragas verwendet. Das wird seit 8000 Jahren so praktiziert. Da ist es wahrscheinlich, dass da was dran sein könnte. Unsere Dur-Tonleiter heißt »Raag Khammaja« und wird im ersten Viertel der Nacht gespielt. Hört sich schon mal richtig exotisch an. Es gibt auch Ragas in Verbindung mit dem Wetter, und zwar mit Regen und Feuer. Geschichtlich sind 16.000 verschiedene Ragas bekannt, wovon nur ca. 100 noch gespielt werden. Ein schwacher Trost. Es gibt in der indischen Musik 66 Intervalle in einer Oktave. Wir haben in der westlichen Musik zwölf. Allerdings nutzen die Inder meistens nur 22 Töne. Der Grundton klingt immer durch. Klingt kompliziert für uns? Das ist es auch, aber exotisch!

#Form

Ein handelsüblicher Popsong hat die grobe Form: Intro-Strophe-Refrain-Strophe-Refrain-Solo-Refrain-Outro. In der indischen Musik klingt das in den Worten schöner. Die traditionelle Form besteht aus 3 Sätzen: Man nennt den ersten Satz Alap. Hier stellt der Spieler langsam die Raga vor, beginnend in den tieferen Lagen, dann immer höher werdend. Im zweiten Satz namens Jhul setzt das Rhythmusinstrument ein und eine komponierte Melodie wird mehrfach wiederholt. Es folgt der dritte, schnelle Satz namens Jhala. Alap, Jhul und Jhala. Das klingt vielleicht etwas kunstvoller als 1. Satz, 2. Satz und 3. Satz, obwohl es im Grunde das Gleiche bedeutet. Es wird unglaublich viel improvisiert. Die Improvisation ist ein wichtiger Teil der Komposition, was bei unserer aktuellen Popmusik auf genau null Prozent geschmolzen ist.

Sitar

Womit wird improvisiert? Mit der Sitar. Die Sitar ist ein imposantes indisches Saiteninstrument und ca. 1,5 m lang. Es besteht aus einem getrockneten Flaschenkürbis als Resonanzkörper und einem langen hohen Hals, auf dem sich verschiebbare Messingbünde befinden. Mit diesen Messingbünden kann der Spieler die jeweilige Tonleiter Raga einstellen. Der Sitarspieler sitzt im Schneidersitz und hat die Sitar vor sich am Bauch. Das Instrument wird gezupft. Die Melodie wird meist auf einer Hauptsaite gespielt. Anders als bei einer Gitarre hat die Sitar sogenannte Resonanzsaiten, 18 bis 20 Stück, die mitschwingen. Diesen Klang zu beschreiben ist schwer – eine Mischung aus einer merkwürdig klingenden Gitarre mit einer Menge Exotik.

Wir lieben die Wiederholung in der Musik, aber ab und an kann man auch Neues entdecken und das macht viel Freude.

Ohrwurm der Stunde

* »The Spirit of India« von Ravi Shankar

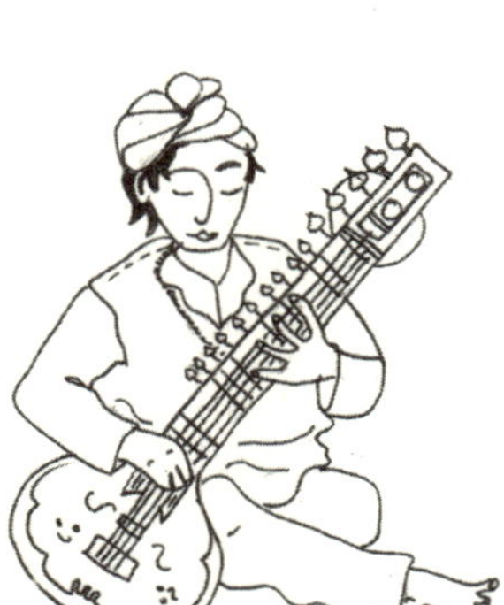

74 MINUTEN

ODER WAS FURTWÄNGLER MIT DER LÄNGE EINER CD ZU TUN HAT

Haben Sie sich schon einmal gefragt, warum die CD genau 74 Minuten lang ist? Ich dachte immer, dass es dafür einen guten technischen Grund geben müsste. Warum sie nicht 72, 89 Minuten oder 30 Stunden Laufzeit hat. Sondern genau 74 Minuten und keine Sekunde länger.

Reisen wir zurück in der Zeit. Vinyl war bis 1963 der Standard. In diesem Jahr kam von Philips die Kompaktkassette auf den Markt. Eine Revolution und nicht die letzte. Mitte der 70er begannen Tüftler der Firmen Sony und Philips dann, neue Formen digitaler Audioaufzeichnungen zu erforschen. Man bastelte unter anderem an einem Datenträger von der Größe einer Schallplatte, der in dieser Abmessung aufgrund der komprimierten Daten eine unglaubliche Abspieldauer von 13 Stunden und 20 Minuten gehabt hätte. Das hätte auf einen Schlag die komplette Musikindustrie ruiniert. Wie wir wissen, kam es nicht dazu. Musiker hätten nicht 50 Minuten Musik für ein Album komponieren müssen, sondern 13 Stunden. Viel Spaß. Es gab auch alternative Ideen. Das Ziel war es, auf eine bequeme Art Musik zu hören, ohne stän-

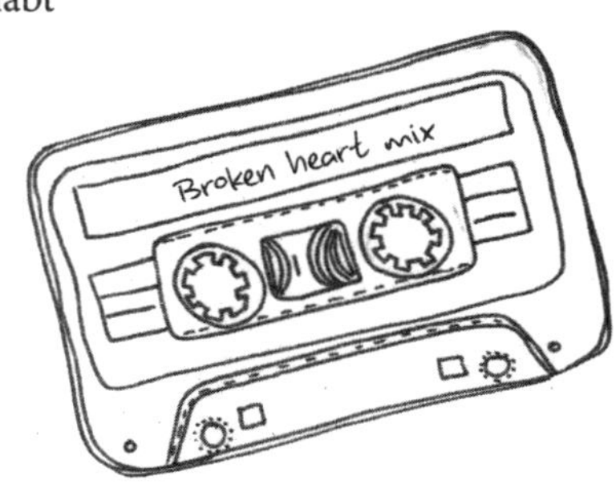

dig Platten umdrehen zu müssen, und ohne Staub auf Abspielnadeln. Die Jungs begannen an der CD, der Compact Disc, zu forschen. Technisch betrachtet, tastet bei diesem Verfahren ein Laserstrahl die CD ab. Magie. Laserstrahl, wie bei Darth Vader und Star Wars. Kein Staubkorn kann die Nadel beeinträchtigen.

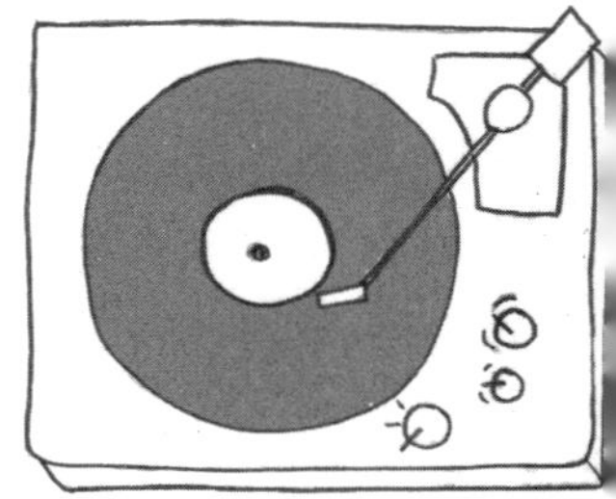

Der Sound ist digital, satter und besser als jemals zuvor. Man kann genau zum nächsten Titel springen, ohne den Arm des Plattenspielers vorsichtig in eine Position zu bringen. Einfach eine Taste betätigen und schon ist man an der gewünschten Stelle. Wahnsinn. Für alle unter 30-Jährigen ist das zuletzt Gesagte wahrscheinlich nicht nachvollziehbar – Staubkorn, Arm, Nadel. Entschuldigung. Fragen Sie Ihre Eltern oder Ahnen.

Ich jedoch fragte mich: Wie kam es zu diesen 74 Minuten Laufzeit? Man wollte einen handlicheren Tonträger schaffen als die Langspielplatte und es heißt, Sony habe damals vorgeschlagen, dass Beethovens 9. Sinfonie in voller Länge draufpassen solle. Irgendeine Messlatte brauchte man ja. Es ist wohl Ironie des Schicksals, dass die Länge eines Klassikstücks entscheidend für alle Popalben werden sollte. Der Vorschlag kam vom damaligen Sony-Vizechef Norio Ohga, der ursprünglich Opernsänger war und Beethovens 9. endlich einmal ohne Pause hören wollte. Seine liebste Version war die von Karajan. 66 Minuten lang. Die Techniker schienen das nicht gewusst zu haben und hielten sich damals an die längste zur Verfügung stehende Aufnahme von Beethovens 9. Sinfonie von Wilhelm Furtwängler. Die nahm dieser 1951 mit einer Dauer von 74 Minuten auf. Wie oft haben Sie schon die Version von Furtwängler gehört? Ich noch nie auf CD, bin halt ein Kulturbanause. Diese 74 Minuten Länge erforderten technisch einen Durch-

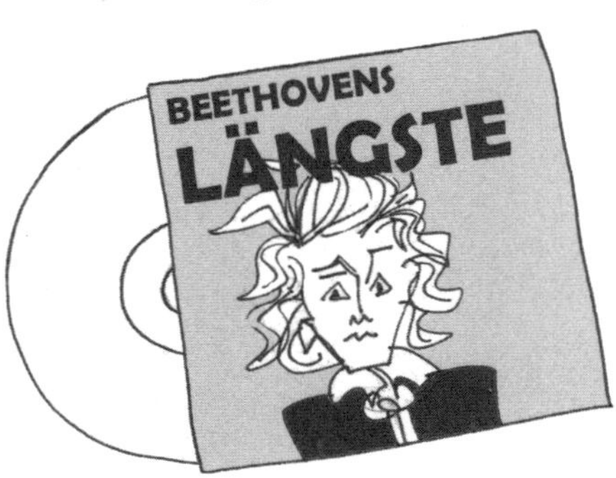

messer der Scheibe von 12 Zentimetern. Einige Skeptiker wandten ein, dass die CD dann nicht in die Anzugtaschen der Herren passen würde. Wenn man keine Probleme hat, macht man sich halt welche. Nachdem das wirklich an einer Anzugtasche getestet wurde, stellte man fest: Sie passt da doch rein. Damit waren 12 Zentimeter gebongt.

Manche behaupten, dass diese 74-Minuten-Story von der Marketingabteilung erfunden wurde. Sie erzählen eine andere Geschichte: Sony und Philips trafen sich 1979 und legten 115 Millimeter als Durchmesser der CD fest. Die Firmenleitung von Sony überging das und legte 120 Millimeter fest – angeblich, weil Philips schon Produktionsmaschinen für den etwas kleineren Durchmesser hatte und man der Konkurrenz diesen Marktvorteil nicht gewähren wollte. Wie auch immer, die CD wurde auf den Markt gebracht und die meisten von Ihnen haben sicher noch welche zu Hause. Übrigens, als erste CD der Geschichte gilt Billy Joels Album *52nd Street* von Sony. Dieses Werk kam am 1.10.1982 auf den Markt. Mit ihm begann der Siegeszug der CD.

1992 war ein einschneidendes Jahr in der Musikindustrie. Es wurden die Rohlinge eingeführt, die es ermöglichten, selber Musik zu brennen. Das änderte die Musikwelt für immer und trotzdem existiert sie, welch Wunder, heute noch. 2018 endete schließlich die Vormachtstellung der CD für immer. In diesem geschichtsträchtigen Jahr waren die digitalen Verkäufe zum ersten Mal höher als die physischen mit der CD. Goodbye CD. Goodbye 74 Minuten.

Ohrwurm der Stunde

- *9. Sinfonie* von Ludwig van Beethoven

So, liebe Leser, jetzt wird es ernst. Wenn Sie bis jetzt durchgehalten haben, dann folgt nun geballtes Wissen der Musiktheorie. Ich habe die theoretischen Kapitel hintereinander gepackt, damit Sie spontan weiterblättern können, falls Sie mental noch nicht bereit sind. Falls Sie noch nie etwas von Musiktheorie gehört haben, aber interessiert sind, wäre es besser, wenn Sie die Kapitel hintereinander lesen, dann bekommen Sie den besten Überblick. Auf geht's! Sie schaffen das!

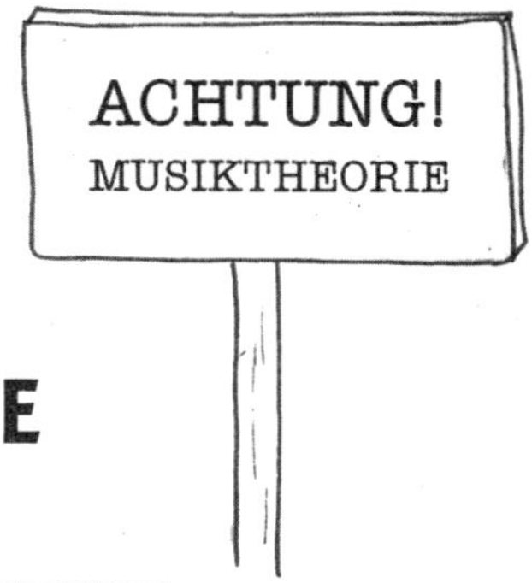

MUSIKTHEORIE

ODER SEX, DRUGS UND ROCK 'N' ROLL

Sprechen wir über den Ernst des Musikerlebens. Über Musiktheorie. Für viele Musiker und Musikliebhaber ist das Wort Musiktheorie gleichbedeutend mit Horror, schwerer Krankheit, kräftigem Durchfall oder Frühstück ohne Nutella. Aber wir brauchen die Musiktheorie wie die Luft zum Atmen, die neuste TV-Serie oder einen gut gefüllten Kühlschrank. Kein Witz! Ohne Musiktheorie gäbe es keine Abfolge von wohlklingenden Akkorden, sondern nur langweiliges, unkontrolliertes Geklimper ohne Spannungsbogen und Dramaturgie. Die Neandertaler hatten keine Ahnung, dass Sex irgendwas mit Kinderkriegen zu tun hat, da der Zeitabstand zwischen dem Sex und der Geburt so groß war, dass der Ursache-Wirkung-Zusammenhang schwer auszumachen war. Aber die meisten von uns wissen das heutzutage. Musik machen und Musiktheorie erscheinen auch weit entfernt, aber sie stehen ebenfalls in einem Ursache-Wirkung-Zusammenhang. Lassen Sie uns einen Blick in dieses belastete Kapitel der Musik werfen. Was beinhaltet die Musiktheorie?

Die großen Gelehrten sind sich einig: Die bedeutenden Themen der Musiktheorie sind über all die Jahrhunderte gleich geblieben. **Sex, Drugs und Rock 'n' Roll.** Ach, da lehnen Sie sich jetzt entspannt zurück, denn damit können Sie etwas anfangen, nicht wahr? Sex, Drugs und Rock 'n' Roll rufen vollkommen andere Bilder im Gehirn hervor als das Wort Musiktheorie. Vor dem geistigen Auge tauchen die jungen Rolling

Stones auf, Groupies, Partys, Drogenrausch und coole Musik. Und das stimmt. Alkohol und Geschlechtsverkehr wurden zu allen Zeiten in Musik umgewandelt – von Bach bis Bohlen. Frauen bzw. Männer haben als Musen unzählige Kompositionen inspiriert. Selbst die verstaubtesten und prüdesten Klassikfans, die ihre Ohren nie freiwillig einem Popsong aussetzen würden, werden mir da zustimmen. Denn ohne Frauengeschichten gäbe es nicht Wagners *Lohengrin*, kein »I was made for loving you, baby« von KISS, kein »She loves you, yeah, yeah, yeah« der Beatles, keine *Carmen* von Bizet, nicht Mozarts *Zauberflöte*, keine *Winterreise* von Schubert oder auch kein »I will always love you« von Whitney Houston. Ohne Alkohol dagegen gäbe es keinen »Anton aus Tirol« oder den »Bierkapitän, ich will eure Bierbäuche sehen«, obwohl das eventuell noch zu verkraften wäre. Und ohne Geschlechtsverkehr kein »Es war Sommer, das erste Mal im Leben«, kein »Ich glaub' es geht schon wieder los«, kein »I'm so excited«, kein »The winner takes it all«, kein »17 Jahr, blondes Haar« oder auch keine *La Traviata*. Es geht immer um ein Paar und wie die Liebenden, oder wie sie nicht, zusammen und in die Kiste kommen. Das war schon immer so und das wird höchstwahrscheinlich so bleiben. Der Grundmotor der Kunst und der Musik zusammengefasst: Zu mir oder zu dir?

Zurück zur Theorie. Sehen Sie, schon sinkt die Stimmung wieder. In einem Musikstück, einem Song, geht es meist um ein Gefühl: Liebe, Trauer, Trennung, Melancholie, Geldprobleme oder schlechte Laune. Aber für die Umsetzung in Musik braucht und brauchte es schon immer mindestens rudimentäres Wissen über die Musiktheorie. Selbst die Jungs aus der Feuerwehrblaskapelle aus dem Nachbardorf verfügen über dieses Wissen, okay, vielleicht außer manchen.

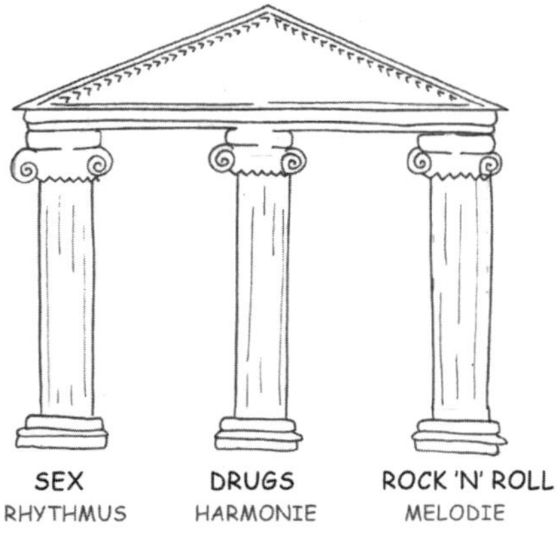

Ich würde für einen neuen Namen für die »Musiktheorie«

plädieren. Nennen wir sie doch: »die guten Musikzutaten«, das hört sich eher nach einem Rezept für den Sonntagsbraten an und ist mit Genuss verbunden. Die klassischen Themen der Gutenmusikzutaten heißen natürlich: **Melodie, Harmonie und Rhythmus.** Diese Zutaten sind die Eckpfeiler der Musik, auf denen wir unser schönes Klanggebäude in allen musikalischen Genres aufbauen. Um die kommt keiner herum, in keinem Stil. Auch ein Punk-Musiker, der alles schrecklich findet und destruktiv veranlagt ist, braucht rudimentäre Kenntnis über ein paar Harmonien, auch wenn er das nie zugeben würde. Lehnen Sie sich wieder zurück, entspannen Sie sich und erfahren Sie, welche Grundlagen Sie schon kennen und welche Sie überraschen. Nehmen Sie es wie eine Weinprobe. Einige Dinge werden Ihnen besser schmecken als die anderen, aber es geht um das große Thema Musik. Musik ist oft wie ein guter Wein. Manche Dinge müssen reifen. Letztens gab ein Freund Bescheid, er könne nicht zur Orchesterprobe kommen, er habe noch eine andere Probe. Da hatten alle Verständnis, bis herauskam, es war eine Weinprobe.

Ohrwurm der Stunde

- »I Was Made for Lovin' You« von Kiss
- »Es war Sommer« von Peter Maffay
- »Die Forelle« von Franz Schubert

ACHTUNG!
JETZT GEHT'S LOS!

NOTEN LESEN LERNEN

ODER DIE MUSIKALISCHE GEHEIMSCHRIFT

Ja, gleich geht es los mit dem Rock 'n' Roll, aber wir beginnen mit der Notenlehre. Noten lesen lernen. Wenn Sie jetzt fragen – nun ja, das ist noch nicht das Nutellabrot, denn der Kakao muss erst mal angebaut werden. Ein wenig Geduld. Die Notation ist wichtig, denn sie ist die Antwort auf die Frage: Wie kann ich Tonhöhe, Dauer und Lautstärke von Musik grafisch festhalten, damit es noch jemand anderes lesen kann? Damit ich mich auch in ein paar Jahren noch an eine Melodie erinnere und damit weit vom Komponisten entfernt lebende Musiker ein Stück aufführen können. Es gäbe keine Bach-Oratorien, keine »Ode an die Freude« oder »Das ist Wahnsinn« zu hören. Vor der Erfindung der Notation konnte man Musik nur verbreiten, indem man sie vorgespielt und sich gemerkt hat. Können Sie gut vorsingen? Können Sie sich ganz viele Dinge gut merken?

Ein Plattenladenbesitzer erzählte, dass es sehr unterhaltsam ist, wenn Menschen nach einer Platte fragen, deren Namen sie nicht kennen. Sie beginnen wie schüchterne vierjährige Kinder vorzusingen…. nanananananannana. Text fehlt, Harmonie fehlt und die Melodie fehlt zu großen Teilen. Da braucht es viel Vorstellungsvermögen, um die passende Platte zu finden. Das kann lustig sein. Die Notenschrift hätte da helfen können.

Seit dem 3. Jahrtausend v. Chr. versuchten viele Völker auf unterschiedlichste Weisen Musik grafisch festzuhalten. Die Griechen waren wieder die Vorreiter und haben im 7. Jahrhundert v. Chr. die erste bekannte Notenschrift erfunden. Sie verwendeten Buchstaben in zwei Reihen und schrieben in der unteren Reihe die Töne und darüber die Tondauer. Wie wir wissen, hat sich das nicht durchgesetzt und die Griechen wurden von den Römern besiegt. Im 9. Jahrhundert unserer Zeit war die Kirche mit einer Notenschrift am Start, um ihre gregorianischen Choräle besser zu verbreiten.

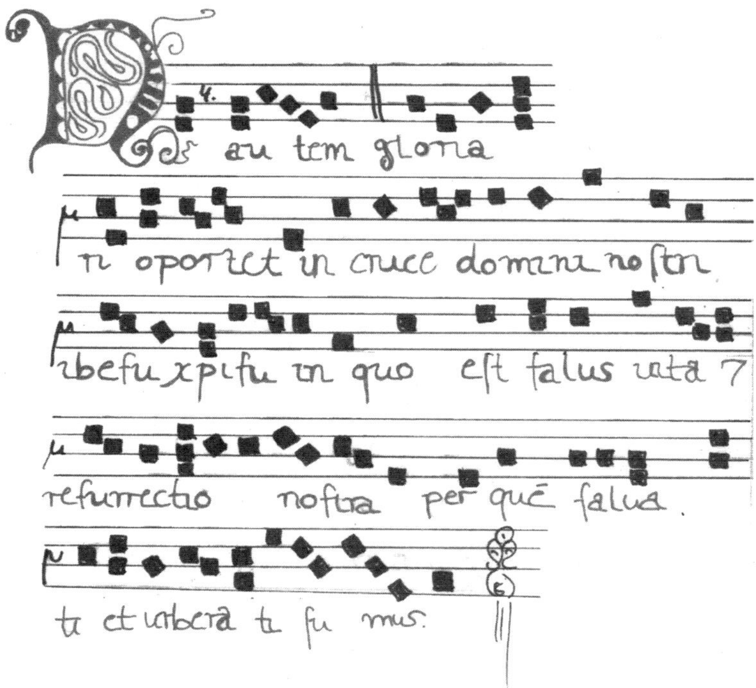

In der Folgezeit gab es in Europa mehrere Notationsweisen nebeneinander, bis sich die uns bekannte Notenschrift im 17. Jahrhundert durchsetzte.

Es war vor Erfindung der Notation kompliziert, komplizierte Musik zu verbreiten. Wer schafft es schon, die Komplexität einer Beethoven-Sinfonie ohne Noten zu verbreiten? Da hätte der Meister allen Instrumentalisten einzeln seine Sinfonie vorsingen müssen. Die Orchesterproben hätten gedauert. Zu allem Übel hätte sich jeder Spieler die ganze Musik nach einmaligem Hören merken sollen. »Entschuldigen Sie, Herr Komponist, wie war noch mal die 3. Oboenstimme bei etwa Minute 44 und 2 Sekunden?« Echte Verzweiflung. Damit das nicht passiert, wurde, welch Glück, die Notenschrift erfunden.

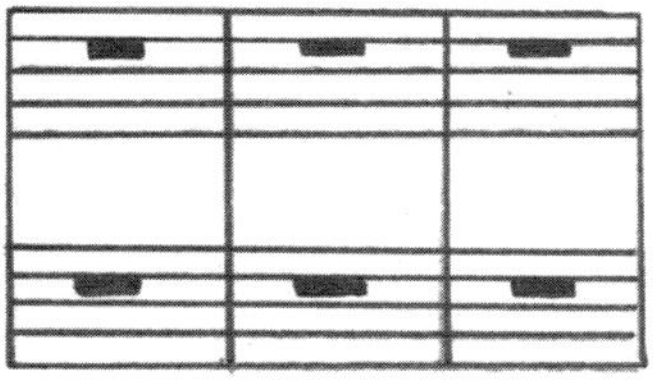

Schauen wir uns unser **Notensystem** einmal an. Wie ist es aufgebaut? Es besteht aus fünf ordentlich waagrecht gezogenen Linien. Nein, das hat nichts mit Drogen zu tun. Das ist unser musikalisches Sonnensystem. Mit einer vertikalen Begrenzung, die wir Taktstrich nennen, hinten und vorne. Die schwarzen rechteckigen Flecken in der Mitte der Takte bezeichnen wir als ganze Pausen. Dazu später mehr. Man kann dieses Notensystem mit verschiedenen Notenschlüsseln in verschiedene Tonhöhen bringen. Der wichtigste **Notenschlüssel** ist der sogenannte G-Schlüssel, auch **Violinschlüssel** genannt, da die Violinen in diesem Schlüssel notiert werden. Violinen sind die Geigen. Der Name G-Schlüssel gibt dem Notenkundeunwissenden sogar einen Tipp, wo der Ton G zu finden ist. Und zwar da, wo der Kringel des Notenschlüssels sich kringelt. Wie hilfreich. Das G ist also beim Violinschlüssel auf der zweiten Linie von unten. Sieht so aus:

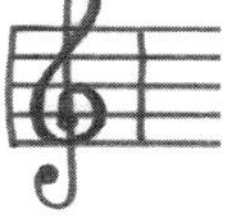

Wenn Sie sich das merken können: »Der Ton G ist beim G-Schlüssel, wo der sich kringelt«, dann wissen Sie schon richtig gut Bescheid. Ein Ton ist Ihnen jetzt bereits bekannt.

Als die **Töne** erfunden wurden und Namen bekamen, verwendete man die ersten sieben Buchstaben aus dem Alphabet. Das sind: A, B, C,

D, E, F, G. Diese sieben Buchstaben sind unsere musikalischen Stammtöne. Im Mittelalter wurde aus dem B irgendwann H. Das scheint ein Übersetzungsfehler zu sein. (Wie in der Übersetzung der Bibel, wo aus der »jungen« Frau dann eine »Jungfrau« wurde. Keiner war's gewesen, aber Stress auf der ganzen Welt bis heute.)

In der Musik hat irgendwann einer begonnen, die Tonleiter etwas höher vom C aus zu spielen, und dadurch wurde das etwas tiefer liegende A als Anfangston von der Beliebtheit abgelöst. Jeder kennt, auch wenn er seinen gesamten Musikunterricht verschlafen hat, die C-Dur-Tonleiter. Sie ist die beliebteste Tonleiter, die es in der westlichen Welt gibt. Keine Vorzeichen, auf dem Klavier nur weiße Tasten. Schauen Sie sich diese Tonleiter an, darauf baut sich die Musik auf.

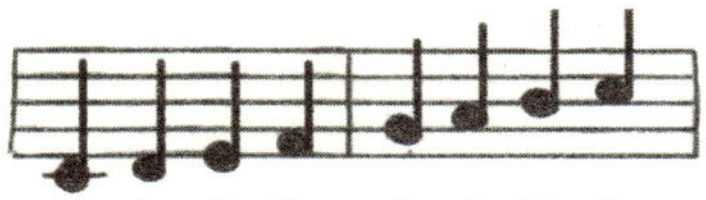

Merke:

1. Der Violinschlüssel kringelt sich um den Ton G
2. Die Notennamen A bis H kommen vom Alphabet
3. Die bekannteste Tonleiter ist C-Dur

Wie klingt der Anfang einer Dur-Tonleiter? Wie der Beginn von »Alle meine Entchen« oder »Fuchs, du hast die Gans gestohlen«. Übrigens sind beide Lieder im ersten Takt gleich.

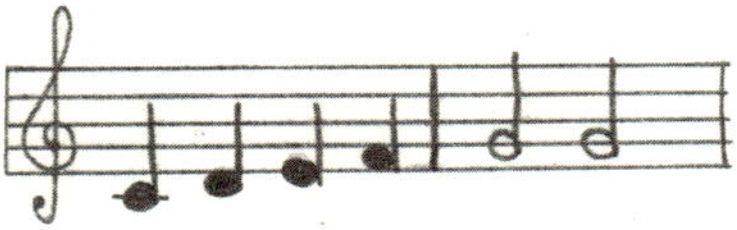

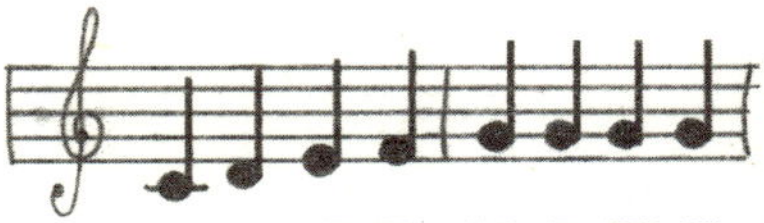

Die Klaviertastatur

Das Klavier ist mein Lieblingsinstrument. Schauen wir uns mal einen Ausschnitt der Klaviertastatur an. Es ist wieder mein imaginärer schwarzer Steinway Flügel. Die ordnungsliebenden Menschen unter Ihnen werden merken, dass sich jeweils zwei schwarze Tasten mit drei schwarzen Tasten in dem Meer der weißen Tasten abwechseln. Das ist absolut korrekt. Der Ton C, den Sie sicher schon händeringend suchen, ist immer die weiße Taste links neben den zwei schwarzen Tasten. Gefunden? Sehr gut.

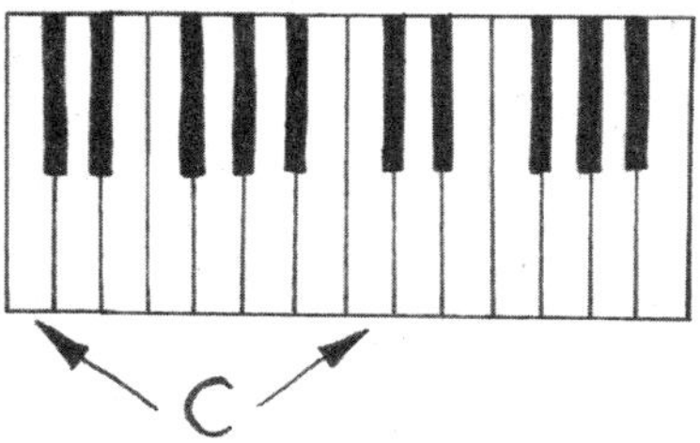

Notennamen

Neben den Tönen der C-Dur-Tonleiter C-D-E-F-G-A-H-C sprich: den weißen Tasten, die Sie jetzt schon kennen, gibt es die Möglichkeit, Töne zu erniedrigen und zu erhöhen. Sie denken, erniedrigt werden Sie vom Chef oft genug. Erhöhen tut sich nur Ihr Schuldenberg. Bei der Notenschrift wiederum wurde eine Lösung gefunden, die Töne ohne viel Aufwand zu erniedrigen und zu erhöhen. Die Lösungen sind die Vorzeichen: #, also Kreuze (nicht zu verwechseln mit den Hashtags, liebe Insta-Nerds!) und kleine bs vor die jeweiligen Noten zu schreiben. In der Musik sind die # zum Erhöhen da und die bs zum Erniedrigen der Töne. Man kann zwar theoretisch jeden Ton erniedrigen oder erhöhen, aber in der Praxis machen wir das nur mit fünf von sieben Tönen. Auf der Klaviertastatur sind das die Töne, von denen aus links oder rechts eine schwarze Taste liegt. Links tiefer, rechts höher. Das kann man grafisch auf der Klaviertastatur schon ganz gut sehen.

Die fünf Kandidaten zur **Erhöhung** sind:

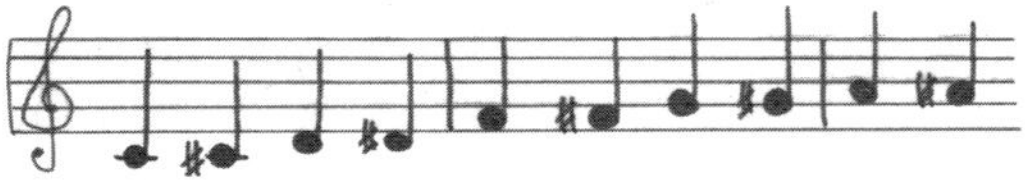

Merke: Fünf Töne, die erhöht werden, bekommen ein »is« hinten dran.

Und zur **Erniedrigung**:

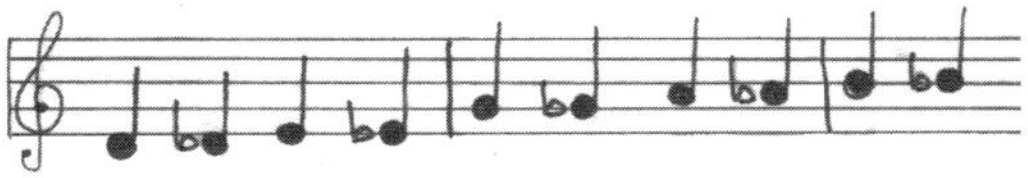

Merke: Fünf Töne, die erniedrigt werden, bekommen ein »es« hinten dran, nur H tanzt aus der Reihe und wird zu Bb.

Das ist alles! Sieben Töne ohne Veränderung, fünf erniedrigende und fünf erhöhende. Also kein Drama. Wenn Sie sich mit diesen Tönen anfreunden, sind Sie des Notenlesens mächtig!

Einen weiteren wichtigen Notenschlüssel möchte ich noch vorstellen. Den F-Schlüssel oder Bassschlüssel. Wie Sie vielleicht schon ahnen: Ja, der Ton F im Bass wird wieder schön eingekringelt. Und jetzt wissen Sie auch: nach F kommt G-A-H-C. Plus Zwischentöne. Viel Spaß beim Notenlesen!

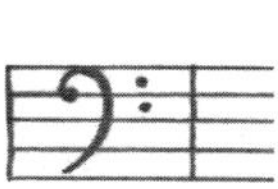

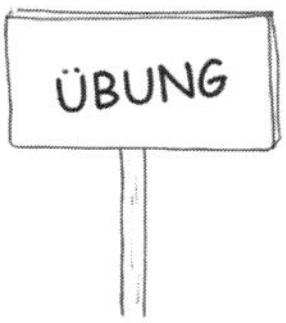

Eine kleine Übung. Wie heißen diese Töne? Schreiben Sie es unter die Noten.

DIE RICHTIGE ANTWORT FINDEN SIE AUF SEITE 367

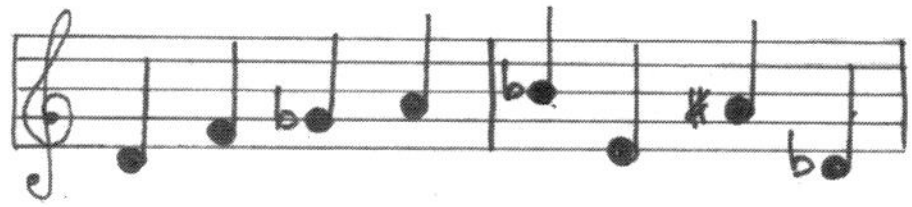

Genaue Bezeichnung der einzelnen Oktaven

Wenn Sie schon einmal ein Klavier aus der Nähe gesehen haben, dann konnten Sie sehen, dass es mehr als eine Oktave auf diesem Instrument gibt. Es sind sogar etwas mehr als sieben Oktaven. Um sich hier zurechtzufinden, haben sich ein paar schlaue Menschen zusätzliche Bezeichnungen für die Töne einfallen lassen. So wird beispielsweise der Ton C, der Anfangston der C-Dur-Tonleiter, den Sie in der Mitte des Klaviers finden, mit c1 bezeichnet. Damit jeder Musiker genau weiß, welcher Ton gemeint ist. Und auch ein Kollege in Singapur spielt den gleichen Ton. Eine Oktave über dem c1 nennt man c2 und eine Oktave darüber c3 usw. Im Bassbereich hat man sich nicht für ein c -1 entschieden, sondern für die Bezeichnung »kleines c« für das c unterhalb unseres geliebten c1. Die Oktave unter der kleinen Oktave wiederum bezeichnet man als »große Oktave«. Darunter wird es etwas kryptischer. Es folgt die Kontraoktave und darunter die Subkontraoktave, deren Töne nur Elefanten gut hören können. Sie können sich das wie die Koordinaten einer Landkarte vorstellen. Für uns Musiker sind das die Bezeichnungen unserer musikalischen Landkarte.

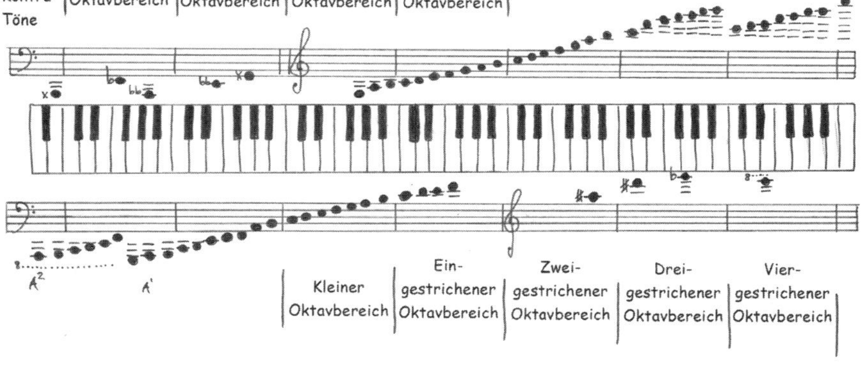

Ohrwurm der Stunde

* »Alle meine Entchen«
* Aus der neuen Welt von Antonín Dvořák

Und, wie kommen Sie voran? Allein, wenn Sie diese Zeilen im Theorieteil lesen, heißt das, dass Sie zumindest bis hierher geblättert haben. Glückwunsch! Jetzt heißt es dranbleiben! Der Rock 'n' Roll ist nicht mehr weit.

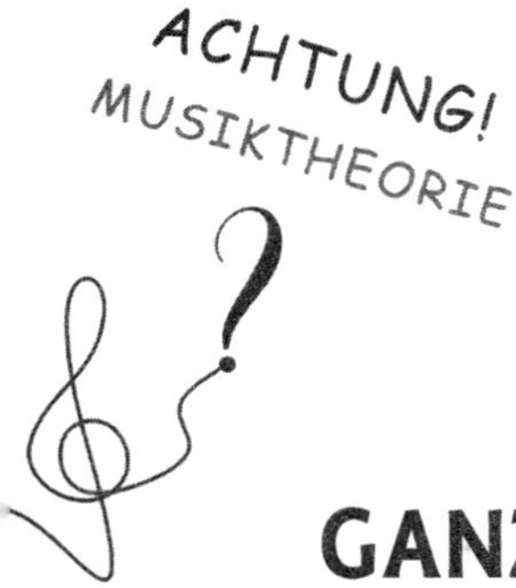

GANZ- UND HALBTON-SCHRITTE – DER CODE

DER GANZE WAHNSINN EINER TONLEITER

Für jede Tonleiter gibt es einen bestimmten Abstand zwischen den einzelnen Tönen. Es ist ein Code, den man als Unkundiger leider nicht in der Notenschrift erkennen kann. Was auch der Sinn eines Codes ist, sonst könnte ihn ja jeder lesen. Wenn Sie den Code kennen, können Sie auf jedem x-beliebigen Ton eine Tonleiter bilden. Interessiert? Ob Dur- oder Molltonleiter, harmonisch oder schräg. Was sich anhört wie ein ferner Traum auf dem Weg zum ultimativen Musikverständnis, wird sich in den nächsten zwei Minuten erfüllen, allerdings müssen Sie weiterlesen. Der Code zeigt die jeweiligen Abstände von Ganz- und Halbtonschritten für die Tonleiter an. Sie denken: »Was zum Teufel sind Ganz- und Halbtonschritte?« Werfen Sie einen Blick auf die Klaviertastatur. Den Abstand zwischen zwei direkt benachbarten Tasten nennen wir einen Halbtonschritt, wobei es keine Rolle spielt, ob die Tasten schwarz oder weiß sind. Es ist der kleinste mögliche Schritt zwischen zwei Tönen. Kleiner geht nicht. Der Abstand zwischen E und F ist beispielsweise ein Halbton. Sie sehen sofort, da ist keine Taste dazwischen. Ebenso der Abstand zwischen F und Fis. Haben Sie die Töne auf der Grafik gefunden? Das ist der kleinste mögliche Abstand.

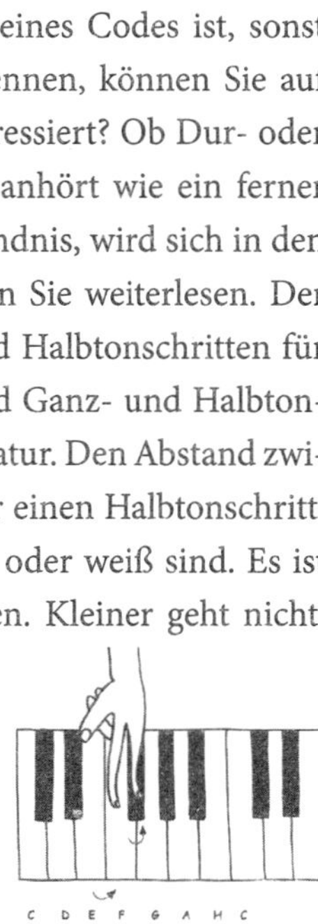

Der Abstand zwischen den Tönen C und D ist nicht der kleinste mögliche Abstand, sondern besteht aus zwei Halbtonschritten und ist daher ein Ganzton. Genauso zwischen den Tönen D und E oder G und A. Da ist jeweils ein Halbtonschritt dazwischen. Zählen Sie einfach die Tasten und Sie wissen Bescheid. Zwei Apfelhälften ergeben einen ganzen Apfel. Zwei Halbtöne ergeben einen Ganzton.

Sie denken: »Kinderkram, zwei Halbtonschritte ergeben einen Ganztonschritt.« Aber in der Musik ist vieles Kinderkram, bis man aus ganz verschiedenem Kinderkram etwas Geniales macht. Auch Beethoven benutzt Ganz- und Halbtonschritte, ob in der *Mondscheinsonate* oder in der *5. Sinfonie.*

Dur-Tonleiter-Code

Schauen wir uns den ersten Code an. Es ist der Code der Dur-Tonleiter. Oft in Verbindung mit fröhlicher und positiver Musik. Um es einfach zu machen: Suchen Sie mal den Ton C auf der Tastatur. Jede weiße Taste links neben den 2 schwarzen Tasten ist ein C. Jede Dur-Tonleiter hat den Code 1-1-1/2- 1-1-1-1/2. Das sieht fast aus wie eine Programmiersprache für ein russisches Hackerprogramm. Die 1 steht für einen Ganztonschritt und die 1/2 für einen Halbtonschritt.

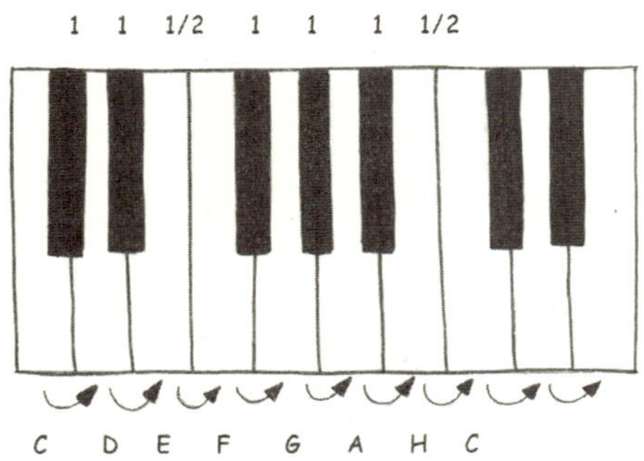

Merken Sie sich diesen Code: Ganzton, Ganzton, Halbton, Ganzton, Ganzton, Ganzton, Halbton.

Jetzt kennen Sie den Code für jede Dur-Tonleiter der ganzen Welt. Wenden Sie es gleich einmal an. Wie lauten die Töne der D-Dur-Tonleiter? Beginnen Sie von D aus mit diesem Code: Ganzton, Ganzton, Halbton, Ganzton, Ganzton, Ganzton, Halbton. Dann kommt raus...: D, E, F#, G, A, H, C#, D.

Natürliche Moll-Tonleiter-Code

Der zweite Code, den Sie jetzt kennenlernen, ist das Pendant für die Moll-Tonleiter. Diese wird mit traurigerer Musik in Verbindung gebracht. Das erste Intervall ist genau wie bei der Dur-Tonleiter, ein Ganzton, danach geht es anders weiter. In Zahlen sieht das so aus: 1-1/2-1-1-1/2-1-1, als gesprochener Code ist es (ja, sprechen Sie es ruhig laut, dann lernt man es schneller und die Umgebung hält Sie für furchtbar schlau): Ganzton, Halbton, Ganzton, Ganzton, Halbton, Ganzton, Ganzton.

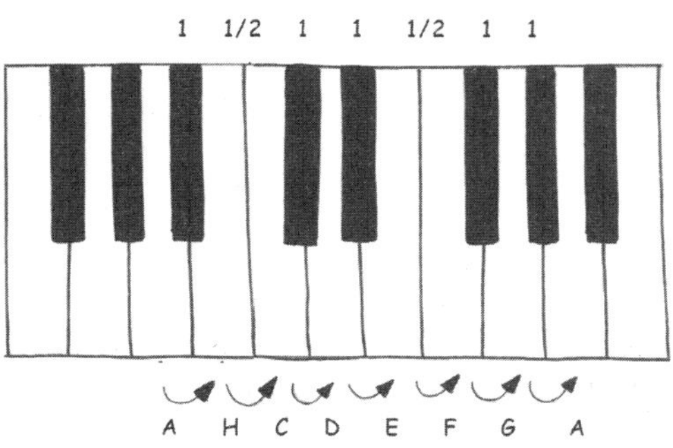

Und hierzu noch eine kleine Übung. Test: Was ist ein Ganz- und was ein Halbtonschritt? Jetzt kriegen Sie es raus!

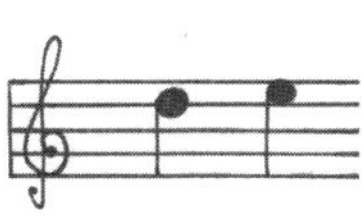

Ganztonschritt: ______

Halbtonschritt: ______

DIE RICHTIGE ANTWORT FINDEN SIE AUF SEITE 367

DIE RICHTIGE ANTWORT FINDEN SIE AUF SEITE 367

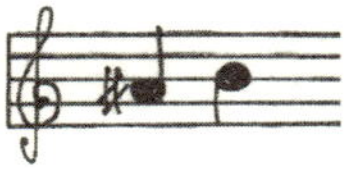

Ganztonschritt: ______
Halbtonschritt: ______

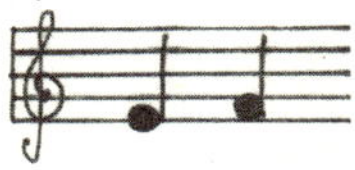

Ganztonschritt: ______
Halbtonschritt: ______

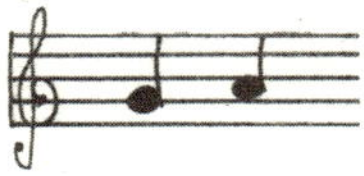

Ganztonschritt: ______
Halbtonschritt: ______

Sie sehen, die kleinste Einheit in unserer Musik sind diese beiden Schritte. Halb- und Ganztonschritt. Wenn Sie sich das merken, kennen Sie ab sofort die Grundlage aller Musik. Sie sind halt musikalisch!

Ohrwurm der Stunde

* »Auf de schwäbsche Eisebahne« – Volkslied
* *Die Moldau* von Bedrich Smetana

DIE ÄLTESTE TONLEITER DER WELT

ODER WAS HAT AVICII MIT HARIBO ZU TUN?

Quizfrage: Was haben die Lieder »Old MacDonald Had a Farm« und »Laterne, Laterne, Sonne, Mond und Sterne« gemeinsam? Für den Fall, dass Sie bereits Noten lesen können (siehe das Kapitel: »Noten lesen lernen«), schauen Sie mal hier. Alle anderen summen es einfach im Kopf.

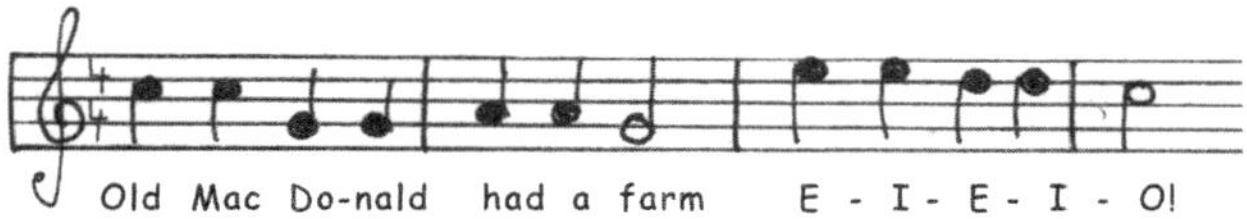

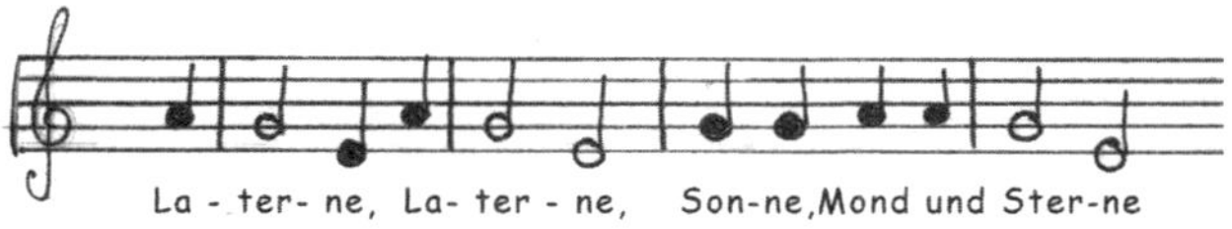

Auf den ersten Blick wenig. Beide Lieder stehen im 4/4-Takt Okay. Das eine ist ein amerikanisches Westernlied und »Laterne« ein Kinderlied, das Sie schon oft aus begeisterten Kinderkehlen vernommen haben. Aber falls Sie die Überschrift über diesem Kapitel aufmerksam gelesen haben, werden Sie ahnen, dass es mir hier um eine Tonleiter geht. Beide Lieder bestehen aus den Tönen dieser Tonleiter – aber nicht irgendeiner. Diese Tonleiter ist eine alte Sage wie die Siegfried-Geschichte mit Drachen und allem, was dazugehört. Sie ist ein magisches Geheimnis der Musik, das von Generation zu Generation weitergegeben wurde. In Asien, Europa, Australien, Amerika und Afrika kennt man diese Tonleiter. Sie wurde von unzähligen Musikern als Grundlage für Lieder genommen, in Blues- und Gospelsongs verewigt und eben auch in »Laterne« und »Old MacDonald«. Die jüngeren Zeitgenossen unter Ihnen kennen Aviciis Hit »Levels«, dessen Melodie zu fast 100 Prozent aus ihr besteht. Auch »Haribo macht Kinder froh«, »Amazing Grace«, die *Morgenstimmung* von Edvard Grieg oder »Take Five« von Paul Desmond bestehen aus ihren Tönen. Die Rede ist von der **Pentatonik**.

#1. Der Name

Der Name Pentatonik kommt aus dem Griechischen. *Penta* ist das griechische Wort für fünf. Das verrät dem aufmerksamen Leser, dass sie irgendwas mit fünf zu tun haben muss, und tatsächlich besteht die pentatonische Tonleiter nicht aus sieben Tönen wie eine normale Tonleiter, sondern aus – wer hätte das gedacht – fünf Tönen! Manche sagen Fünftonleiter dazu. Ich finde, Penta hätte auch einen guten Markennamen für eine Zahnpasta abgegeben. »Penta, morgens und abends der perfekte Schutz für Ihre Zähne.« Aber die Pentatonik ist in der Musik berühmt geworden. Sie ist das älteste nachgewiesene Tonsystem, was man an alten Knochenflöten sehen kann.

#2. Die Töne

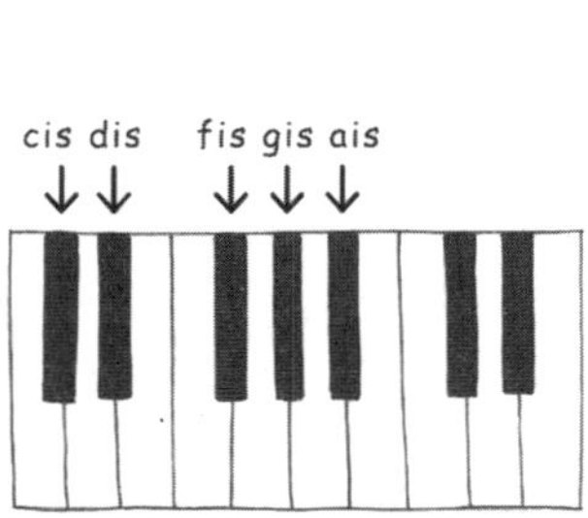

Der schnellste Weg, sich die Pentatonik vorzustellen, ist mit einem Blick auf die Klaviertastatur verbunden: Es sind die 5 schwarzen Tasten innerhalb einer Oktave. Angefangen mit Cis hintereinander angeschlagen ergeben sie automatisch die Fünftonleiter, und zwar in der Tonart Cis-Dur. Die Pentatonik klingt für unsere Ohren etwas asiatisch.

Aber sie ist nicht auf einen Kontinent begrenzt. In einem sensationellen Youtube-Video beweist der Sänger Bobby McFerrin, dass alle Menschen auf der Welt die Pentatonik in ihren musikalischen Genen gespeichert haben. (»Bobby McFerrin demonstrates the Power of the Pentatonic Scale.«) Für die Spezialisten unter Ihnen setzt sich die Pentatonik in der Theorie aus 5 übereinanderliegenden Quinten zusammen, die in eine Oktave transponiert wurden. Falls da jetzt zu viele Fremdwörter im letzten Satz vorkamen, einfach weiterlesen. Im Laufe der nächsten Kapitel werden Sie sie erklärt bekommen.

Nun etwas konkreter. Was ist der Unterschied zu einer handelsüblichen C-Dur Tonleiter? Das ist die C-Dur-Tonleiter:

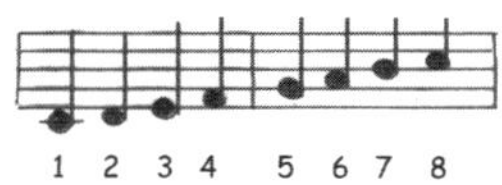

Für die pentatonische Tonleiter lässt man die 4. Stufe, also die Quarte, und die 7. Stufe, die Septime, der Dur-Tonleiter weg. Fertig. Klingt einfach? Ist es auch. Aber darin besteht die Genialität. Es gibt keine Leittöne. Es gibt keine Halbtonschritte. Es gibt dadurch keine Missklänge.

Sieht so aus:

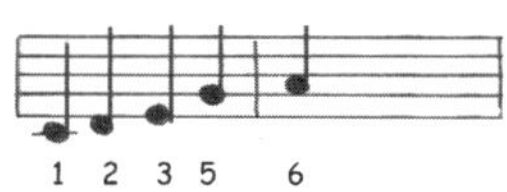

Wir unterscheiden zwei Pentatoniken, denn auch hier gibt es eine Dur- und eine Moll-Variante.

Die Dur-Pentatonik

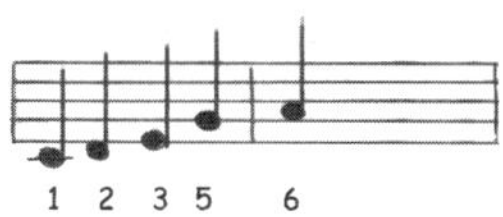

Und die Moll-Pentatonik

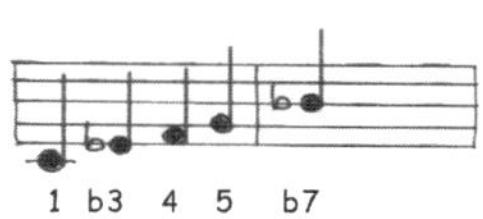

Die Dur-Variante hören Sie zum Beispiel bei der *Arabesque Nr. 1* von Claude Debussy. Die Moll-Variante in dem Song »Summertime« von George Gershwin. Und falls Sie Fan der Bluesmusik sind, werden Sie in jeder Bluestonleiter die Moll-Pentatonik hören, denn die besteht daraus. Wenn Sie Ihre erste Melodie schreiben wollen – die Pentatonik ist immer eine gute Wahl. Wir alle können uns eine Melodie besser merken, wenn sie aus der Pentatonik besteht. »Backe, backe Kuchen« und »Levels« beweisen das.

Ohrwurm der Stunde

* »Haribo macht Kinder froh«
* »Amazing Grace«

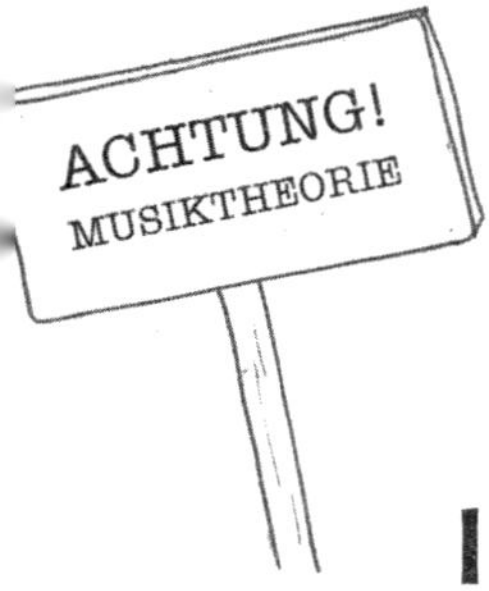

INTERVALLE IN DER DUR-TONLEITER

ABSTAND HALTEN IST WICHTIG

Im Leben geht es oft darum, auch mal Abstand zu halten – von Ex-Partnern, vom Job, den Kindern oder der Spielkonsole. In der Musik nennen wir diese Abstände zwischen den Tonhöhen Intervalle. Ohne Abstände würde die gesamte Musik auf einem Ton stattfinden und wäre im wahrsten Sinne des Wortes monoton. Darum freuen wir uns über die Erfindung der Intervalle. Keine Angst, es geht nicht um die Intervalldiät. Sie können Ihre Schokolade ruhig weiteressen.

Intervalle können Sie nacheinander hören, in einer Melodie wie zum Beispiel in dem schönen Lied »Somewhere Over The Rainbow« oder bei der Werbung: »Ich will so bleiben wie ich bin…« Da erklingen die Töne in der Melodie einzeln hintereinander. Die Abstände zwischen den Silben »will« und »so« und »blei« und »ben« nennen wir **melodische Intervalle.** Sie können Intervalle aber auch gleichzeitig hören, in einem Akkord, den z.B. ein Pianist oder Gitarrist spielt. Da hören Sie mehr Töne zur gleichen Zeit und der Abstand zwischen diesen Tönen sind die **harmonischen Intervalle.**

Wichtiger als die Tatsache, dass wir die Abstände mal nacheinander und mal gleichzeitig hören, ist der Unterschied zwischen gut klingenden und nicht so prall klingenden Intervallen. Sie können alle sofort sagen:

»Das klingt schön und das schräg.« Jetzt bekommen Sie etwas Fachwissen zum Posen dazu: Es gibt **konsonante**, das sind die schön klingenden Intervalle, und **dissonante** Intervalle, das sind die nicht so schön klingenden. Sie können nun bei unschönen Diskussionen mit Ihrem Partner sagen: »Du, Schatz, wir sind gerade dissonant.« Wäre musiktheoretisch richtig, könnte aber trotzdem falsch verstanden werden.

Wie viele Intervalle gibt es in der westlichen Musik? Wir haben, wie Sie schon wissen, nur 12 Töne in der Oktave, das heißt von c1 bis c2 auf dem Klavier, – also gibt es auch 12 dazugehörige Intervalle.

Fürs Erste sollen hier mal sieben reichen. Die sieben, die zur Dur-Tonleiter gehören. Zu jeder. Das heißt, jedes Intervall kann man mit *jedem* Ton beginnen. Nehmen wir einfach mal C-Dur, denn diese Tonart sieht auf dem Klavier so schön aus. Keine Vorzeichen, keine schwarzen Tasten, alles schick.

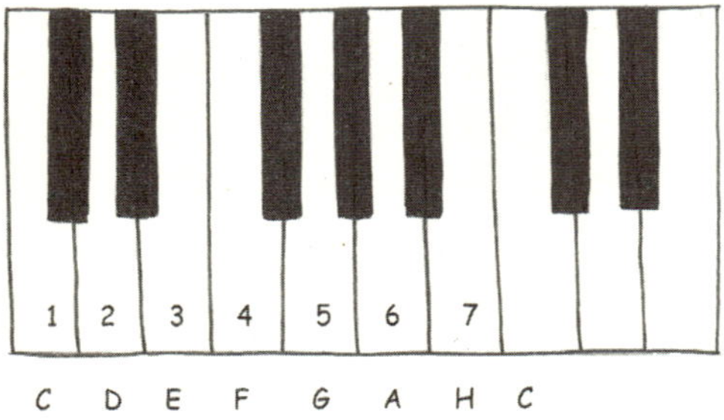

Wie begreift man die Intervalle? Am leichtesten mit der Tastatur auf dem Klavier. Und wie merkt man sie sich am besten? Mit Liedern, die man schon kennt. Denn ich wette, Sie haben alle schon alle Intervalle mal gehört oder selbst geträllert, auch wenn Sie die Namen nicht wussten. Los geht's!

#Die Intervalle der Dur-Tonleiter

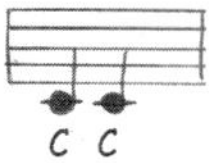

1. Das kleinste mögliche Intervall – eigentlich ein Null-Abstand – ist die **Prime** (von lat. *primus,* »der Erste«). Das ist die erste Tonstufe und damit zweimal der gleiche Ton. Der »Abstand« von C zu C (oder bei anderen Tonleitern von D zu D usw.). Wie beim Anfang von »Happy Birthday«. Da erklingt bei den Silben »Ha« und »ppy« der gleiche Ton. Die Prime ist übrigens – wer hätte das gedacht – ein angenehm konsonantes Intervall.

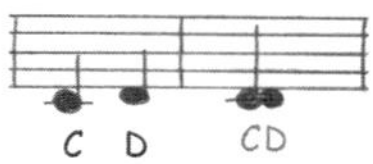

2. Das Intervall zwischen dem 1. und 2. Ton, also bei C-Dur zwischen C und D, nennen wir eine **große Sekunde**. Bei »Happy Birthday« kommt die große Sekunde zwischen den Silben »Happy« und »Birth« vor. Danach kommt wieder ein »day« und auch dieses Intervall ist eine große Sekunde. (Für Freunde der Zahlen: 2 Halbtonschritte = 1 große Sekunde). Gesungen davon haben Sie schon unzählige, jetzt kennen Sie den Fachbegriff dazu. Die jeweilige harmonische Variante des Intervalls sehen Sie links. Die Sekunde ist mit das beliebteste Intervall, hintereinander gespielt klingt sie wunderschön konsonant, nur wenn die beiden Töne zugleich erklingen, nehmen wir sie als eher dissonant wahr.

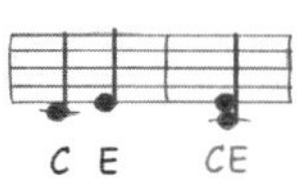

3. Die **große Terz** heißt der Abstand zwischen dem 1. und 3. Ton der Dur-Tonleiter. Als harmonisches Intervall sieht es schon sehr viel ordentlicher aus als die große Sekunde und klingt auch viel schöner.

Hörbar bei dem Lied »Oh, When the Saints Go Marching In«. Da ist die Terz zwischen dem Wort »Oh« und dem Wort »when« zu hören bzw. zu singen. Die große konsonante Terz liegt unter den Top 10 der Intervalle auf Platz 2.

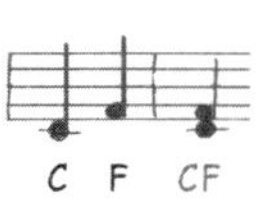

4. Der Abstand zwischen dem 1. und 4. Ton der Dur-Tonleiter wird **Quarte** genannt. Kennen Sie alle vom »Tatütata« des Einsatzfahrzeugs. Wenn Sie das nächste Mal ein

Martinshorn hören, realisieren Sie: Musikalisch ganz klar eine Quarte. Sehr gut.
Oder der Anfang des Lieds »Das Wandern ist des Müllers Lust«, und zwar zwischen »Das« und »Wan-«. Aber da heutzutage die Jugend nicht mehr wandert, wird es schwierig.

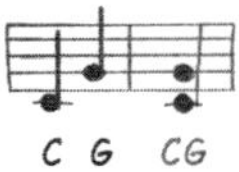

5. Den Abstand zwischen dem 1. und 5. Ton nennen wir **Quinte**. Beim Lied »Morgen kommt der Weihnachtsmann« hören Sie eine konsonante Quinte zwischen den Worten »Morgen« und »kommt«. Und beim Stimmen der Streicher im Orchester hören Sie normalerweise ein Quintengemurmel.

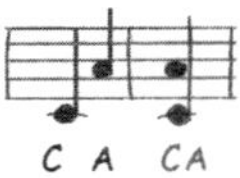

6. Der Abstand zwischen dem 1. und 6. Ton heißt große **Sexte**. Der Song »My Way«, den Frank Sinatra gesungen hat, beginnt mit diesem Intervall in der ersten Strophe mit dem Text: »And now, the end is near…« – »And« und »now« trennt eine große Sexte.

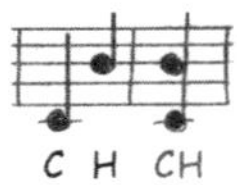

7. Der Abstand zwischen dem 1. und 7. Ton ist die große **Septime**. Sie werden keinen Liedanfang mit diesem Intervall finden, und das aus gutem Grund, denn das klingt sehr, ich meine wirklich sehr unsanglich und dissonant.

Das sind die sieben Intervalle der Dur-Tonleiter. Sie haben alle Intervalle in Ihrem Leben schon hundert- oder tausendfach gesungen. Nur wussten Sie gar nicht, wie musikalisch und schlau Sie wirklich sind. Nun sind Sie es: Prime, Sekunde, Terz, Quarte, Quinte, Sexte und Septime. Intervalle Teil 1 geschafft! Kleines Bonuswissen: Natürlich fehlt noch die Oktave, der Abstand von 8 Tönen, aber die ist so einfach, die bekommen sie einfach obendrauf! Glückwunsch!

Wenn Sie neugierig geworden sind auf die restlichen fünf (inklusive »Teufelsintervall«!), lesen Sie gleich weiter. Wenn Sie aber meinen, dass Sie mit sieben wunderbar auskommen, springen Sie einfach auf Seite 299.

Ohrwurm der Stunde

* »Morgen kommt der Weihnachtsmann« – Volkslied
* »My Way« von Frank Sinatra
* »Das Wandern ist des Müllers Lust« – Volkslied

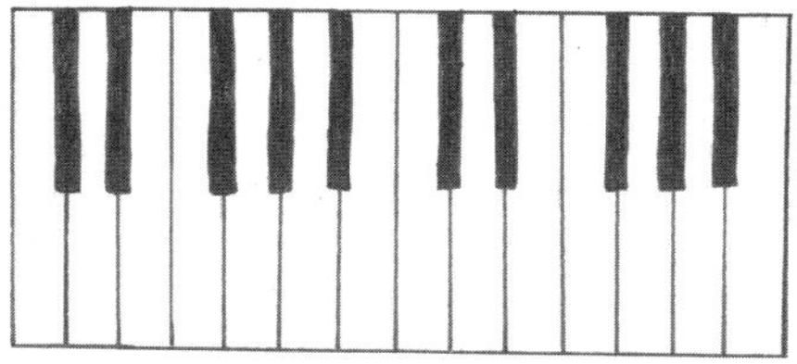

INTERVALLE – DER REST

Nachdem wir gerade die sieben Intervalle der Dur-Tonleiter kennengelernt haben, entführe ich Sie jetzt in die höheren Ebenen. In den heiligen Gral der Musiktheorie. Es fehlen bei 12 möglichen Intervallen in einer Oktave genau noch fünf Stück. Wenn wir noch mal bei C-Dur bleiben, so sind das, für den Anfang vereinfacht, die Abstände von allen schwarzen Tasten auf dem Klavier im Verhältnis zum Ton C. Hier sehen Sie die Tastatur mit den schwarzen und weißen Tasten. Finden Sie schon mal die schwarzen Tasten, ich mache mir noch einen Tee. Gefunden? Wissen Sie noch, wo der Ton C war? Genau, immer links neben zwei schwarzen Tasten. Sie schauen leicht entnervt und denken: »Habe ich gleich gesehen. Warum muss ich das wissen, noch mehr Intervalle?« Nun, müssen Sie natürlich nicht. In der Küche müssen Sie auch nicht unbedingt wissen, was Salz, Zucker und Majoran mit Ihrem Essen macht. Aber dann kommt eben plötzlich Salz in die Marmelade, nur weil es so ähnlich aussieht wie Zucker. Sie haben ja auch das Alphabet kennengelernt, um im Telefonbuch, gut, das kennen die Jüngeren jetzt nicht, sagen wir: in der Smartphone Kontakte-App, besser zurechtzukommen. Doch zurück zum Thema. Es sind ja nur noch fünf.

Ein Wort muss ich noch einführen. Das heißt »enharmonische Verwechslung«. Klingt wie eine komplizierte medizinische Sache, die man sich lieber nicht einfängt. Enharmonisch bedeutet, dass ein Ton zwei Namen hat. So wie Johann Wolfgang oder Wolfgang Amadeus und Cindy und Bert. Oder wie Jekyll und Hyde. Der gleich klingende Ton kann aufgrund der Zugehörigkeit zu unterschiedlichen Tonarten jeweils mit einem anderen Namen versehen sein. Erhöht man z.B. ein C (der Notenbefehl dazu lautet #), erhält man ein Cis. Erniedrigt man nun ein D (durch ein b vor der geschriebenen Note), erhält man ein Des. Auf der Klaviatur sehen wir: Es ist derselbe Ton, nämlich die schwarze Taste, die zwischen C und D liegt. Somit ist der Ton C# (Cis) gleichzeitig auch ein Db (Des). Und da das Wort »enharmonisch« so viel smarter klingt, muss es korrekt heißen: C# ist »enharmonisch verwechselt« ein Db. Das ist am Anfang etwas ungewohnt, tut aber nicht weh und normalisiert sich mit der Zeit.

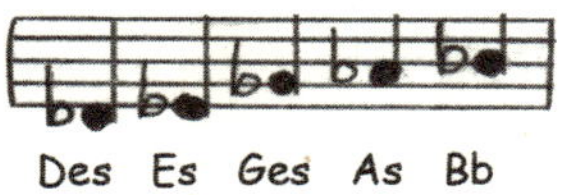

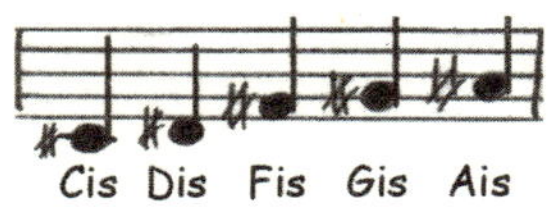

Man kann diese Intervalle von *jedem* Ton aus bilden. Beispiel: Eine kleine Sekunde ist auch von A zu As oder von G zu Ges. Ich präsentiere Ihnen die noch verbleibenden fünf Intervalle. Bleiben wir der Einfachheit halber bei C als erster Tonstufe.

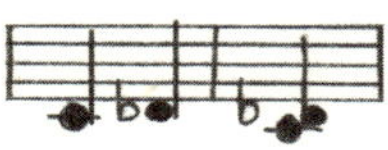

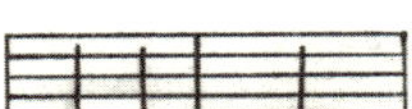

1. Dieses Intervall heißt **kleine Sekunde**. Es klingt wie der Beginn von »Für Elise« von Beethoven. Der Abstand zwischen diesen beiden Tönen ist eine kleine Sekunde oder ein Halbtonschritt. Auf der linken Seite sehen Sie jeweils das melodische Intervall der kleinen Sekunde in der Bb und der # Variante und rechts vom Taktstrich das harmonische. Es ist aber immer das GLEICHE Intervall einer kleinen Sekunde. Oben ist es der Abstand zwischen C und Des und darunter zwischen C und Cis. Ein Halbtonschritt. Und dissonant wie es nur dissonant sein kann, wenn sie gleichzeitig erklingt. Und gerne von Alfred Hitchcock verwendet, um in seinen Horrorszenen Spannung zu erzeugen.

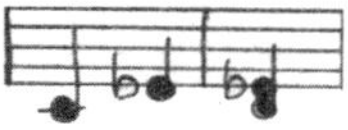

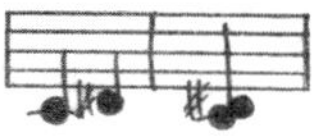

2. Der Abstand zwischen C und der zweiten schwarzen Taste ist eine **kleine Terz.** In Tonschritten ist das ein Ganztonschritt und dazu noch ein Halbtonschritt. Sie kennen den Klang der kleinen Terz von der Werbung. »Meister Proper putzt so sauber, dass man sich drin spiegeln kann.« Und der Abstand zwischen »Meister« und »Proper« ist eine kleine Terz. Oder der Beginn von »Hänschen klein«. Da ist der Abstand zwischen »Häns« und »chen« auch eine kleine Terz.

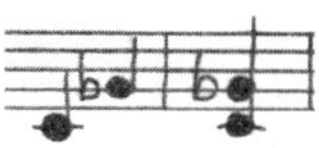

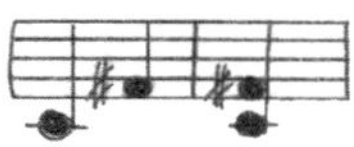

3. Der **Tritonus** umspannt drei Ganztöne. Das Wort kommt aus dem Griechischen und setzt sich aus *tri* = drei und *tonus* = Spannung zusammen. Der Tritonus wird auch als übermäßige Quarte oder verminderte Quinte bezeichnet. Dieses Intervall war mit dem Teufel in der Musik verbunden. Es wurde ein paar Jahrhunderte lang ziemlich stiefmütterlich behandelt und erst durch Richard Wagner richtig in die Musik eingeführt. Vorher nahm man dieses Intervall nur als furchtbar schräg wahr. Das ist glücklicherweise heute nicht mehr so und der Teufel in der Musik hat seinen Schrecken etwas verloren. Der Tritonus ist ein sehr instabiles Intervall und will sich schrecklich gerne auflösen. Daher wird es oft als Leitton verwendet. Entweder löst sich der Ton nach oben oder unten auf. Lange hält man diesen Klang ohne Auflösung zumindest nicht aus. Wenn Sie die *West Side Story* kennen, kennen Sie auch einen Tritonus, denn das Anfangsmotiv des Liedes »Maria« ist der Tritonus. Die Jüngeren kennen das Thema der Zeichentrickserie *Die Simpsons*. Und da ist es das Intervall der Melodie mit dem Text »Die Simpsons«.

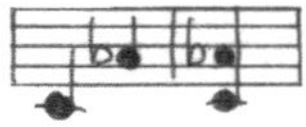
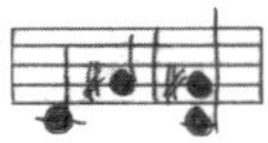

4. So eine spannende Geschichte wie der Tritonus hat die **kleine Sexte** nicht zu bieten. Wie der Name schon verrät, müssen Sie sechs Tonstufen zählen. Offiziell sind das eigentlich nur vier Ganztonschritte oder auch die Abfolge von zwei Ganztönen, einem Halbton, einem Ganzton und einem Halbton.

Ein schönes Intervall, das Komponisten zum Beispiel für den Beginn von Liedern wie »Bei mir bist du schön« oder »When Israel Was in Egypt's Land« verwendet haben. Der Abstand zwischen »Bei« und »mir« und zwischen »When« und »Israel« ist eine kleine Sexte.

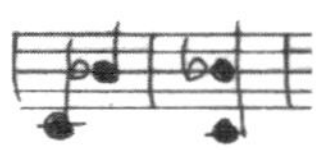
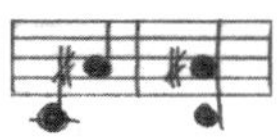

5. Das letzte verbleibende Intervall ist eine **kleine Septime**. Da gibt es auch ein paar schöne Melodien. Bei dem Lied »The Winner Takes It All«« ist die kleine Septime das Intervall zwischen »win« und »ner«. Sie können aber auch »Somewhere« aus der *West Side Story* nehmen und da ist es das Intervall zwischen »Some« und »where«.

Jetzt sind Sie mit allen Wassern der Intervalle gewaschen! Musik macht schlau!

Ohrwurm der Stunde

* »Ich wollt' ich wär' ein Huhn« von Comedian Harmonists
* »Bei mir bist du schön« von Ella Fitzgerald
* »Maria« aus der *West Side Story* von L. Bernstein

Übung. Welche Intervalle sind das?

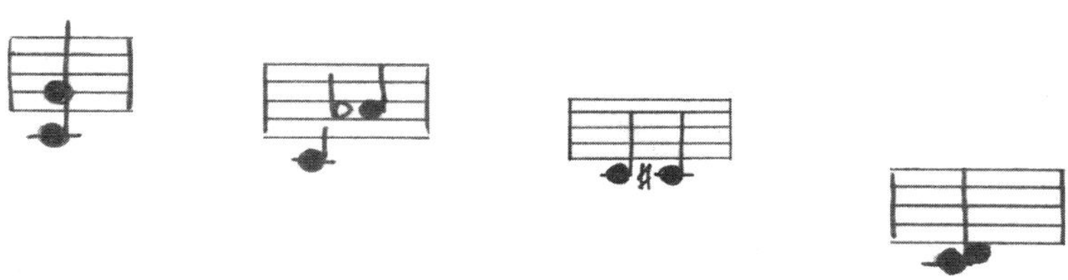

DIE RICHTIGE ANTWORT
FINDEN SIE AUF
SEITE 367

DER RHYTHMUS

ODER WAS ZUM KUCKUCK IST EINE VIERTELNOTE?

Was ist Rhythmus? Ein Universum. Ohne Rhythmus ist alles doof. Ohne Rhythmus kein Gitarrenriff, kein »I Can't Get No Satisfaction«, kein »La Paloma« (was vielleicht nicht so schlimm wäre), und kein Mozart Klavierkonzert (was wirklich traurig wäre). Wir kennen viele Rhythmen – den Sprachrhythmus, Schlafrhythmus, Biorhythmus ... und manchmal auch kein gutes Rhythmusgefühl. Wann sage ich meiner Frau, dass ich eine Neue habe? Da hört man danach oft: »Das war aber überhaupt kein gutes Timing.« Und Timing ist eine englische Bezeichnung für Rhythmus. Allerdings gibt es natürlich Situationen, da kann man auch mit dem besten Timing nicht gewinnen.

Den Urrhythmus trägt jeder im Körper. Jeder, auch wenn Sie sich für sehr unmusikalisch halten. Sie haben den Urrhythmus. Es ist Ihr Herzschlag. Er ist unser ständiger rhythmischer Begleiter, im Idealfall ein Leben lang gleichmäßig. Obwohl er am Anfang des Lebens doppelt so schnell schlägt wie später, wenn wir erwachsen sind. Aber das pendelt sich nach ein paar Jahren ein. Viele sagen, der eine hat den Rhythmus im Blut und der andere nicht, aber das stimmt nicht. Im Blut gibt es keinen Rhythmus, nur Druck, damit das mal klargestellt ist. Blutdruck.

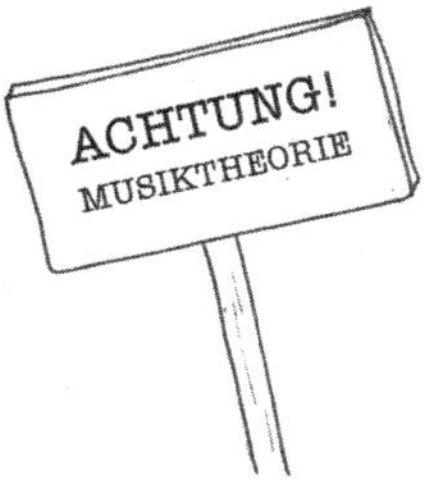

Beginnen wir mit den wichtigsten Parametern vom Rhythmus. Das sind: Tempo, Notenwerte, Pausen und Taktarten.

#1. Das Tempo

Das Tempo hat zunächst einmal nichts mit den Taschentüchern zu tun. Es ist das lateinische Wort für Zeit. Das Tempo ist das Zeitmaß in der Musik und wird in sogenannten *beats per minute*, also Schlägen pro Minute, angegeben und gemessen, abgekürzt bpm. Grundsätzlich ist auch hier der Herzschlag die Referenz für unser Gefühl von schnell und langsam. Ein Ruhepuls liegt zwischen 60 und 80 Schlägen pro Minute – das ist das Tempo für Balladen und ruhige Stücke. Ein hoher Puls beginnt bei 100 Schlägen pro Minute, wobei im Sprint locker 180 Schläge drin sind, bei Jüngeren schon mal bis 200. Und das ist genau so in der Musik. In der Musikwelt war Italien lange Zeit die führende Nation, daher wird das Tempo in der Musik nicht nur mit »langsam«, »mittelschnell« oder »schnell« angegeben, sondern, was viel intellektueller klingt, auf Italienisch mit *Largo* für langsam, *Andante* für ein mittleres Tempo, *Allegro* für schnell und *Presto* für äußerst schnell. Übrigens: Der Mensch, der das Metronom 1814 erfunden hat, das so vielen Musikern das Leben erschwert, war Herr Johann Nepomuk Mälzel. Der hat auch schon Ludwig van Beethoven seine Hörgeräte vertickt.

Largo 60 – 80 bpm (beats per minute)
Andante 80 – 100 bpm
Allegro 100 – 160 bpm
Presto 170 – 200 bpm

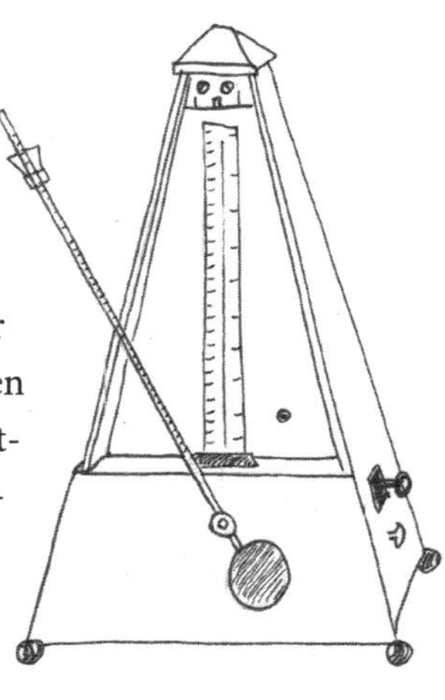

Es gibt noch einige Zwischenstufen, aber diese vier sind die wichtigsten Tempoangaben. In der Wiener Klassik, einer Zeitepoche der klassischen Musik, bezeichnete man damit die einzelnen Sätze einer Sinfonie. Sagen Sie ruhig dem Taxifahrer mal, er soll *largo* fahren, falls Sie von seinem

Fahrstil genervt sind. Wenn er zufällig Musiker oder Italiener ist, weiß er Bescheid. (Die Wahrscheinlichkeit, auf einen musikalischen Taxifahrer zu treffen, ist übrigens ziemlich hoch. Was sagt ein Jazzmusiker, der keine Arbeit hat, zu einem Jazzmusiker, der Arbeit hat? »Einmal zum Bahnhof bitte.«)

#2. Die Notenwerte

Die unterschiedliche Länge der Noten ist die DNA der Musik. Und da gibt es die fünf wichtigsten Notenlängen. Hier kommen sie:

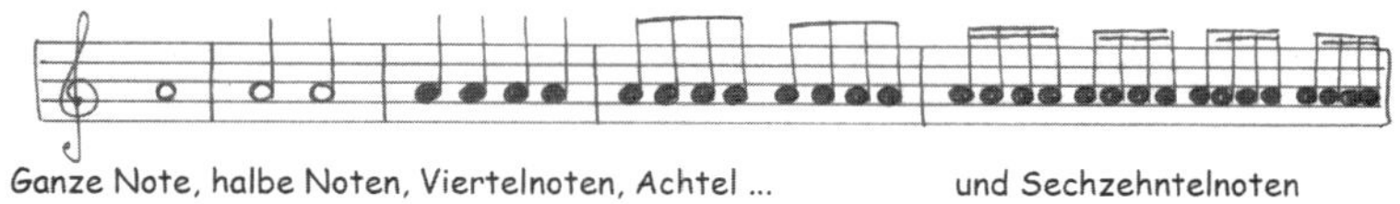

Wenn man diese Notenwerte nach Beliebtheit in der Verwendung aufteilen müsste, käme auf Platz eins die Viertel und auf Platz zwei die Achtel. Schauen wir uns diese Notenwerte etwas genauer an. Theoretisch ist es wie in Mathe: Eine ganze Note ist genauso lang wie vier Viertelnoten. 4/4 = 1. Eine Viertelnote ist genauso lang wie zwei Achtelnoten (1/4 = 2 x 1/8), eine Achtelnote ist genauso lang wie zwei Sechzehntelnoten (1/8 = 2 x 1/16).

Praktisch und ganz ohne Mathe kann man viel einfacher eine Vorstellung von der Länge bekommen – nämlich mit Hilfe unseres Sprachrhythmus. Hier ein paar Beispiele: Um eine **Viertelnote** auf dem Papier zu verstehen, gibt es ein paar passende Wörter. Das Wort »Eis« kann einer Viertelnote entsprechen. Falls Sie es destruktiver mögen, geht auch das Wort »Scheiß«. Sieht auf Notenpapier so aus:

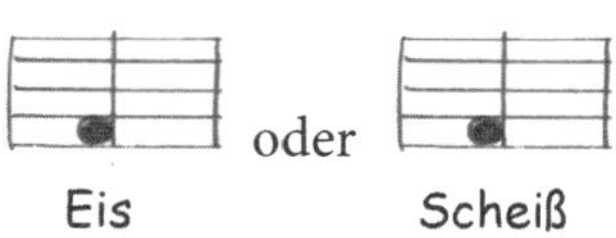

Die praktische Übung: »Sagen Sie einmal laut: ›Eis‹ …« … Sehr gut, so fühlt sich eine Viertel an. Nächste Stufe. Wenn ich zwei Viertel hintereinander präsentieren soll, fällt mir als Erstes das Wort Eiscreme ein. Oder, wieder für die Destruktiven unter Ihnen, das Worte Scheiße. Hier müssen Sie aber »Schei« und »ße« gut beim Sprechen trennen, sonst klappt das nicht.

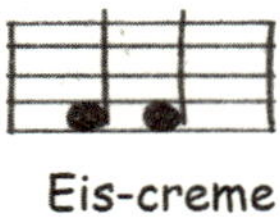

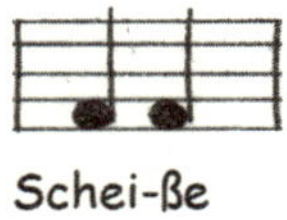

Nächste Stufe. Wie klingen vier Viertelnoten hintereinander? Wie in dem Wort Nougateiscreme:

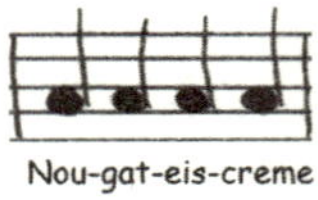

Bekommen Sie Appetit auf Eis? Das ist so gewollt und eine gute Belohnung für all Ihre rhythmischen Bemühungen. Mahlzeit.

Und ganz krass – wie klingen fünf Viertelnoten? Wie das Wort Tempotaschentuch.

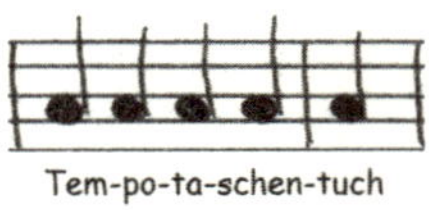

Und zwölf Viertelnoten hintereinander?

YEAH!

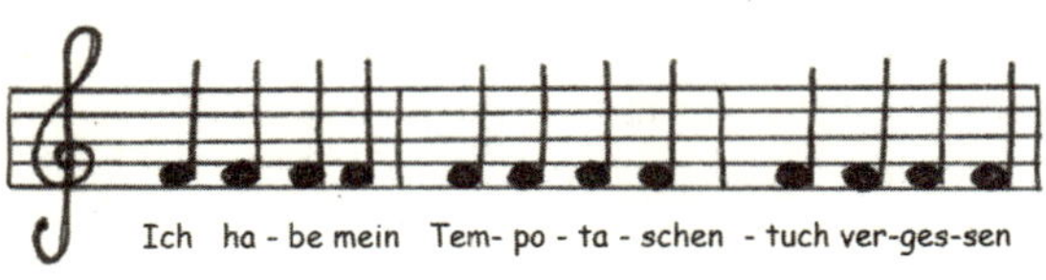

Der nächste Notenwert ist die **Achtelnote**. Sie ist halb so lang wie die Viertelnote. Wenn Sie das Wort Schokolade rhythmisch aufsagen, entstehen automatisch vier Achtel: Scho-ko-la-de. Ja, es sind alles Beispiele mit Zucker, aber was soll ich machen, die sind halt raffiniert. Wenn Sie das nächste Mal auf die Frage, ob Sie etwas Süßes essen wollen, mit »Schokolade« antworten, werden Sie an mich und meine vier Achtelnoten denken.

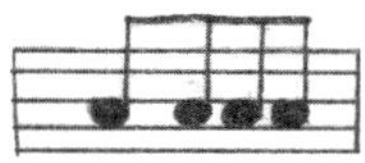

Eine Kombination von einer Viertel und zwei Achtelnoten ist beispielsweise das Wort »Himbeere«. So sprechen die meisten von uns zumindest das Wort aus. Die Silbe »Him« wird etwas länger als die nachfolgenden Silben »bee-re« ausgesprochen.

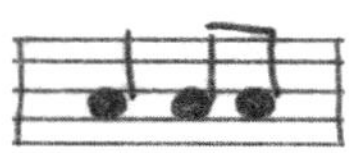

Zwei Achtel und eine Viertelnote ergeben sich aus »Kokosnuss«. Und zwei Viertelnoten und zwei Achtelnoten ergeben: »Eis, Eis, Baby«.

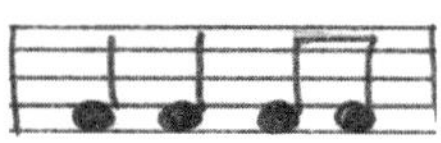

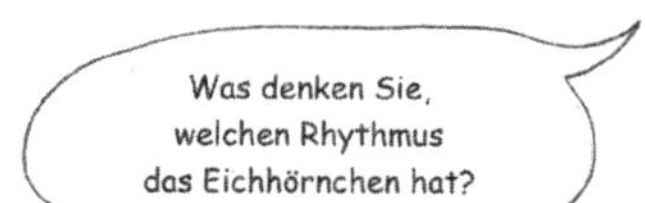

Die Sprache hat sowieso viel Rhythmus. Im Poetry Slam oder in der Hip-Hop-Musik wird der Rhythmus der Sprache zum Kern der Musik. Sie kennen jetzt schon Schokolade und Himbeere. Der Anfang ist gemacht. Sehen Sie, Sie sind nicht nur viel musikalischer, sondern auch rhythmischer, als Sie denken. Kleines Insiderwissen: Wenn Sie an jede Note einen Punkt anhängen, verlängert sich der Notenwert um die Hälfte. Wenn Sie zum Beispiel eine Viertelnote mit einem Punkt dahinter sehen, dauert der Ton eine Viertelnote plus eine Achtelnote.

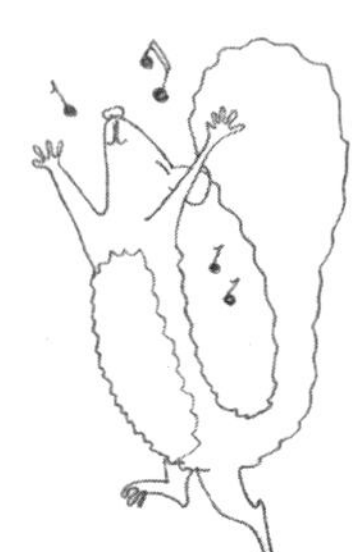

DIE RICHTIGE ANTWORT FINDEN SIE AUF SEITE 367

#3. Die Pausen

Wir lieben alle Ferien, den Urlaub und die Füße auf dem Sofa an einem Dienstagabend. Pausen gehören auch zur Musik. Was wäre ein Wald mit Bäumen ohne die Abstände dazwischen? Einfach nur ein riesengroßes Stück Holz. Wir brauchen die Abstände und Pausen. Es gibt sogar ein Stück, das nur aus Pausen besteht. Die Idee hatte der Neue-Musik-Komponist John Cage. Er schrieb das Stück *4'33"* für Klavier. Das beginnt, wenn man den Klavierdeckel öffnet. 4 Minuten und 33 Sekunden warten und den Klavierdeckel wieder schließen. Aus. Grandiose Idee, eine Pause zu würdigen.

Kleines Bilderrätsel: Welches Weihnachtslied wird hier musikalisch dargestellt?

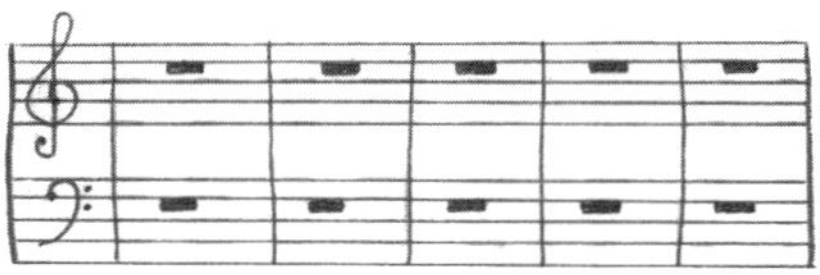

Ganz klar: »Stille Nacht«. Wenn Sie über diese leeren Zeilen und die Verbindung zum Titel zumindest schmunzeln können, sind Sie musikalisch und können Pausen richtig lesen.

Ich möchte Ihnen die unterschiedlichen Pausenzeichen vorstellen:

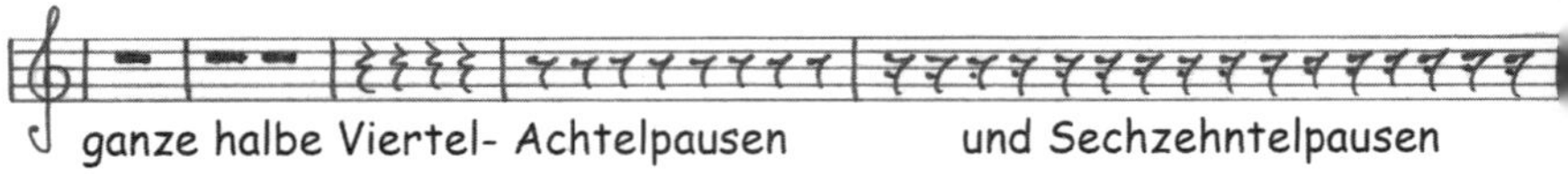

Diese fünf Pausenarten sind die gebräuchlichsten. Sie haben absolut recht, dass zwischen der »Stille Nacht«-Notenzeile und der Notenzeile, in der ich alle Pausenzeichen aufgeführt habe, kein Unterschied hörbar ist.

Übrigens: Man kann eine Pause um die Hälfte ihres Wertes verlängern, wenn man einen Punkt daranschreibt Das wäre im Alltag auch nicht schlecht: eine Stunde Mittagspause, ein Punkt drangemacht und eine halbe Stunde dazugewonnen. Perfekt.

Kleines Quiz: Erkennen Sie die Pausenarten?

DIE RICHTIGE ANTWORT FINDEN SIE AUF SEITE 367

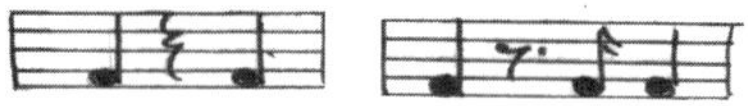

#4. Taktarten

Nun geht es ans Zählenüben Sie denken, bis vier zählen ist einfach? Dann warten Sie es mal ab. Die beliebtesten Taktarten in der westlichen Musik:

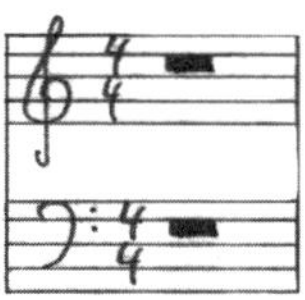

Unangefochten auf Platz 1 ist der **4/4-Takt.** Hier zählt man entspannt und gleichmäßig von 1 bis 4, bis der Takt vorbei ist. Fast die gesamte Popmusik und elektronische Musik steht im 4/4-Takt. So gut wie alles. Prüfen Sie es gerne nach.

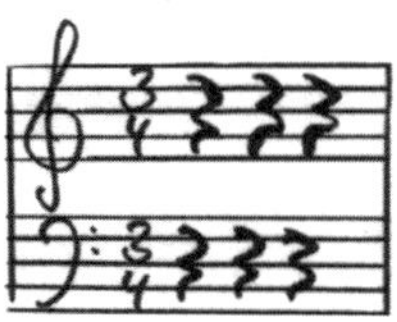

Für alle Freunde der Schunkelmusik und des Walzers: Ja, der **3/4-Takt** ist in Deutschland sehr verbreitet, vor allem bei der älteren Generation, die noch richtig tanzen kann und nicht dieses Herumgewackel praktiziert.

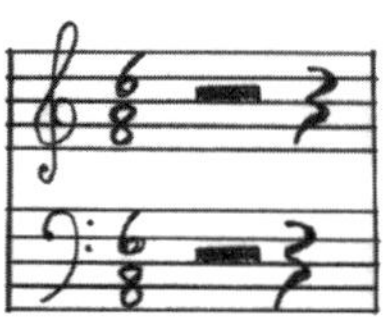

Bei dem **6/8-Takt**, gesprochen: Sechsachteltakt, haben wir es nicht mehr mit Viertelnoten als Zählgrundlage zu tun, sondern mit Achteln. Keine Panik. Ich erkläre es kurz. Beim 6/8-Takt zählen wir tatsächlich sechs Achtelnoten. Also schön 1,2,3,4,5,6. Man kann ihn in verschiedenen Tempi gut verwenden. Wer in Mathe aufgepasst hat, ahnt, dass 6/8 auch in 3/4 gebrochen werden kann, und der 6/8-Takt fühlt sich dann an wie zwei schnelle 3/4-Takte, also wie ein schneller Walzer. Kurzum, der 6/8 ist eine willkommene Abwechslung zum 4/4-Takt.

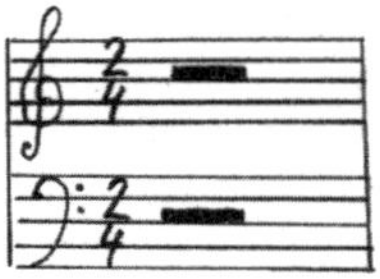

Für die Freunde des Marschs sei hier noch der **2/4-Takt** erwähnt. Dazu kann man marschieren und bis zwei zählen. Eins, zwei, eins, zwei, links, rechts, links, rechts…

Wie erkennt man die Taktart? Ganz einfach. Wenn Sie Noten vor Augen haben, links oben direkt nach dem Notenschlüssel steht der Takt. Wenn Sie gerade keine Noten zur Hand haben, z.B. bei einer Party oder im Tanzkurs, können Sie Folgendes machen: Nehmen wir das Lied: »Bier her! Bier her! Oder ich fall um, juche!«. Singen Sie es und schunkeln gerne mit reichlich alkoholischen Getränken genau auf jeder Zählzeit, oder etwas einfacher: auf den Wörtern »Bier« und »her«, aber bitte nicht zu schnell. So bekommen Sie eine Ahnung von einer Taktart. Nun heißt es testen. Einfach schunkeln und bei jedem Schunkeln eine Zahl aufsteigend von 1 bis 2 zählen. Wie schunkelt es sich? Passt es? Falls ja, ist es ein sicheres Indiz dafür, dass das Lied im 2/4- oder 4/4-Takt steht. Denn wenn Sie bei »Bier!« und »her!« bei jedem Schunkeln aufwärts bis drei zählen, werden Sie selbst bei leicht getrübten Sinnen schnell merken, dass das nicht stimmen kann. Nun, das ist ein sicheres Zeichen, dass es wohl kein 3/4-Takt ist. Probieren Sie es aus. Die gebräuchlichsten Taktarten sind 4/4- oder 3/4-Takt Da haben Sie schon mal eine fünfzigprozentige Gewinnchance.

Das war eine kurze Einführung in die Welt des Rhythmus: Tempo. Notenwerte. Pausen. Taktarten. Jetzt sind Sie wieder etwas musikalischer und rhythmischer geworden. Gratulation!

Ohrwurm der Stunde

* »La Paloma« von Freddy Quinn
* »Das ist die Berliner Luft, Luft, Luft« von Paul Lincke
* »The Lion Sleeps Tonight« von Mbube
* »Jungle Drum« von Emilíana Torrini
* »Kaiserwalzer« von Johann Strauss (Sohn)

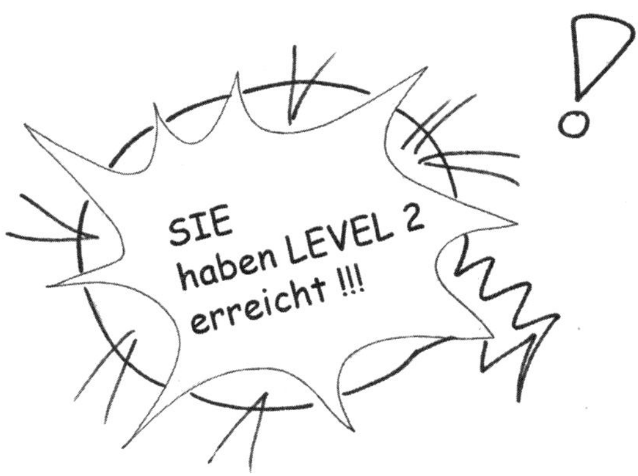

AKKORDE

WAS BEDEUTET DUR ODER MOLL UND DER GANZE REST?

Leben Sie harmonisch? So im Allgemeinen? Mit einer Mücke im Schlafzimmer in der Nacht? Nach drei Stunden im Stau? Mit schreienden Kindern im Auto? So lala? In der Musik ist es wie im Leben. Nur schöne, angenehme, seichte Klänge sind auf Dauer langweilig. Spannungen sind willkommen. Das Leben ist kein *ZDF-Fernsehgarten*. Wenn Sie die Harmonie in der Musik besser verstehen wollen, sollten Sie einen Blick auf die faszinierende Welt der Akkorde wagen. Diese haben großen Einfluss auf die Stimmung der Musik. Der fleißige Arbeiter in der Fabrik kennt die Akkordarbeit. Da geht es darum, dem Rhythmus der Maschine zu folgen. Wir folgen in der Musik dem Klang der Akkorde. Es gibt schöne, traurige, spannende und langweilige Exemplare. Gehen wir der Sache etwas auf den Grund. Was denken Sie, warum Musiker so fleißige Leute sind? Ganz einfach, weil sie im Akkord arbeiten.

Was ist die Grunddefinition für einen Akkord? Der Akkord muss aus mindestens drei Tönen bestehen. Drei Töne, die gleichzeitig erklingen. Mehr Töne sind erlaubt und willkommen, aber unter drei geht es halt nicht.

#Welche Akkorde gibt es?

Auf Platz 1: Dur

Auf Platz 2: Moll

Auf Platz 3: Übermäßig

Auf Platz 4: Vermindert

Ist das nicht beruhigend, dass man die gesamte Komplexität eines Johann Sebastian Bach oder eines Ludwig van Beethoven auf diese vier Akkordarten herunterbrechen kann? Diese Komponisten hatten eine Menge Magie und Genialität am Start, aber auch sie nutzten nur diese vier Akkordarten. Alle Musiker nutzen diese vier Akkordarten. Was der Komponist daraus macht und welche Emotionen er hineinlegt, ist das Entscheidende. Alle Tischler auf der Welt arbeiten mit Holz und doch sieht ein Tisch bei jedem etwas anders aus. Alle Maler arbeiten mit den gleichen Farben, doch der eine ist halt ein Picasso, der andere ein Neo Rauch und der dritte ein zweijähriges süßes Mädchen, das wild die Farben mischt. Es kommt eben auf den Künstler an.

Wenn wir unter diesen Akkorden die Beliebtheit bestimmen sollten, sind die Dur- und Moll-Akkorde weit beliebter als die Nummer 3 und 4 – übermäßig und vermindert. Die liegen abgeschlagen auf den hinteren Plätzen. Die Dur- und Moll-Akkorde machen das Rennen ganz klar unter sich aus. Sie fragen sich: »Was bedeutet **Dur und Moll**? Wie klingt das?«

Dur-Akkorde klingen für menschliche Ohren positiv, fröhlich. **Moll-Akkorde** haben einen traurigen Klang. Aber es ist in der Musik wie im normalen Leben. Da nerven im Alltag die Leute kolossal, die ständig positiv sind. Genauso nerven allerdings auch die ständig traurigen. Die Balance entscheidet. Wenn Sie Ihren Hamster beerdigen, dann werden Sie das nicht mit schneller, fröhlicher Musik feiern. Sie werden Moll und eine traurige Grundstimmung bevorzugen. Kennen Sie »Someone Like You« von Adele? Das ist Moll. Oder »Hallelujah« von Leonard Cohen. Oder der »Trauermarsch« von Chopin? Oder »Greensleeves«? Die *Mondscheinsonate* von Beethoven? Das ist Moll. Dazu der Gegensatz: Dur. Kennen Sie »Don't Worry, Be Happy« von Bobby McFerrin? Das Hauptthema der *Muppet Show*? Oder der *Sesamstraße*? Oder »Probier's mal mit Gemütlichkeit« aus dem Dschungelbuch und »Uptown Funk« von Bruno Mars. Das ist Dur. Das ist positiv. Oder »Happy Birthday to You!« Das Stück steht in Dur. Wäre auch komisch, »Happy Birthday« traurig zu singen, dann müsste man den Text ändern in: »Ein trauriger Geburtstag für dich«. Falls Sie das gerade innerlich mitgesungen haben, holen Sie sich ein Taschentuch.

Schauen Sie sich einmal Dur- und Moll-Akkorde an. Was ist der sichtbare Unterschied zwischen dem C-Dur-Akkord und seinem traurigen Gegenspieler, dem c-Moll-Akkord

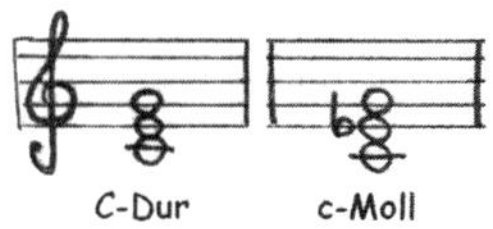

Wenn Sie gute Augen haben, sehen Sie es sofort. Es ist das Vorzeichen vor dem Ton E. Dem Ton in der Mitte. Absolut korrekt. Der einzige sichtbare Unterschied zwischen Dur und Moll ist die Terz. (Falls Sie bei dem Wort Terz stutzen, schauen Sie in den Kapiteln »Intervalle in der Dur-Tonleiter« und »Die Intervalle – der Rest« vorbei.) Bei dem C-Dur-Akkord in der Grundstellung ist die große Terz der Ton E und bei c-Moll die kleine Terz der Ton Es.

Ein Dur-Akkord besteht in der Grundstellung aus einer großen Terz und darüber einer kleinen Terz. Im Moll-Akkord ist das in der Grundstellung genau andersherum. Unten kommt eine kleine Terz und darüber eine große Terz.

#Die Umkehrungen von Akkorden

Wie ist ein C-Dur-Akkord in der Grundstellung aufgebaut? Der geneigte Leser fragt sofort: »Gibt es noch mehr Stellungen?« Im Bett sind den meisten Beteiligten mehr als eine bekannt, aber bei den Akkorden in der Musik gibt es nur zwei weitere Stellungen. Sie werden als erste Umkehrung und zweite Umkehrung bezeichnet. Wie sehen die aus? So:

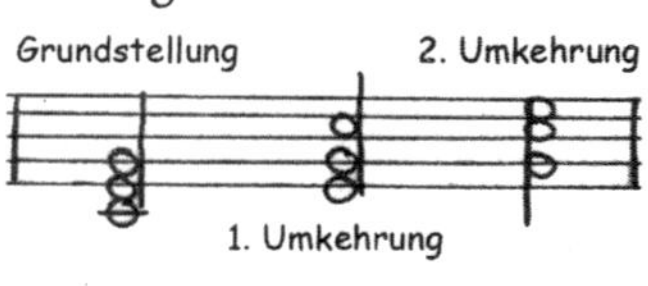

Aber das ist eine andere Geschichte und wird ein anderes Mal erzählt. Sie sollten erst mal nur wissen, dass es die Umkehrungen gibt.

Ein kleiner Test Ihres neuen Wissens. Suchen Sie den jeweiligen Ton auf der Tastatur und schauen Sie sich die Abstände zwischen dem Grundton und der Terz an. Sind es zwei ganze Töne oder vier halbe Töne? Dann ist es eine große Terz und DUR. Oder ist es eine kleine Terz und der Abstand ist ein Ganz- und ein Halbton? Sie können auch drei Halbtöne abzählen. Dann ist es MOLL.

Sind Sie jetzt schon Profi im Erkennen von Dur- und Moll-Akkorden? Welche dieser drei Akkorde ist Moll und was ist Dur?

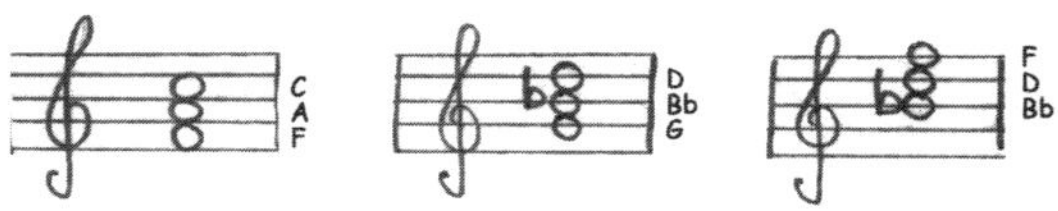

Dur ____	Dur ____	Dur ____
Moll ____	Moll ____	Moll ____

DIE RICHTIGE ANTWO
FINDEN SIE AUF
SEITE 367

#Übermäßige und verminderte Akkorde

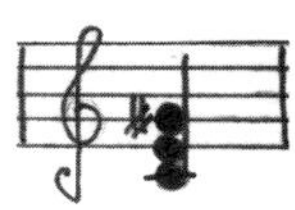

Es kennen wohl mehr Leute übermäßigen Alkoholkonsum als **übermäßige Akkorde**. Da gibt es jetzt was Neues zu entdecken. Sie kennen den Gedanken am Abend: »Och Mensch, das Gläschen geht noch, so jung kommen wir nicht mehr zusammen, Schlaf wird eh überbewertet.« Am nächsten Morgen allerdings, nach nur vier Stunden Schlaf, könnten Sie sich für diesen gestrigen Gedanken eine reinhauen. Ein übermäßiger Akkord ist ähnlich maßlos, anstatt nämlich wie Dur- und Moll-Akkorde so oder so mit einer großen plus einer kleinen Terz auszukommen, setzt er sich aus zwei großen Terzen zusammen. Schlagen Sie die Töne mal auf dem Klavier an (eine Handy-App tut's auch), hören Sie es? Ganz schön schräg. Komponisten wie Debussy und Ravel standen voll auf diese Akkorde, aber so richtig beliebt waren sie vorher und nachher nicht. Jeder kennt sie, aber keiner benutzt sie für einen Radiohit. (Das wäre doch mal eine Aufgabe.)

Verminderte Akkorde sind sozusagen das Gegenstück zu den übermäßigen: Sie werden aus zwei kleinen Terzen gebildet. Diese Klänge bringen zuverlässig Spannung in Krimis. Einige erinnern sich vielleicht noch an die Sendung *Wetten, dass…?*: Wenn da ein Wettkandidat verlor, dann hörte man einen verminderten Akkord abwärts … Ansonsten achten Sie bei der nächsten Gruselszene im Fernsehen auf den Akkord. Das wird sicher ein verminderter sein.

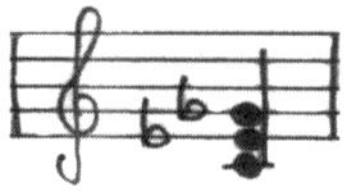

Hier kommen alle vier Akkordarten hintereinander im Grundton C.

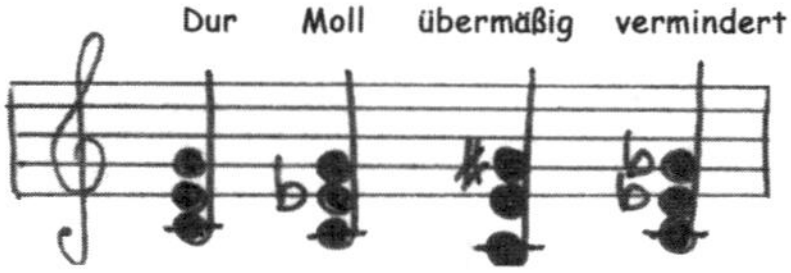

Das sind die vier Akkordtypen. Mehr gibt es nicht. Wenn Sie bis hierhin gelesen haben und es verstanden haben, spiele ich für Sie einen großen Tusch!

Ohrwurm der Stunde

* »Türkischer Marsch« von W.A.Mozart
* »Don't Worry, Be Happy« von Bobby McFerrin

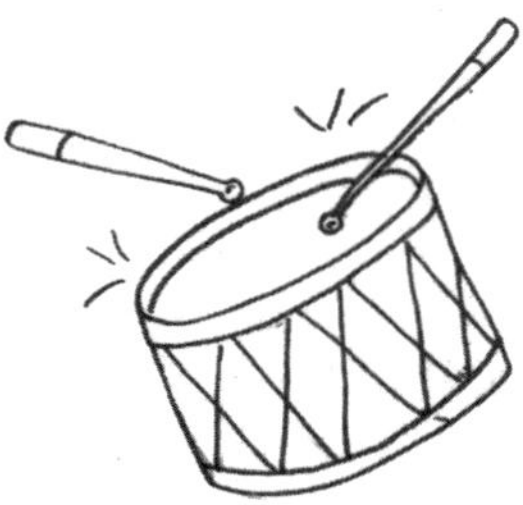

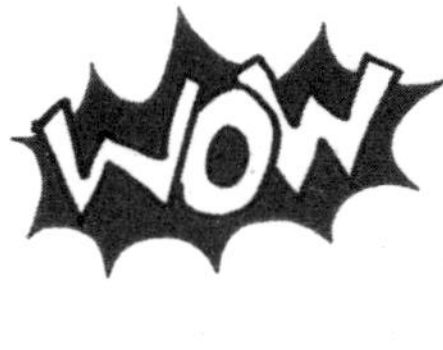

Einen Tusch!
Wir brauchen einen Tusch!!

EINFÜHRUNG IN DIE HARMONIE

ODER WAS DIE MUSIK ZUSAMMENHÄLT

Auch die coolsten und angesagtesten Musiker der Welt haben dieses Thema durchgeackert. Was Sie jetzt lesen, ist die entscheidende Grundlage der westlichen Musik: Harmonie. Wenn Sie das geschafft haben, applaudiere ich. Versprochen.

Harmonie, so heißen normalerweise Kaffeemischungen oder Esoterikkurse in hippen Yogastudios für gestresste Großstädter, die Körper und Geist in Einklang bringen sollen. Hier aber geht es um die Harmonie in der Musik. In der Musik bedeutet Harmonie auf der einen Seite, dass die Musik wohlklingend und tonal ist, auf der anderen Seite ist Harmonie schlicht die Bezeichnung für einen Teil der Musiktheorie. Das Fach dazu heißt klassische Harmonielehre. Was ist das? Klassische Harmonie? Ich stelle sie Ihnen vor.

In der Sprache kennen wir die unterschiedlichen Bestandteile: Buchstaben, Wörter, Grammatik, Ausdruck, Wortschatz etc. Wenn das alles halbwegs beherrscht wird, dann können wir die Worte spontan verwenden und Sätze bilden. Die meisten Sprachen sind logisch aufgebaut und so ist es auch mit der Musik. Die Musik ist logisch aufgebaut und folgt klaren Regeln. Diese gilt es sich einmal vor Augen zu führen, denn das beruhigt ungemein. Kein zufälliger Hokuspokus, sondern Logik.

Ein zentraler Baustein für die Musikharmonie ist die sogenannte **Kadenz**. Alle, die einmal in der Schule Musikunterricht hatten und das furchtbar fanden, kommen jetzt ins Schwitzen. Das ist beabsichtigt. Holen Sie sich ein Taschentuch und tupfen Sie die Stirn einmal ab. Die Kadenz beinhaltet in der Grundform drei Akkorde. Das sind **Tonika, Subdominante** und **Dominante**. Einigen kommt das jetzt vielleicht spanisch vor, es ist aber ganz klar Latein. Tonika, Subdominante und Dominante. Diese drei Akkorde reichen aus, um Lieder wie »La (la) Bamba«, »Knockin' on Heaven's Door«, oder »Ein Prosit der Gemütlichkeit« ordentlich zu begleiten. Interessiert Sie das? Auch »Shape of You« von Ed Sheeran oder »Sex Bomb« von Tom Jones bauen auf diesen Akkorden auf. Sie werden keinen Hit finden, der dieses System links liegen lässt. Wenn Sie diese drei Akkorde: Tonika, Subdominante und Dominante auf der Gitarre spielen, können Sie einen Haufen Lieder begleiten. Es gab sogar eine Zeit in der Musikgeschichte, da gab es nur diese drei Akkorde für die Begleitung einer Melodie. In der Volksmusik reicht das heute immer noch aus.

Beginnen wir mit dem Grundakkord. Das ist die sogenannte **Tonika**. Sie wird auf dem ersten Ton der Tonleiter gebildet und gerne mit römisch I bezeichnet. Es gibt viele verschiedene Tonleitern, aber wir beginnen mit der leichtesten. C-Dur. Da gilt es jetzt, den ersten Ton von C-Dur zu suchen. Wie heißt er? Der erste Ton der Tonleiter? ...Ganz genau. C!! (Die Frage ist ungefähr so schwer wie: Wie lange dauerte der 30-jährige Krieg? Antwort: von Anfang bis Ende.) Die Tonika wird in der Tonart C-Dur auf dem Ton C gebildet.

Ich möchte Ihnen kurz den Aufbau eines Dur-Akkordes vorstellen. Der Akkord wird in der Grundstellung aus zwei übereinanderliegenden Terzen gebildet – eine große Terz unten und eine kleine Terz darüber. Was sich etwas unanständig anhört, klingt in der Musik super. Singen Sie einmal leise den Anfang von »Alle Vögel sind schon da«. Sie müssen nur die ersten drei Töne singen oder summen: »Al-le-Vö« – und schwupps, da sind sie schon, eine große und danach eine kleine Terz. Da Sie dank des Kapitels über die Notenlehre schon Noten lesen können, gibt es hier die passenden Noten dazu:

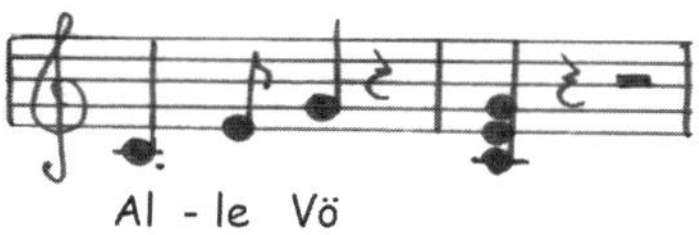

Wenn diese Töne gleichzeitig angeschlagen werden, ergeben sie einen schönen C-Dur-Akkord. Das gilt es sich zu merken:

Die Tonika wird auf dem ersten Ton der Tonleiter gebildet. Sie ist ein Akkord.

Der erste Ton von C-Dur ist C, also ist die Tonika von C-Dur ein C-Dur Akkord.

Zwischenfrage: Was, denken Sie, ist die Tonika von A-Dur? … Genau, der erste Ton der A-Dur-Tonleiter ist A und auf diesem bildet man die Tonika. Wenn man es einmal verstanden hat, ist das Kinderkram. Ich liebe Kinderkram.

Kommen wir zur **Dominante**. Die Dominante wird zusammengesetzt aus dem Wort »Domina« und dem Wort »Tante«. Das zusammen ergibt Dominante. Das ist natürlich Quatsch, vergessen Sie es wieder. Die Dominante wird auf dem fünften Ton der Tonleiter gebildet, gerne dargestellt als römisch V. Jetzt denken Sie: »Oh mein Gott, wo verflixt noch mal liegt der fünfte Ton der Tonleiter?« Tief ausatmen. Bis fünf zählen können Sie. Wir erinnern uns an unsere schöne C-Dur-Tonleiter:

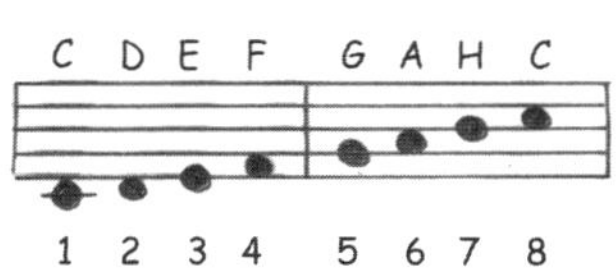

Jedem Ton gebe ich zu seinem Namen noch eine Nummer. Seine Stufe in der Tonleiter. Und jetzt suchen wir entspannt die Zahl Fünf. Gefunden? Überraschung, der Ton G! Da bilden wir mal schön symmetrisch einen Akkord mit drei Tönen. Aber das reicht uns noch nicht aus. Wir wollen zum ersten Mal in diesem Buch einen Vierklang präsentieren. Wie geht das? Ganz einfach: Noch eine Terz über die Quinte und Sie haben Ihren ersten Vierklang. Fertig ist der G-Dur-Dominantseptakkord.

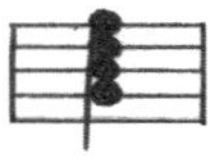

Kleine Übung. Was, denken Sie, ist die Dominante von D-Dur? Zur Erleichterung mal die D-Dur-Tonleiter mit ihren schönen zwei Kreuzen:

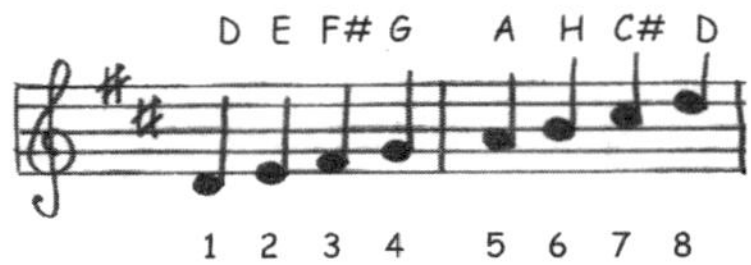

Entspannt wieder bis fünf zählen und sich freuen. Ja!! Es ist der Ton A und daher ist die Dominante von D-Dur – A-Dur. Geschafft. Ich bin stolz auf Sie! Da gibt es schon mal Zwischenapplaus, wenn Sie das Kapitel bis jetzt durchgehalten haben. Übrigens: »Eisgekühlter Bommerlunder« lässt sich mit diesen beiden Akkorden – Tonika und Dominante – schon begleiten.

Die Dominante wird auf dem 5. Ton der Tonleiter gebildet.
Der 5. Ton von C-Dur ist G, also wird die Dominante von C-Dur G-Dur.

Kommen wir zur **Subdominante**. »Sub« heißt unter. Das Kürzel »Sub« kennen die meisten von der Subway, der Untergrundbahn, oder von der Sandwichkette mit den labbrigen Brötchen. Tatsächlich wird die Subdominante einen Ton unter der Dominante gebildet. Da Sie des Zählens mächtig sind: 5-1= 4. Yeah. Genau. Und ein rettender Blick zur C-Dur-Tonleiter hilft Ihnen:

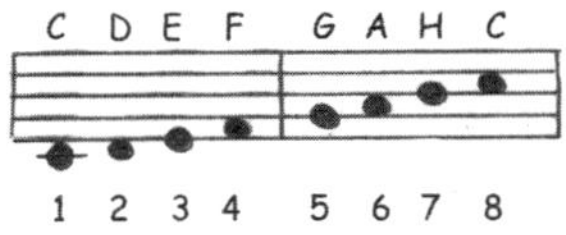

Der vierte Ton der C-Dur-Tonleiter ist F. Perfekt! Daher ist die Subdominante von C-Dur ganz richtig: F- Dur. Sieht so aus:

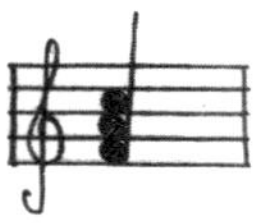

Die Subdominante wird auf dem 4. Ton der Tonleiter gebildet.
Der 4. Ton von C-Dur ist F, also ist die Subdominante von C-Dur F-Dur:

Das ist die Kadenz in ihrer Grundform in der schönen Tonart C-Dur!

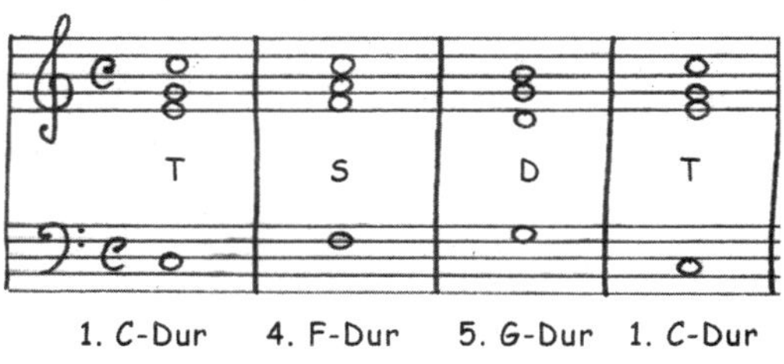

Sie können mit diesem Wissen Lieder begleiten. Wenn Sie mal eine Gitarre oder ein Klavier zwischen die Finger bekommen sollten, lernen Sie, diese drei Akkorde in ein paar Tonarten zu spielen. Das ist alles. Und jetzt gibt es wie versprochen eine Applausrakete: 1. Stufe: Applaus! 2. Stufe: tosender Applaus! 3. Stufe: Ausrasten!

HAPPY BIRTHDAY TO YOU IN C

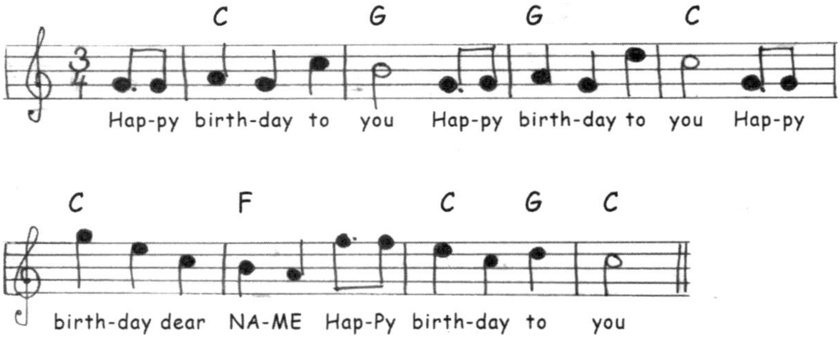

Sie können nun schon »Happy Birthday« in C-Dur lesen und verstehen!

Ohrwurm der Stunde

* »We Are the Champions« von Queen
* »Happy Birthday«

DIE POPFORMEL – DER VIER-AKKORDE-TRICK

ODER DIE WICHTIGSTE AKKORDFOLGE DER POPMUSIK

Früher suchten Menschen nach Wegen, wie man Stroh zu Gold spinnen konnte. Wie wir alle wissen, hat das so nicht geklappt, aber sie erfanden das Porzellan, beheizbare Klodeckel und blinkende Haargummis. Was ein Glück. Kolumbus suchte nach dem Seeweg nach Indien. Wie wir alle wissen, hat das so nicht geklappt, aber er entdeckte Amerika, nannte die Einwohner Indianer, obwohl sie nicht in Indien waren, und brachte Kartoffeln, Apple Computer, Jazz, McDonald's und Coca-Cola mit nach Europa.

Musiker wiederum suchen seit Langem nach Wegen, wie man ohne viel Stress erfolgreiche Lieder schreiben kann. Der ultimative Traum. Eine Methode, mit der Sie es sich mit einem Bier auf dem Sofa gemütlich machen könnten, um nebenbei ohrwurmtaugliche Lieder zu schreiben. Tatsächlich, das geht! Denn es gibt die Popformel Sie heißt auf Englisch »Four Chord Trick« zu deutsch der »Vier-Akkorde-Trick«.

Der geneigte Leser denkt: »Kennen die nicht mehr Akkorde als nur vier? Haben die in der Musiktheorie nicht aufgepasst?« Eine australische Music-Comedy-Gruppe namens The Axis of Awesome wurde bei Youtube mit 50 Millionen Klicks berühmt, weil sie die beste Präsentation dieses »Vier-Akkorde-Tricks« gefunden hatte. Das Phänomen ist schon lange bekannt und wurde schon auf verschiedenen anderen Videos vorgestellt, aber am erfolgreichsten waren diese drei Jungs. Sie präsentierten in ihrem Video vier Akkorde und sangen unzählige Songs dazu. »Don't Stop Believin'« von Journey, »Forever Young« von Alphaville, James Blunts »You're Beautiful« etc. Alle mit der gleichen Akkordfolge! Etwas reifere Leser kennen möglicherweise diese Songs nicht alle beim Namen, aber glauben Sie mir, das waren weltweite Hits.

Welche vier Akkorde enthält nun die Popformel? Da wir Freunde des Immergleichen sind, müssen diese Akkorde viel Immergleiches dabeihaben. Die Formel wurde in der beliebtesten Tonart der Welt geschrieben. C-Dur. Keine Vorzeichen, alles weiße Tasten auf dem Klavier. Perfekt. Gut, die meisten Popmusiker kennen auch nur die eine Tonart, aber das schmälert den Erfolg der Hits nicht. Sieben der zehn erfolgreichsten Titel der Welt sind mit diesen vier Akkorden geschrieben worden. Auch AC/DC haben in ihrem Bandnamen mehr Akkordsymbole als in ihren Songs.

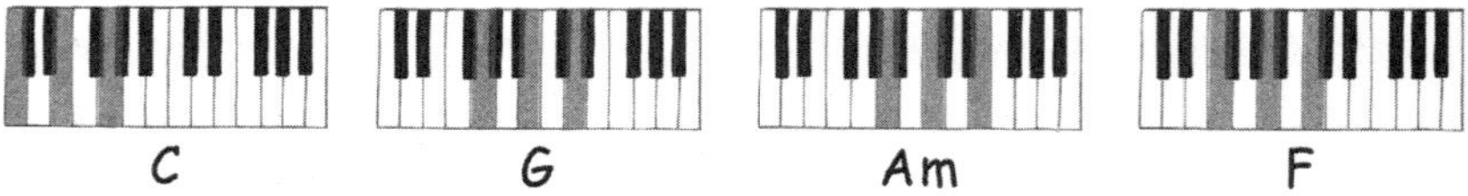

Die Akkorde der »Four Chord Songs« werden in Ziffern angegeben. Wir können unser harmonisches Wissen entspannt anbringen. Der erste Akkord ist die Tonika. Das Symbol der römischen I steht für die Tonika. Römisch IV für die Subdominante und V für die Dominante. Das sind genau die Zahlen, die die Töne in der Reihenfolge der Dur-Tonleiter haben. Die Kadenz kennen Sie ja schon. Es folgt noch eine Prise Salz. Es ist die Zahl römisch VI. Nicht das, was Sie jetzt denken. Es geht nicht um Sex, obwohl man das bei vielen Poptexten schwer abstreiten kann. Es geht um den 6. Ton der Tonleiter. Der Akkord auf dem 6. Ton der Tonleiter ist musiktheoretisch die parallele Molltonart von der Tonika. Ich erkläre es kurz. C-Dur hat keine Vorzeichen. Welche Molltonart hat auch keine Vorzeichen? Genau: a-Moll! Also die parallele Molltonart von C-Dur ist a-Moll. Und a-Moll wird auf dem 6. Ton in der Dur-Tonleiter gebildet.

Ich präsentiere Ihnen die vier Akkorde des Tricks: Das sind I, VI, IV, V. In C-Dur gilt folgende Zuordnung: I = C-Dur, VI = a-Moll, IV= F-Dur und V = G-Dur. Kommt Ihnen bekannt vor? Freude am Immergleichen, ich sag's ja.

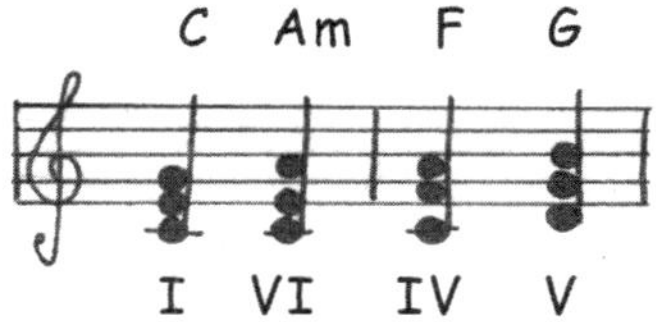

Sie kennen bereits die Kadenz mit Tonika, Dominante und Subdominante. Dieses Wissen ist essenziell, um diese Formel zu verstehen. Es kommt nur die Mollparallele dazu. Fertig. Das ist alles! Die erfolgreichste Popformel besteht aus I, VI, IV, V – alternativ I, V, VI, IV.

Hört sich simpel an, aber die Kunst liegt wie immer in der Umsetzung. Wie spiele ich diese Akkorde und welchen Text schreibe ich dazu? Wie erreiche ich Millionen? Dazu später mehr. Harmonisch ist das das komplette Wissen. Die Akkordfolge der Popformel kann das ganze Lied beherrschen, nur im Refrain auftauchen oder einmal erscheinen. Der Vier-Akkorde-Trick kommt übrigens auch bei Bachs »Air« oder »A Whiter Shade of Pale« von Procol Harum vor, das nur nebenbei. Es ergäbe ein eigenes Buch, alle Lieder mit dieser Formel aufzulisten, vielleicht sogar eine mehrbändige Reihe. Hier nur ein paar Beispiele:

Elton John	»Can You Feel the Love Tonight«
U2	»With Or Without You«
Bob Marley	»No Woman No Cry«
Green Day	»When I Come Around«
Toto	»Africa«
Joan Osborne	»One of Us«
Bon Jovi	»It's My Life«
Lady Gaga	»Poker Face«
Aqua	»Barbie Girl«
Red Hot Chili Peppers	»Under the Bridge«
Andrea Bocelli	»Time to Say Goodbye«
Richard Marx	»Right Here Waiting«
Adele	»Someone Like You«
Michael Jackson	»Man in the Mirror«

Wir lieben das Immergleiche. Andere Akkordfolgen setzen das Gehirn unter Stress. Sie könnten sagen: Hey, die Akkorde sind doch nicht alles, was sagt das über die Wertigkeit des Textes aus? Das stimmt. Die Formel ist kein Ersatz für Kreativität. Für ein erfolgreiches Lied braucht man natürlich viel mehr. Alles ist wichtig, aber die Grundlage bildet diese Popformel. Schreiben Sie ein Lied mit diesen vier Akkorden. Mal schauen, ob es ein Hit wird! Falls es klappt, bekomme ich 20 Prozent!

Meine Lieblings-Vier-Akkorde-Songs

1.
2.
3.

Jetzt machen wir eine Theoriepause und Sie bekommen musikalische Praxis am Klavier von mir vorgestellt.

DIE C-KRALLE – KLAVIERSPIELEN LERNEN IN ZWEI MINUTEN

ODER KLASSIK, JAZZ UND POPMUSIK SCHNELL ERKLÄRT

Ich liebe Klassik, Jazz und Pop. Für viele Menschen sind das unvereinbare Welten. Für mich nicht. Ich gehe wie ein Klassiker schön um 22 Uhr ins Bett und stelle mir den Wecker auf 4 Uhr früh, damit ich mit meinen Jazzkumpels auch mal einen trinken kann. Ich habe mich oft gefragt, warum sind die einen so spät und die anderen so früh beim Musizieren? Ganz klar – Klassik ist in Europa entstanden und Jazzmusik in Amerika und da gibt es eine Zeitverschiebung von etwa sechs Stunden. Ist meine These. Prüfen Sie es lieber nicht nach. Was ist der große Unterschied zwischen Klassik, Jazz und Popmusik? Kurz erklärt:

#Klassik

Der klassische Musiker hat das beste Image von allen. Er ist ordentlich, übt den ganzen Tag und beschäftigt sich mit 300 Jahre alter Musik. Beim Zahnarzt wollen wir nicht von 300 Jahre alten Instrumenten traktiert werden, aber in der Klassik finden wir eine 300 Jahre alte Geige toll. Allerdings ist die Klassik bei der Jugend gerade nicht so angesagt. Wenn man einen jungen Menschen fragt: »Kennst du Beethovens *Neunte*?«, sagt er: »Häh, war der so oft verheiratet?« Wenn man einen jungen Menschen fragt: »Kennst du Wagners *Lohengrin*?«, sagt er: »Nö, nur Wagners Tiefkühlpizza.« Und *Aida* ist für die meisten Menschen heute ein Schiff.

#Jazz

Der Jazzmusiker hat ein anderes Image. Er lebt nach dem Motto »Ohne Proben ganz nach oben.« Ich komme aus dem Osten, da gab es den Spruch: »Ohne üben nach drüben.« Und voilà: Hier bin ich! Das hat natürlich finanzielle Konsequenzen. Kommt ein Jazzmusiker zum Arzt und der Arzt sagt: »Sie haben noch zwei Wochen zu leben«, sagt der Jazzmusiker: »Wovon denn?«. Einige böse Zungen behaupten ja: Der Jazzmusiker nimmt all die Töne, die die anderen nicht wollten. Andere fragen: »Stimmen sie noch oder spielen sie schon?« Aber die haben doch keine Ahnung.

#Pop

Kommen wir zum Pop. Der Popmusiker hat noch weniger geübt als der Jazzmusiker. Er lebt nach dem Motto »Lieber fünf Minuten Panik auf der Bühne als fünf Stunden üben zu Hause.« Der große Unterschied zwischen Pop und Jazz ist, dass der Popmusiker fünf Akkorde vor zehntausend Leuten spielt und der Jazzmusiker zehntausend Akkorde vor fünf Leuten. Das ist leider kein Witz. Da der Popmusiker so faul ist und trotzdem Hits schreiben will, musste er etwas erfinden, das ganz einfach zu spielen ist und trotzdem gut klingt. Ich möchte Ihnen ein Geheimnis verraten. Es ist eine bestimmte Handstellung. Wenn Sie mit dieser Handstellung Klavier spielen, klingt es immer gut – und es ist überhaupt nicht schwierig.

Besonders gut klingt der Akkord, wenn der Mittelfinger auf dem C liegt, daher nenne ich diese Stellung »Die C-Kralle«. Wenn Sie diese Handstellung viermal einen Ton nach oben rücken, dann können Sie das Lied »Lean on Me« locker begleiten.

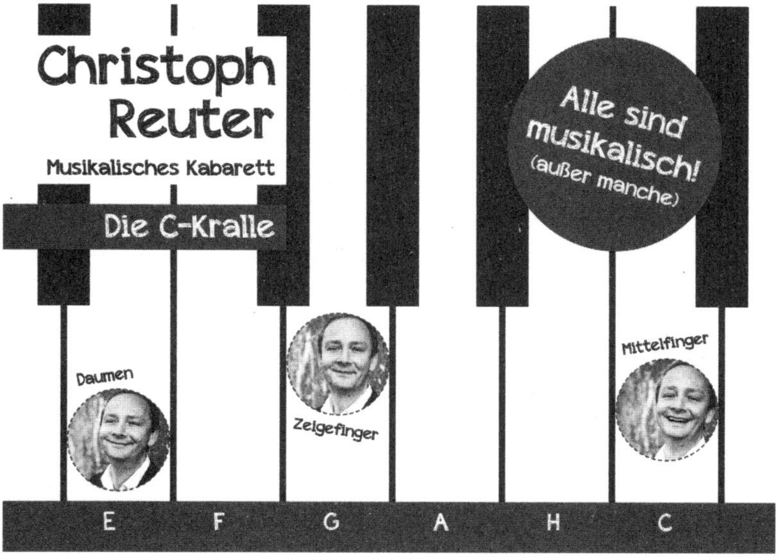

Da ich der Meinung bin, dass Sie unbedingt musikalisch sind, werden Sie mit diesem Trick in zwei Minuten das Klavierspielen lernen. Damit Sie nicht viel üben müssen und das zu Hause nachmachen können, habe ich für Sie diese Postkarte entwickelt. Diese finden Sie auch dem Buch beigelegt und müssen nur noch die Kreise ausschneiden. Wenn Sie nun Ihre Finger ordnungsgemäß in die Löcher stecken, erhalten Sie automatisch die C-Kralle. Es ist sogar eine Klaviatur aufgemalt, damit Sie wissen, wo Sie ansetzen müssen. Die Karte lässt sich über die gesamte Klaviatur der weißen Tasten schieben – der Akkord klingt immer gut.

Kleiner Tipp: Wenn Sie ein Hauskonzert spielen, setzen Sie das Publikum so, dass es nicht sieht, wie die Postkarte über die Tastatur wandert. Und wenn Sie damit reich und berühmt werden, denken Sie bitte daran: Ich bekomme 20 Prozent.

Ohrwurm der Stunde

* »Lean on Me« von Bill Withers

ZURÜCK ZUR
THEORIE !

DIE MELODIE

ODER WORAUS BESTEHT DIESE?

Wir alle haben eine Lieblingsmelodie. Eine Melodie, mit der wir kleine Kinder ins Bett bringen, wie »Schlaf, Kindlein, schlaf«, oder auf die wir bei der Après-Ski-Party »Schifoan« heiser brüllen. Was macht eine Melodie aus?

Die Melodie ist historisch gesehen neben dem Rhythmus das älteste Grundelement der Musik. Das Wort kommt von griechisch *Melos*, was so viel wie »Lied« oder »Gesang« bedeutet. Gesungen wurde wohl schon immer. Eine Melodie wurde gesungen, um einen bestimmten Gott zu würdigen, Regen herbeizusehnen oder die Tochter zu verheiraten. Es gibt Melodien für alle Ereignisse im Leben und im Jahr. Die Natur wollte, dass wir uns Melodien merken, ansonsten hätten wir nicht so viele Melodien gebraucht. Eine hätte ausgereicht, zum Beispiel die von »Fuchs, du hast die Gans gestohlen«. Wäre aber schade. An diesem Lied lässt sich wiederum gut erklären, was eine Melodie ausmacht.

Theoretisch besteht eine Melodie aus Intervallen und Rhythmen. (Falls Sie noch mal nachlesen wollen: In den Kapiteln »Intervalle« und »Rhythmus« finden Sie die wichtigsten Begriffe dazu erklärt.) Meist ist die Melodie in verschiedene Abschnitte gegliedert, sogenannte Motive. Wichtig ist aber, dass sie als Einheit wahrgenommen werden kann. Das macht die Melodie erst zur Melodie.

Werfen wir einen Blick auf die Noten von »Fuchs, du hast die Gans gestohlen«. Erst mal erkennt man, dass sich der 2. und 3. Takt von den Noten

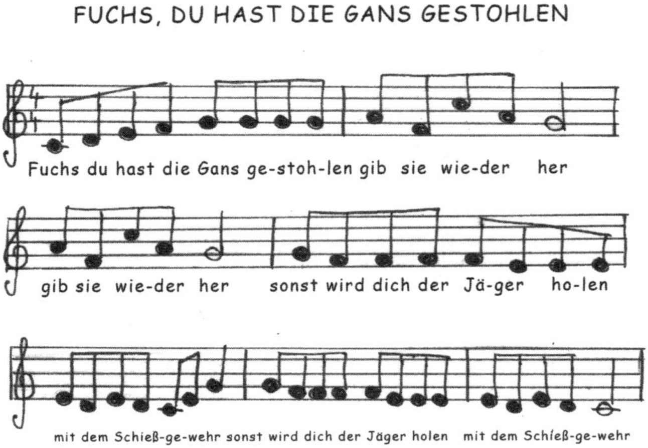

her gleichen. Takt 4–5 und Takt 6–7 sind bis auf das Ende ebenfalls gleich. Sprich, der Komponist hat hier vier Takte komponiert und sieben bekommen. Das nenne ich eine effektive Ausnutzung des vorhandenen Materials. Nun zu den Motiven, also den Abschnitten. Das erste Motiv ist der ganze erste Takt. Ein weiteres Motiv der ganze zweite Takt, der ja wiederholt wird usw. Diese einzelnen Motive bestehen aus Intervallen und Rhythmen. Beispiel: Takt 1 besteht aus zwei großen Sekunden und einer kleinen Sekunde, gefolgt von vier Primen. Die rhythmischen Einheiten sind hier angenehme acht Achtelnoten. Die Intervalle ergeben ein Motiv, die Motive eine Melodie. Fertig. Klingt unpoetisch, aber das ist ja nur die Theorie.

Sie werden feststellen, dass die beliebtesten Motive der abendländischen Musik zu 80 Prozent aus Sekunden und Terzen bestehen. In unserem Beispiel gibt es nur eine Quinte, die zweimal auftaucht. Suchen Sie doch mal die Quinte. Na, gefunden? Genau: in Takt 2 und 3, jeweils zwischen der zweiten und dritten Note (im Text: von *sie* auf *wie-*). Sehr gut. Sie sind halt musikalisch! In der volkstümlichen europäischen Tradition liegt das Augenmerk auf guter Singbarkeit, da waren und sind diese kleinen Intervalle sehr beliebt. Die Melodie musste gut zu singen sein, damit sie sich vorsingen und merken lässt. Ansonsten wäre sie einfach vergessen worden.

Zum Schluss dieses Kapitels ein kleiner Test. Wer erkennt diese sehr, sehr, sehr berühmte Melodie? Ich verrate schon mal, dass es eine sehr, sehr, sehr, sehr, berühmte Melodie ist. Wenn Sie das rausbekommen haben, sind Sie noch musikalischer, als Sie denken!

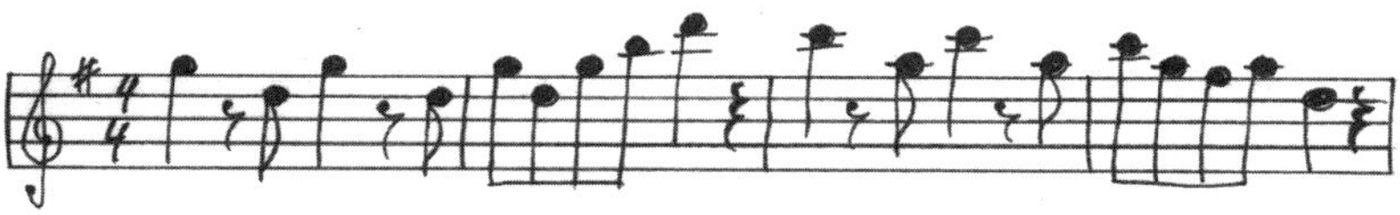

DIE RICHTIGE ANTWORT FINDEN SIE AUF SEITE 367

Ohrwurm der Stunde

* »Eine kleine Nachtmusik« von Wolfgang Amadeus Mozart
* »Fuchs, du hast die Gans gestohlen« – Volkslied

Sie haben es geschafft! Das Ende der Musiktheoriekapitel ist erreicht. Nun geht es entspannt weiter und Sie sind nicht nur musikalischer, sondern auch musiktheoretisch schlauer geworden! Herrlich! Und ich habe am Anfang nicht zu viel versprochen. Hier kommt der Rock 'n' Roll!

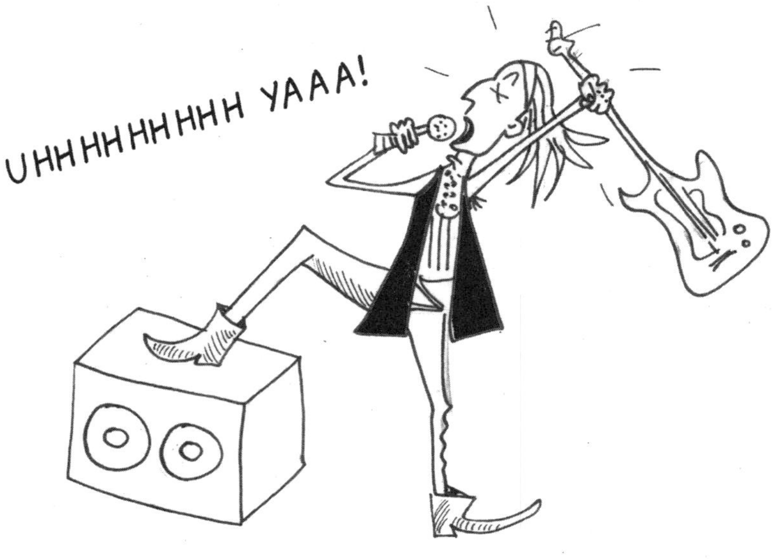

DAS ENDE DER MELODIE

EIN NACHRUF

Meine sehr verehrten Damen und Herren. Ich muss Ihnen leider mitteilen, dass das Ende der großen, langen und tragenden Melodien gekommen ist. Sie brauchen nicht gleich in Tränen auszubrechen. Es war eine tolle Zeit mit den großen Melodien, aber damit ist nun in der Popmusik, der Filmmusik und der klassischen Musik Schluss. Leider. Nein, da kann man wirklich nichts mehr machen. Der König ist tot, es lebe der König, und der neue König mag keine langen Melodien mehr. Was klingt wie ein Spruch aus einem fernen Fantasiestreifen, ist die blumige Beschreibung dafür, dass schöne Melodien außer Mode gekommen sind. Wie Schlaghosen, eine Bluse in den falschen Farben oder Jennifer Rush. Wie der Beruf der Fotolaborantin, des Kirmesboxers oder des Kutschers. Neue Zeit, neue Götter.

Der berühmte amerikanische Komponist Aaron Copland nannte als Grundbausteine der Musik: Melodie, Harmonie, Rhythmus und Klangfarbe. Was ist eine Klangfarbe? Die Klangfarbe kann auch als »Sound« oder »Klang« bezeichnet werden. Damit ist gemeint, dass ein Lied aus den 1960er-Jahren anders klingt als eines von 2019. Dass eine Beethoven-Sinfonie einen anderen Sound hat als ein Debussy-Stück. Dass wir unseren Lieblingssänger anhand seiner Stimmfarbe sofort erkennen – ah, das ist Bruce Springsteen. Oder das kann nur Mickie Krause oder Maria Callas sein. Falls Sie Mickie Krause nicht kennen, fragen Sie bei Ihrem nächsten Mallorca-Aufenthalt an der Rezeption, ob den dort jemand kennt. Sie werden erstaunt sein, welche Texte man heutzutage ohne rot zu werden singen darf. Die Klangfarbe wird auch durch die Benutzung von anderen Mikrofonen und elektronischen Möglichkeiten zu den jeweiligen Zeiten beeinflusst. Neue Technik und neue Geschmäcker ändern den Sound.

Wie komme ich auf die steile These, dass die Melodie auf dem Rückzug ist? Nun, die anderen Musikbausteine Rhythmus, Klangfarbe und Harmonie haben in den letzten Jahrzehnten viel mehr Gewicht bekommen. Die Melodie hat sich in diesem Wettbewerb nicht behaupten können. Sie ist der Mitarbeiter, der als erster nach Hause geschickt wurde, oder das übrig gebliebene Kind beim Fußball, das einfach nicht in die Mannschaft gewählt wurde. Wenn Sie das Radio oder den Fernseher anschalten, werden Sie merken, dass in aktuellen Songs keine großen Melodien mehr vorkommen. Es sind hauptsächlich Hooklines. Okay, Lieder wie »Da, da, da« oder »Alles hat ein Ende nur die Wurst hat zwei« aus den Achtzigern können auch nicht als Beispiele für vorzügliche große Melodien herhalten, aber ein »Your Song« von Elton John oder ein »We Are the Champions« von Queen schon. Da gibt es eine ganz andere Gewichtung der Melodie.

Nicht jeder musiktheoretische Bestandteil eines Liedes kann gleich groß sein. Das Motto »Man nehme 25 % Melodie, 25 % Rhythmus, 25 % Harmonie, 25 % Klangfarbe, kräftig mischen und fertig«, funktioniert nicht. Jedes Genre macht da Unterschiede. Und im Kapitel über indische Musik habe ich beschrieben, dass diese Musik auf die Harmonie fast vollständig verzichtet. Da hat keiner geheult, als die Harmonie rausgeflogen ist vor 6000 Jahren. Nun gut, wir waren nicht dabei.

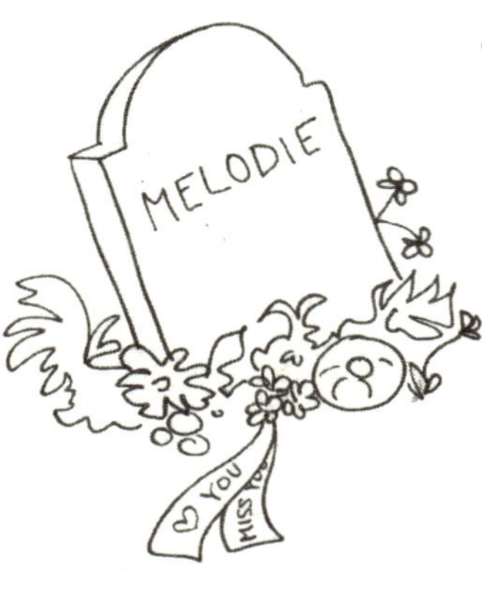

Auch die aktuelle Filmmusik arbeitet viel stärker mit Klangfarben, Rhythmen und Harmonien als mit Melodien. In der Zusammensetzung: 5 % Melodie, 30 % Rhythmus, 30 % Harmonie, 35 % Klangfarbe. Die wenigsten kommen heute aus einem Kinofilm und haben eine Melodie auf den Lippen wie »Spiel mir das Lied vom Tod«. Der berühmte Filmmusikkomponist Hans Zimmer, der unter anderem die Musik für *Interstellar* oder *12 Years a Slave* geschrieben hat, weiß das. Zimmer hat in den letzten Jahren den Melodieanteil in seiner Musik kräftig zurückgeschraubt. Im Jahre 2003 schrieb er die Filmmusik für *Fluch der Karibik*. Hier gibt es noch eine schöne lange Melodie, die von vielen Musikschülern gerne gespielt wird. Aber das ist heute anders. Der Mann ist am Puls der Zeit. Das heißt nicht, dass es keine Melodien in Filmmusiken mehr gibt, aber sie sind weniger wichtig und nicht so einprägsam. Der Anteil an Klangfarbe, Rhythmen und Harmonien hat zugenommen.

In der elektronischen Musik ist das noch mehr auf die Spitze getrieben – nur Rhythmus und Klangfarben, Sounds. Im Techno-Club Berghain in Berlin geht es um andere Dinge als Melodien. Wann waren Sie auf Ihrem letzten Rave? Haben Sie da noch eine Melodie im Ohr? Nein? Da gibt es auch keine mehr. Oder in der Rap- und Hip-Hop-Musik. Hier hören Sie oft nur im Refrain eine Hookline. Da haben der Rhythmus der Sprache und die Tonfarbe das Zepter vollkommen übernommen. Rap kommt ohne große Melodien aus. Die Erfinder der Rapmusik haben das nicht vorsätzlich gemacht. Es passte einfach nicht mehr in ihre Vorstellung von der Musik. Das ist der Lauf der Zeit. Neue Götter.

Dieser Nachruf auf die Melodie ist wie der Nachruf auf eine Ex-Freundin, die man noch sehr mag, aber nun halt durch eine andere ersetzt hat. So ist der Lauf der Zeit. Bedanken wir uns bei ihr. Liebe Melodie, ruhe in Frieden. Aber vielleicht wirst du ja eines Tages wieder herausgeholt aus der Kiste und dann wirst du erstrahlen. Heller als je zuvor. Wer weiß das schon.

Ohrwurm der Stunde

* »Somewhere Over the Rainbow« von Israel Kamakawiwo'ole
* Thema aus *Fluch der Karibik* von Hans Zimmer

THEREMIN – DER GEISTERMUSIKKLANG

ODER DER BEGINN DER ELEKTRONISCHEN MUSIK

Ich möchte Ihnen jetzt einen Herrn vorstellen, ohne den die heutige elektronische Musik undenkbar ist. Er ist *der* Wegbereiter für elektronische Musik. Seine Erfindungen machten die Entwicklung von Synthesizern und Drum-Computern erst möglich. Ohne ihn gäbe es keine Disco, keinen DJ Ötzi und keinen Michael Jackson. Es ist der 1896 geborene Leon Theremin.

Er absolvierte als Cellist das St. Petersburger Konservatorium, war Physiker und Erfinder. Und was für einer. Er erfand u.a. das nach ihm benannte Instrument Theremin, das er 1921 sogar Lenin im Kreml vorstellte. Haben Sie es noch nie gehört? Ich wette doch. Seine Klänge kennt jeder als Geistermusik. Es macht so ein Uhhihihihihih-Geräusch. Wenn ein Gespenst im Fernsehen auftaucht, kommt es meistens mit diesem Sound des Theremins. Falls Sie schon mal einen Horrorfilm von Alfred Hitchcock gesehen oder sich auch nur eine Minute *Raumschiff Enterprise* reingezogen haben, haben Sie ein Theremin gehört. Glücklicherweise wird Herr Theremin als Namensgeber in positiver Weise mit seiner Erfindung verbunden. Da hatten die Kollegen Molotow und Kalaschnikow Pech. Das Theremin ist eines der ganz wenigen Instrumente, das man nicht berühren darf, um es zu spielen. Nur die Gesten der Hände sorgen dafür, dass die Töne klingen.

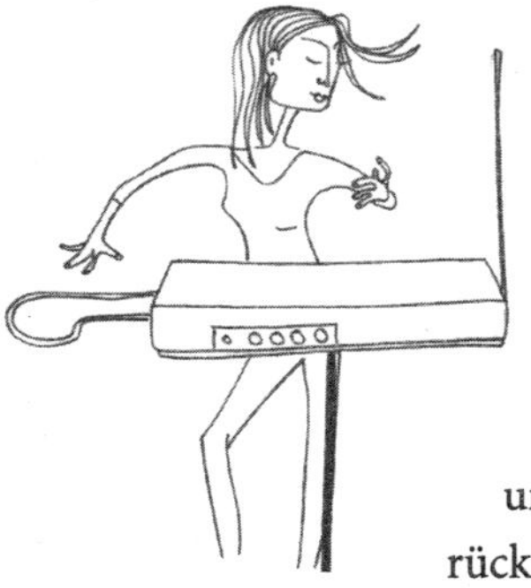

Leon Theremin promotete sein Instrument weltweit und ließ sich 1928 in New York nieder. Das Instrument hatte 1931 sein Debüt in der Carnegie Hall in New York. Bald gab es Theremin-Virtuosen auf der ganzen Welt. Dann kam der Erfinder 1938 unter ungeklärten Umständen wieder in die Sowjetunion zurück, wurde verhaftet und zu einer langen Freiheitsstrafe verurteilt. Er musste nach Sibirien in den Gulag und arbeitete später in der Akademie für gefangene Wissenschaftler in Moskau. Er erfand weiterhin Dinge wie Wanzen für den Geheimdienst und blieb offiziell verschwunden. Erst 1990 wurde er rehabilitiert und international geehrt. Leon Theremin starb mit 97 Jahren 1993 in Moskau.

Eine der wenigen heutigen Theremin-Virtuosinnen ist Lydia Kavina. Sie ist sogar mit dem Meister verwandt, er war ihr Großonkel.

#Wie sieht so ein Theremin aus und wie viele gibt es?

Ein Theremin besteht aus einem kleinen Kasten mit je einer Antenne seitlich rechts und links. Die eine Antenne geht nach oben und die andere ist wie eine Schlinge gebogen. Weltweit existieren um die 12.000 Instrumente.

#Wie funktioniert das Teil?

Beim Spielen des Theremins werden elektrische Signale in akustische Töne umgewandelt. Klingt einfach, war aber damals großer Technik-Hokuspokus. Grundsätzlich sind das, was unsere Ohren wahrnehmen und unser Gehirn als Ton interpretiert, Schallwellen. Sie entstehen, wenn etwas vibriert, etwa eine Gitarrensaite. Bei elektronischen Instrumenten ist es der Strom, der einen Lautsprecher zum Vibrieren bringt. Leon Theremin gelang es, mit seinem Instrument diese Vibrationen hörbar zu machen. Der Sound klingt wie feine sphärische Vokalisen oder ein Streichinstrument. Es kann sieben Oktaven spielen. Seine Erfindung wurde auch außerhalb der Musik genutzt. Beispielsweise bei der Überwachung von Museen. Wenn sich jemand unerlaubt einem Gemälde nähert, gibt es diesen schönen Ton. Auch Metall- und Minensuchgeräte arbeiten nach dem gleichen Prinzip. Alles entwickelt von Herrn Theremin.

#Wie spielt man ein Theremin?
Wenn Sie Ihre Hand zur rechten Antenne bewegen, wird der Ton höher, entfernen Sie Ihre Hand, wird der Ton tiefer. Bewegen Sie Ihre andere Hand näher oder weiter von der linken Antenne, dann wird der Ton leiser oder lauter. Also hoch, tief und laut, leise. Das nenne ich mal effektiv, und es sieht sehr magisch aus.

#Was kostet es und wie lange muss ich üben?
Ein gutes Theremin kostet um die 400 Euro, aber einfache Exemplare sind auch billiger zu haben. Dazu kommen Unterrichtsstunden und 4–5 Jahre üben, und zack!, steht Ihrer Weltkarriere nichts mehr im Wege.

Ohrwurm der Stunde – diesmal explizit mit original Theremin

* Schlussmusik aus »*Einer flog über das Kuckucksnest*« von Jack Nitzsche
* »Good Vibrations« von den Beach Boys

DIE 10.000-STUNDEN-REGEL

ODER ÜBUNG MACHT DEN MEISTER – ZUMINDESTENS MEISTENS

Was denken Sie – wer ist der talentierteste Musiker: der Klassiker, der Jazzmusiker oder der Popmusiker? Das ist eine sehr provozierende Frage, da jeder seine Lieblingsmusikrichtung natürlich als die beste ansieht. Eine klassische Sopranistin würde nicht sagen, dass ein Popmusiker wie Ed Sheeran talentierter ist als Puccini. Aber es gibt eine herrliche wissenschaftliche Abhandlung dazu, denn Talent ist für viele eine magische Beigabe, doch woraus besteht sie?

Ein junger Geiger kommt in New York am Bahnhof an und fragt den ersten Passanten, wie er am schnellsten in die Carnegie Hall kommt. Der sagt nur: »Üben, üben, üben.« 1993 hat der amerikanische Forscher Anders Ericsson die sogenannte 10.000-Stunden-Studie veröffentlicht, die nichts anderes besagt, als dass Übung den Meister macht. Überraschung! Bis zu diesem Zeitpunkt hatten Sie sicher gehofft, dass es da eine Abkürzung geben könnte. Doch egal, in welchem Fach Sie sehr gut werden wollen, es bedarf dafür ungefähr 10.000 Stunden der Übung. Und zwar 10.000 Stunden in 10 Jahren. Also 1000 Stunden im Jahr, 3 Stunden jeden Tag.

Es gibt natürlich ein paar Schlaumeier, die gefragt haben, ob das bei den großen Komponisten auch so war. Hat Mozart 10.000 Stunden geübt? Nein – er hatte anscheinend sogar über 20.000 Stunden geübt, als

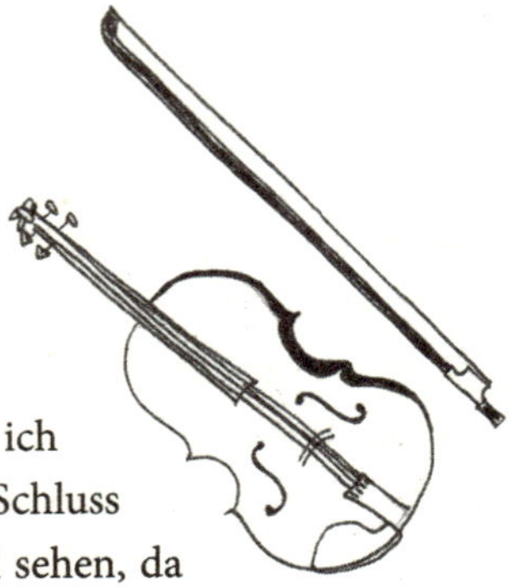

er seine großen Werke, die wir heute noch kennen, geschrieben hat. Und falls Sie sich auch gerade spontan fragen, was Sie schon 10.000 Stunden lang gemacht haben – ich bin nach langem Nachdenken zu folgendem Schluss gekommen: schlafen. Da sollten Sie mich mal sehen, da bin ich ein wirklich großes Talent.

Einige Leute zweifeln die 10.000-Stunden-Studie an und bringen das magische Talent wieder ins Spiel mit der Begründung, dass nicht jeder, der 10.000 Stunden übt, zum gleichen Ergebnis kommt. Wie weit man es in der Zeit schafft, hänge dann wieder vom Talent ab. Warten wir ab, welche Studie als Nächstes veröffentlicht wird.

Tatsächlich gibt es unter den Instrumenten nachweislich etwas schwerer und etwas leichter zu erlernende Exemplare. Im Ruf, angeblich leicht zu erlernen zu sein, steht der Bass – sowohl der Kontrabass als auch der E-Bass. Oft werden die weniger talentierten Gitarristen in der Band zum Bassspielen überredet. Auch wird gern die Geschichte von einer Mutter erzählt, die mit ihrem kleinen Sohn in die Musikschule kommt und den Lehrer fragt, wie lange man zum Erlernen eines Instruments brauche. Der Lehrer sagt: »Für das Klavier braucht man etwa sechs Jahre, bis es richtig schön klingt.« An eine so lange Zeit hatte die Mutter nicht gedacht. Gebe es etwas Schnelleres? Das Erlernen der Geige brauche auch so fünf Jahre. Die Frau meint, das sei ihr und ihrem Sohn immer noch etwas zu lang. Gebe es vielleicht ein Instrument, das schneller zu erlernen sei? Der Lehrer deutet auf einen Bass. Wenn sie den Sohn jetzt dalasse, könne sie ihn am Mittag schon wieder abholen. Dann könne er es.

Wenn man sensationelle Bassisten wie Jaco Pastorius oder Marcus Miller gesehen hat, weiß man – das mit dem einfach zu erlernen ist relativ. Extrem relativ.

Auch die Bratsche, ein Instrument, das etwas größer und tiefer als die Geige ist, gilt im klassischen Orchester als das Instrument für die schlechten Geiger, und es gibt über kein anderes Instrument mehr Witze als über die Bratsche. Die Bratscher stehen, übrigens völlig zu Unrecht, im Ruf, etwas einfach und einfältig zu sein, was Humorfreunde natürlich mit Genuss ausreizen. Zwei Beispiele aus der Rubrik Bratscherwitze: 16 Bratscher stehen ratlos vor dem Kino, denn der Film ist erst ab 18. Was ist der Unterschied zwischen einem Stück Holz und der Bratsche? Holz arbeitet. Da merkt man, diese Berufsgruppe musste schon viel über sich ergehen lassen. Eigentlich ist das alles nur aus Neid gespeist, da die Bratscher meist die entspanntesten Zeitgenossen im Orchester sind. Und, das muss auch mal gesagt werden, sie sind unverzichtbar, ohne die Bratsche läuft in der klassischen Streichermusik nichts.

Aber zurück zum Üben. Wie sieht es mit dem Üben im Alltag rechtlich aus? Darf ich überhaupt meine geliebte Basstuba drei Stunden lang an einem lauschigen Sommersonntagabend bei offenem Fenster spielen? Während der Nachbar *Tatort* schauen will? Theoretisch darf kein Vermieter das Üben verbieten, interessanterweise selbst nicht einmal dann, wenn es so im Mietvertrag steht. Es gibt gesetzliche Ruhezeiten zwischen 13 und 15 Uhr und von 22 bis 6 Uhr, aber davon abgesehen, können Sie theoretisch in einem Mietshaus mit zwölf Mietparteien auch im dritten Stock mit Ihrer Heavy-Metal-Band proben und auf Ihr Recht pochen. Allerdings wird für die Nachbarn das Lied: »Wo man singt, da lass dich ruhig nieder, böse Menschen haben keine Lieder« ab sofort seine Bedeutung verlieren.

Insgesamt sind 2–3 Stunden Übezeit täglich erlaubt, etwas abhängig von den Instrumenten. Ihre 10.000 Stunden könnten Sie so noch schaffen. Laute Instrumente dürfen nur etwas weniger gespielt werden. Aber wie immer gilt: Sprechen Sie mit Ihren Mitmenschen. Wenn der Countryfan im zweiten Stock als Ausgleich zu Ihrem Versuch, zum tausendsten Mal Takt 43 der *Mondscheinsonate* zu üben, dann den ganzen Nachmittag »Hey Boss, ich brauch mehr Geld« spielt, kann es auch für Sie sehr unangenehm werden.

Ohrwurm der Stunde

* »Tausend Mal berührt« von Klaus Lage
* *Brandenburgische Konzerte* von J.S. Bach
* »La Mer« von Claude Debussy

KANN MAN DAVON LEBEN?

ODER NICHT?

Neulich stieg ich in ein Taxi und hatte meine Keyboardtasche bei mir. Der Taxifahrer fragte, ob ich Jäger sei, da die Länge der Tasche zu einem Jagdgewehr passe. Ich verneinte und sagte, dass ich kein Jäger, sondern Musiker sei. Darauf er: »Kann man davon leben?« Butter bei die Fische, was verdient ein Musiker?

Nun ja, die Spannweite ist recht groß. Sie bewegt sich so ungefähr zwischen dem Verdienst eines Taxifahrers – und dem Gehalt des Formel-1-Weltmeisters. Oder zwischen den Einnahmen der Kicker der Dorfmannschaft und der Gehaltstabelle von Bayern München. Unter Musikern gibt es große Abstufungen zwischen der Abendgage eines Daniel Barenboim und der eines Dirigenten der Kreismusikschule oder zwischen den Rolling Stones, Lang Lang, den Flippers und einem Straßenmusiker in der Fußgängerzone von Recklinghausen.

Wobei – die Finanzlage der Straßenmusiker sollten Sie auch nicht unterschätzen. Joey Kelly sagte einmal in einem Interview, dass sie mit der Kelly Family an sehr guten Tagen um die 20.000 D-Mark im Hut gehabt hätten. Ja, ich habe mich nicht verschrieben: am Tag! Okay, das sind grob 10.000 Euro, aber für einen Tag ist das immer noch eine stattliche Summe, wenn auch natürlich nicht der Durchschnitt. Kelly sagte in dem Interview den schönen Satz: »Der Hut lügt nicht.« Da könnten einige Playbackfreunde im Fernsehen einpacken, wenn sie in der Fußgängerzone von Leipzig für ihren Lebensunterhalt spielen müssten. Ich gehe kurz auf die finanziellen Verhältnisse eines Orchester- und eines Jazzmusikers ein, die weniger vom Hut abhängig sind als von anderen Dingen.

#Orchestermusiker

Beginnen wir in dem seriösen Bereich der klassischen Orchestermusiker. Die haben das beste Image. Ein Orchestermusiker wird nach Tarif bezahlt. Im Schnitt sind das heute 3771 Euro brutto. Klingt erst mal viel. Das tatsächliche Gehalt kann aber je nach Region, Orchestergröße, Instrument und Länge der Orchesterzugehörigkeit variieren. Im D-Orchester, der kleinsten Orchesterkategorie mit weniger als 50 Stellen, liegt das Durchschnittsgehalt bei 1380 Euro brutto. Das ist das Problem mit dem Durchschnitt. Es gibt eine Menge Haustarifverträge, und Stars wie die Berliner Philharmoniker – eines der A-Orchester mit maximal 130 Stellen – bekommen so viel mehr, dass es den Schnitt schön nach oben drückt. Weitere A-Orchester sind die Staatskapelle Dresden, die Münchner Philharmoniker, die Berliner Staatskapelle oder das Leipziger Gewandhausorchester. Die meisten A-Orchester sind weltweit bekannt, touren fleißig und nehmen CDs auf. Das bringt noch mal Extraeinkünfte.

Was muss ein Musiker tun, um Teil eines Orchesters zu werden? Erst mal viele Jahre fleißig üben und studieren, dann die richtigen Leute kennen, ein Probespiel überstehen und die Stelle bekommen. Die Möglichkeit besteht allerdings nur bis zum 38. Lebensjahr, danach ist er zu alt für eine Stelle. Wenn er es geschafft hat – Chapeau! Der Musiker muss im Schnitt 32 Dienste im Monat absolvieren. Als »Dienst« zählt sowohl eine zweieinhalb- bis dreistündige Probe als auch eine Aufführung. Pro Woche sind das insgesamt 24 Stunden Arbeit. Das klingt wieder sehr gut.

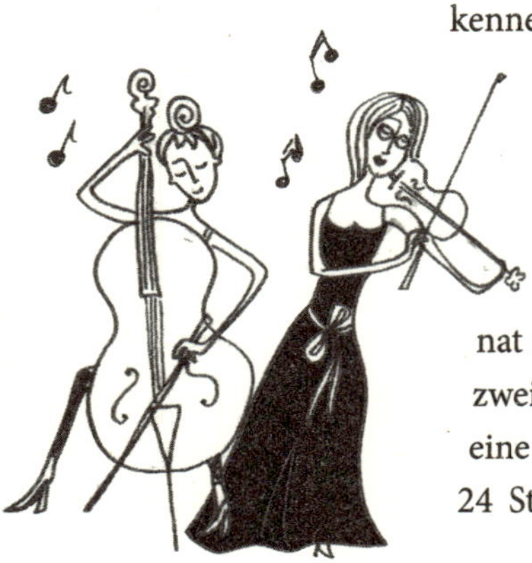

Kleiner Haken: Da hat der Musiker aber noch nicht eine Minute geübt. Das sollte er jedoch mindestens drei Stunden am Tag tun, ansonsten hat er mittelfristig ein größeres Problem und kann sein künstlerisches Level nicht halten. Wenn man diese Übezeit dazurechnet, kommt man auf 45 Stunden Wochenarbeitszeit. Das klingt schon mal anders. Die Frage: »Was machst du tagsüber?«, scheint hiermit zumindest für einen Orchestermusiker geklärt. Hinzu kommt finanziell, dass der Musiker sich sein Instrument selber kaufen muss. Eine Geige schlägt da mal locker mit 20.000 Euro zu Buche, nach oben keine Grenzen.

In Deutschland gibt es sagenhafte 129 Berufsorchester. So viele wie nirgendwo sonst auf der Welt. Knapp 10.000 klassische Berufsmusiker sind in ihnen angestellt. Historisch kommt das aus Zeiten der Kleinstaaterei, wo sich jeder Fürst oder König ein eigenes Orchester zur Belustigung leistete.

Da es so viele Jahre schon Orchester gibt, hat alles seine organisatorische Ordnung. Die Deutsche Orchestervereinigung ist eine top organisierte Gewerkschaft, die über die Jahre alles sehr ordentlich geregelt hat. Es ist festgelegt, wann es eine Pause bei der Probe gibt, wie lange die Probe auf die Minute geht und wie viele Stunden Pause zwischen Probe und Konzert liegen müssen. Da kann es schon mal sein, dass mitten im 13. Takt einer Sinfonie das Orchester abrupt verstummt und kollektiv zum Pausenkaffee wandert, egal wie emotional das Stück eben war. Teil des Jobs.

Die Berufssituation für klassische Orchestermusiker hat sich in den letzten Jahren allerdings sehr verschlechtert. Immer mehr Musiker arbeiten freiberuflich, weil es immer weniger feste Stellen gibt. Auf diese Situation bereitet sie kein Studium vor. In einer Musikhochschule stehen Organisationstalent, Netzwerken und Selbstmanagement nicht an erster Stelle, aber das entscheidet in der freiberuflichen Welt, ob es gut laufen wird oder nicht. Im Studium gibt es nur das eine Ziel: Orchestermusiker zu werden. Wenn man das als Musiker nicht schafft, wird es kompliziert. Nur jeder fünfte

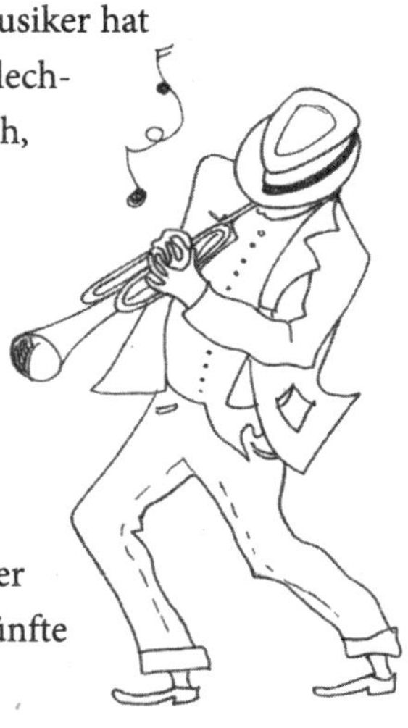

Absolvent einer deutschen Musikhochschule schafft es, fest angestellt in ein Orchester zu kommen. Rund 800 Orchestermusiker kommen jedes Jahr aus den deutschen Musikhochschulen. Insgesamt gibt es 9766 (Stand 2020) feste Planstellen in allen deutschen Orchestern, von denen jährlich 120-160 Stellen frei werden. 800 Leute für 120 Stellen. Dazu kommen noch die internationalen Bewerber. Da fällt auch dem statistischen Laien auf, dass es da ein Problem gibt.

#Was verdient ein Jazzmusiker?

Um es vorneweg zu sagen: Alle Witze über die finanziellen Verhältnisse der Jazzmusiker stimmen. Jazzmusiker und Geld sind keine gute Kombi. Bei einem Anteil am Musikmarkt von 1,8 Prozent für ein ganzes Genre ahnt man schon die Brisanz. Falls Sie einen oder eine Jazzmusiker*in daten, wäre es sehr nett, wenn Sie das Essen zahlen.

Wenn der Jazzmusiker Glück hat, darf er einmal in der Woche Jazz mit seinen Kumpels spielen. Wenn der Jazzmusiker weiteres Glück hat, hat er überhaupt Kumpels. Wenn noch dazu die Anzahl der im Publikum sitzenden Zuhörer die Zahl Fünf überschreitet und jemand jünger als 60 Jahre ist, ist das Glück des Jazzmusikers perfekt. Genug der Vorrede. Was sagt die Statistik?

Sie besagt, dass 64 Prozent aller Jazzmusiker Gagen von unter 150 Euro pro Auftritt bekommen. Für eine Nacht spielen inklusive aller vorangegangenen Proben, Anfahrten, Instrumente. Die Statistik hat sich nicht getraut, über die realen Gagen zu sprechen. Die sind meist noch bescheidener. Die meisten gehen, wenn es überhaupt Geld gibt, nach einem Gig mit 50 Euro nach Hause, vor der Taxirechnung und ohne Abendessen. Von Gutverdienern spricht man unter Jazzmusikern bei Gagen über 300 Euro am Abend. Das sind statistisch aber nur 9,5 Prozent der Gesamtanzahl. Daraus folgt, dass die meisten nicht vom reinen Jazzspiel leben können. Die Hälfte aller Jazzmusiker spielt 25 oder weniger Konzerte im Jahr. Nur 4 Prozent spielt mehr als 100 im Jahr. Es wird auch in der Zukunft immer schwerer, Konzerte zu spielen, da viele Clubs in finanziellen Schwierigkeiten stecken.

Was also tun sie? Ähnlich wie die klassischen Kollegen unterrichten viele für den Lebensunterhalt an Musikschulen oder privat. Musiker haben meist so intensiv studiert wie ein Oberstudienrat für das Gymnasium, aber die Vergütung ist von einer angenehmen lebenslangen Beamtenbesoldung weit entfernt. An einer staatlichen Musikschule liegt die Bezahlung für einen nicht fest angestellten Lehrer zwischen 27 und 40 Euro pro Stunde. Wobei für die meisten die 27 Euro pro Stunde zutreffen. Davon muss aber alles bezahlt werden, von der Krankenversicherung bis zur Rentenvorsorge. In privaten Musikschulen kann es auch noch weniger pro Stunde sein. Und wenn ein Schüler nicht kommt, gibt es oft kein Geld. Zeitlich kommen da noch Vorbereitungs- und Übezeit dazu.

Das Totschlagargument ist: Sie lieben eben ihren Beruf. Nun, sie müssen ihn schon sehr lieben. 74 Prozent aller Jazzmusiker erzielen ihr Einkommen ausschließlich als Musiker oder durch Musikunterricht. 26 Prozent gehen zusätzlich anderen, nicht musikalischen beruflichen Tätigkeiten nach: Lebenskünstler, Yogalehrer, Taxifahrer. Übrigens lässt die Frauenquote im Jazz sehr zu wünschen übrig – 20 Prozent. Verständlich bei den Karriereaussichten, Frauen sind da weitsichtiger.

In Deutschland gibt es glücklicherweise für Künstler die Künstlersozialkasse zur gesetzlichen Absicherung. Eine sensationelle Einrichtung. Diese Kasse legt bei allen freiberuflichen Künstlern 50 Prozent der Beiträge zur Renten-, Pflege- und Krankenversicherung dazu. Ein Segen für die künstlerische Welt, gezahlt von allen, die künstlerische Tätigkeiten in Anspruch nehmen. 2017 waren dort so viele freischaffende Musiker gemeldet wie noch nie zuvor. Knapp 53.000 Musiker waren in Deutschland gemeldet, 10.000 mehr als 10 Jahre zuvor. Wie Sie sich denken können, ist das Jahreseinkommen eines Jazzmusikers bescheiden: Nur 5 Prozent der Jazzfreunde bekommen über 30.000 Euro im Jahr, 69 Prozent verdienen unter 12.500 € im Jahr. Also Augen auf bei der Berufswahl. Nun verstehen auch Sie, was der größte Traum eines Jazzmusikers ist: 'Ne Freundin mit 'nem festen Job.

Ohrwurm der Stunde

* »Nothing Else Matters« von Metallica
* »Wannabe« von den Spice Girls
* »Ain't Got No« aus dem Musical *Hair*

DIE MUSIKINDUSTRIE – FINANZEN

BUTTER BEI DIE FISCHE

Schnöde Zahlen und emotionale Musik scheinen nicht zusammenzupassen. Ebenso wenig wie Terminator und Biene Maja. Die landläufige Meinung: Ein Künstler soll sich um seine Musik kümmern, die Zahlen sind Sache der Musikindustrie. Fakt ist: Wir würden gar keine Musik hören, kennen, lesen, spielen können, wenn es nicht Leute gäbe, die das alles vorstrecken, verwalten, produzieren und vertreiben. Aber die sind natürlich nicht selbstlos wohltätig: Am Ende zahlen wir, die Musikliebhaber, die Käufer der MP3s, CDs, Platten, Konzertkarten und Hörer der Radiosender. Wie viel geht da pro Jahr über den Tisch? Was schätzen Sie? Der Gesamtumsatz der Musikindustrie weltweit liegt bei derzeit etwa 19 Milliarden Dollar. In Deutschland sind es 1,582 Milliarden Euro. Klingt viel. Allerdings setzt der deutsche Brillenkonzern Fielmann pro Jahr 1,6 Milliarden um. Wenn Sie Geld verdienen wollen, sollten Sie sich eine andere Branche aussuchen. Die 426 Milliarden schwere deutsche Automobil-

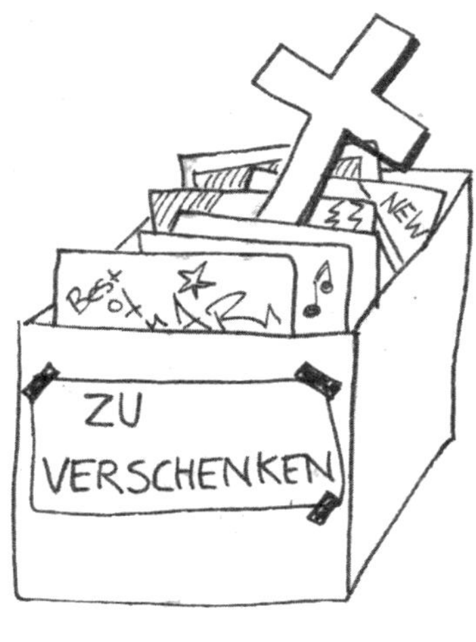

industrie oder halt was mit Brillen. Wie setzen sich in Deutschland diese rund 1,6 Milliarden Einnahmen der Industrie zusammen? 56,7 Prozent der Einnahmen werden digital umgesetzt und 43,3 Prozent physisch. Was bedeutet das?

#Physisch

Physisch bedeutet alle »traditionellen« Verbreitungsarten wie CD, Kassette, Vinyl. Mit 36,4 Prozent ist die CD führend bei den physischen Tonträgern. 2018 war ein denkwürdiges Jahr. Denn seit 2018 generieren digitale Musikformate mehr Geld als physische Tonträger. Die CD ist endgültig abgelöst als beliebtestes Medium. Legen wir eine Gedenkminute ein für dieses Plastikformat – warten, warten, kurzes Innehalten – reicht. Ich werde ein einschneidendes Erlebnis mit meinen ausrangierten geliebten CDs vor ein paar Jahren nie vergessen. Im Recyclinghof musste ich meine in Kisten verpackten Schätze in unterschiedliche, bereitstehende orangene Tonnen werfen. Ich war den Tränen nahe. Meine geliebten CDs. Wegschmeißen! Einfach so? Okay, das CD-Regal passte farblich nicht mehr ins Wohnzimmer neben den Kamin und den großen Flachbildschirm. Klare Sache, die CDs mussten raus. Und dann habe ich sie im Recyclinghof in ihre drei Einzelbestandteile zerlegen müssen: Plastik, Silberling und Papier. Da verschwanden die heiß geliebten Scheiben. Ich wusste noch genau, wie viel sie gekostet haben: 15 Euro und 20 DM und noch mal 15 Euro und 12 Euro und noch mal … Das Leben kann so hart sein.

#Digital

Schauen wir den Realitäten ins Auge. Mehr als die Hälfte der Musik wird digital im binären Code durch die Internetkabel geschickt, um uns musikalisch zu erfreuen. Die Top-5-Musikhändler sind in alphabetischer Reihenfolge: Amazon Music,

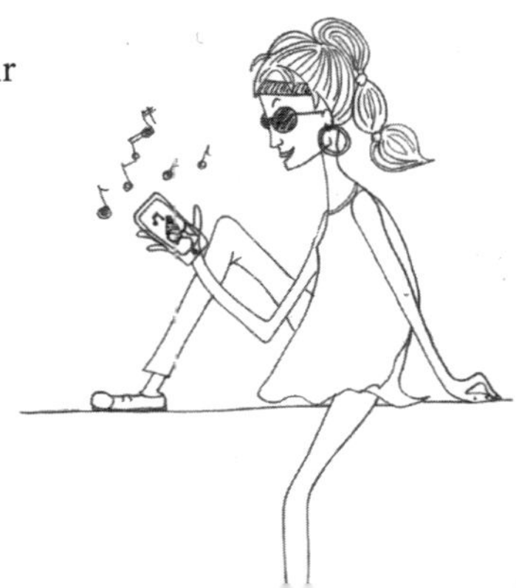

Apple Music, Deezer, Google und Spotify. Die Zeit der unzähligen kleinen physischen Um-die-Ecke-Plattenläden ist vorbei. Wo man sich vom Plattenhändler seines Vertrauens Musik empfehlen ließ und dann mit einer neuen Scheibe stolz nach Hause lief, um diese feierlich in den CD-Player zu legen und die nächsten Stunden abzutauchen. Audiostreaming ist das beliebteste digitale Format seit 2018.

#Vinyl

Viele sprechen von einem (Wieder-)Aufstieg von Vinyl. Sie verkünden, dass die gute alte Schallplatte mit riesigen Schritten zurück in unsere Wohnzimmer kommen würde. Doch wie so oft sind die gefühlte Realität und die echte Realität unterschiedlich. Der Kreisliga-Fußballclub hält sich auch für den Deutschen Meister am Samstagabend nach dem dritten Bier. Nun, der Anteil von Vinyl am gesamten physischen Umsatz liegt bei 4,4 Prozent. Wenn jemand das nächste Mal zu Ihnen sagt: »Mensch, du, Vinyl ist im Aufwind«, dann nicken Sie wissend und weisen auf den bescheidenen Anteil am Gesamtumsatz hin. Die meisten Vinylkäufer sind in den Vierzigern ihres Lebens, da liegt die letzte Mathestunde schon etwas zurück. Insgesamt liegt der gesamte Vinylertrag bei 70 Millionen. Im Vergleich zu den 1,6 Milliarden ist da wirklich nicht von großen Anteilen zu sprechen.

Die erfolgreichsten Genres

2017 beispielsweise war ein gutes Jahr für die deutschsprachige Popmusik. Unter den zehn erfolgreichsten Platten in Deutschland waren sieben deutschsprachige Alben. Helene Fischer war Spitzenreiterin. Platz 2 ging an Ed Sheeran, Platz 3 nahmen die Toten Hosen für sich ein. Platz 4 war Deutschrap mit Kollegah, Platz 5 die altbekannte Kelly Family, auch Rammstein und Santiano tummeln sich unter den Top 10.

In der Grafik von 2018 sehen Sie es. Pop liegt in den letzten Jahren bei den Stilen mit 26,1 Prozent vorne, gefolgt von Rock und Hip-Hop. Diese drei Genres machen 60 Prozent des Musikumsatzes aus. Der Rest teilt sich zusammen den Rest.

So liebe Klassikfreunde, kommen wir zu Ihnen. 2,5 Prozent beträgt Ihr Anteil am Musikmarkt. Alles in allem lagen 2018 die Gesamteinnahmen durch Klassikverkäufe bei 42 Millionen. Wenn Sie mir jetzt etwas von der gefühlten Wichtigkeit erzählen wollen, bin ich zwar auf Ihrer Seite, nur mit den Zahlen sieht es halt anders aus.

Schauen wir uns die Randgruppen weiter an. Für meinen geliebten Jazz sieht es noch bescheidener aus. Sein Anteil liegt bei schlappen 1,8 Prozent am Gesamtmusikmarkt. Moment bitte, ich weine kurz. Allerdings liegt die Volksmusik mit 0,9 Prozent noch etwas dahinter, das beruhigt.

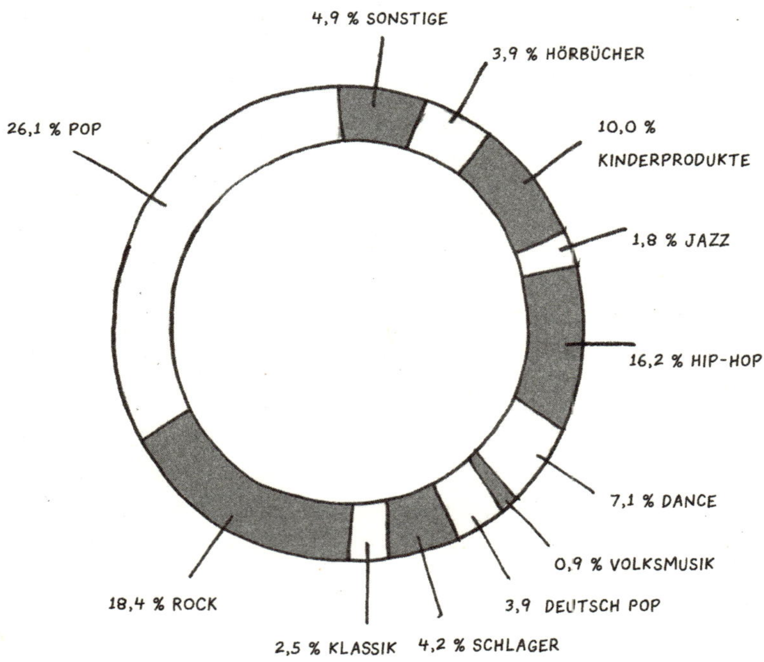

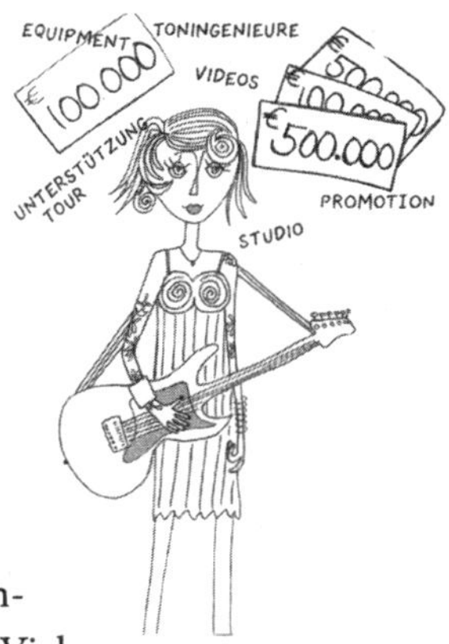

#Big Player – Major Companies

Wer macht das große Geld? Nun, die größten Firmen sind die sogenannten Major Labels. Das sind: Universal mit 30 Prozent Marktanteil, gefolgt von Sony mit 20,7 Prozent und Warner Music Group mit 18,3 Prozent. Diese drei Firmen machen rund 70 Prozent des gesamten Marktes aus. Den Rest teilen eine Fülle von sogenannten Indies unter sich auf. Das sind unabhängige Labels. Viele dieser kleinen Labels haben nur ein paar Mitarbeiter oder sie machen alles in Personalunion. Da gibt es wundervolle Überzeugungstäter, die die Musik promoten und in die Welt hinaustragen. Aber das Geld fließt, wie wir sehen können, woanders. Eine kleine Randbemerkung: Ein Künstler ist nicht besser oder schlechter, abhängig davon, bei welcher Firma er ist. Die Musik gefällt einem oder eben nicht. Unterstützen Sie die kleinen Namen, die sich die Liebe zur Musik auf ihre Fahnen geschrieben haben und happy sind, wenn sie 500 Exemplare verkaufen können. Wie ich!

#Was kostet ein neuer Künstler?

Ein typisches Investment bei einem neuen Künstler bei den Major Companies liegt bei 200.000–700.000 Euro für Promotion, 50.000–300.000 Euro für eine ansehnliche Videoproduktion, 50.000–150.000 Euro Unterstützung für eine Tour. Tour Support bedeutet, dass die neuen Künstler mit bekannten Künstlern auf Tour gehen dürfen, als Vorgruppe etwa, und dafür bezahlen müssen. Die Stars machen das nicht nur, weil sie die neue Band so toll finden, sondern weil sie Geld dafür bekommen. Ein neuer Künstler benötigt ungefähr 150.000–500.000 Euro für Studioaufnahmen mit Musikern, Produzenten, Toningenieuren, Equipment etc. Das alles zusammen macht zwischen einer halben und zwei Millionen Euro Einsatz für einen neu unter Vertrag genommenen Künstler. Das ist ein hübsches Sümmchen. Die Musikindustrie investiert weltweit angeblich rund 4,5 Milliarden US-Dollar in Talente.

#Wie werden die Gelder des Audiostreamings verteilt?

Die meisten Abonnenten zahlen derzeit für Streamingangebote knapp 10 Euro pro Monat und bekommen dafür Zugang zu Millionen von Songs. CDs kosten im Handel meistens deutlich über 10 Euro, da ist das ein gutes Geschäft für die Hörer. Allerdings ist es schwer durchschaubar, wie die Gelder verteilt werden. Spotify ist die Plattform mit den meisten Abonnenten. Sie behält von den 10 Euro für sich 21 Prozent. Der Großteil, über 70 Prozent, geht an die Plattenlabels. Der Anteil, der für die Musiker bleibt, liegt bei 0,68 Prozent. Da fällt auch dem Laien auf, dass der Musiker in der Nahrungskette nicht den vordersten Platz belegt. Das Spektrum liegt bei Spotify je nach Bekanntheit zwischen 0,006 bis 0,0084 US-Dollar pro Stream. Laut Spotify kommt ein globales Hitalbum so auf 425.000 US-Dollar pro Monat. Ein kleineres auf 3000 US-Dollar im Monat. Da aber viele Musiker noch alte Verträge mit den Labels haben, kann es sein, dass darin das digitale Marketing nicht berücksichtigt wird und sie nur sehr gering vergüten. Daher kann man nicht generell sagen, was beim Musiker ankommt, von 5-6 Prozent der Einnahmen bis 50 Prozent ist da alles drin. Es gibt weitere Anbieter wie Napster. Da bekommt man 16,82 US-Dollar für 1000 Streams. Apple Music zahlt 7,83 US-Dollar für 1000 Streams und Amazon 7,40 US-Dollar. Offensichtlich gibt es hier einen großen Handlungsspielraum. Ich bin gespannt, wohin die Reise geht. Wie verdienen die Musiker denn sonst noch ihre Brötchen? So:

#Livekonzerte

Die Ticketpreise für Livekonzerte sind in den letzten Jahren deutlich gestiegen, denn darüber wird alles finanziert. Ein Beispiel: Depeche-Mode-Konzertkarten kosteten 2001 noch 45 Euro, 2018 waren es 93 Euro. Ed Sheeran-Konzertkarten schlagen mit 90 bis 120 Euro zu Buche. Die Stones wollen 488 Euro für eine reguläre Karte haben. Das ist noch mal eine andere Hausnummer. Der Hintergrund sind die sinkenden Einnahmen durch CD-Verkäufe. In den letzten Jahren wurde es immer schwerer, nur vom CD-Verkauf bzw. nur vom Streaming zu leben. Auf der anderen

Seite erwartet das Publikum immer spektakulärere Shows als noch vor ein paar Jahren. Alles muss größer, höher und toller sein. Und zu guter Letzt ist der Kartenhandel in der Hand von ein paar wenigen Anbietern, die die Preise diktieren können. Kleines Rechenbeispiel für die Konzertkarte von 42,50 Euro. Die teilen sich folgendermaßen auf: 12 Euro gehen für die Bühnentechnik, Strom und Miete ab. 10,98 Euro sind Steuern und Künstlersozialkasse. 8 Euro sind für Transport, Crew und Werbung einkalkuliert. 4 Euro gehen an den Künstler. Dann bekommt der Tickethändler 2,50 Euro, die GEMA 1,02 Euro, und wenn es gut läuft, gehen je 2 Euro an den Tourveranstalter und die Konzertagentur. Haben Sie kurz aufgepasst? Der Künstler geht mit 4 Euro von 42,50 Euro nach Hause. Nun haben wir die Zahlenwelt einmal näher angeschaut und gehen zurück auf das warme, kuschelige Sofa der Musikliebhaber.

Ohrwurm der Stunde

* »Simply the Best« von Tina Turner
* »Let Me Entertain You« von Robbie Williams

RODRIGUEZ. DER SPÄTE RUHM

ODER DIE GESCHICHTE EINER SEHR UNGEWÖHNLICHEN KARRIERE

Kommt Ihnen dieser coole Mann bekannt vor? Nein? Dann habe ich eine Geschichte für Sie. Im Musikgeschäft werden gerne Geschichten erzählt, deren Wahrheitsgehalt nicht zwingend sehr hoch ist. Aber wenn sie gut sind, werden sie auch gut verbreitet. Die Geschichte von einem Musiker, der cool aussieht, seine Musik im Gefängnis schreibt und sich eines Tages auf der Bühne vor dem Publikum erschießt, klingt abgefahren. Ein echter Popstar eben.

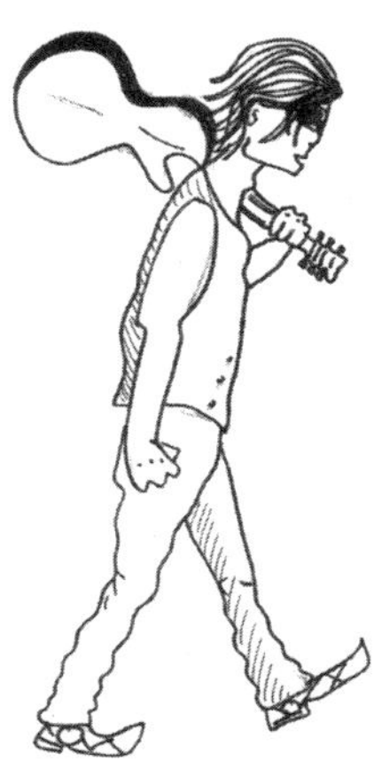

Reisen wir in der Zeit zurück. Wir schreiben das Jahr 1967. Detroit. Milieu der *working poor*: Arbeiter, die viel arbeiten, aber trotzdem arm bleiben. Ein junger Mann verdient sein Geld als Hilfsarbeiter auf Baustellen. Farbe abkratzen, Wände einreißen. Schwere körperliche Arbeit. Er schreibt und singt seine Lieder. Sein Name ist Rodriguez. In einer verrauchten, abgewrackten Kneipe wird er von einer Plattenfirma entdeckt. Er spielt ein Album mit seiner Musik ein. Die Themen kommen aus seinem Alltag und sind rau, echt und doch sehr poetisch. Das erste Album floppt. Er spielt ein zweites Album mit seinen Liedern ein. Das Album floppt erneut. Nur in Australien und Neuseeland verkaufen sich seine Alben verhalten. Er geht auf eine kurze Tour ans andere Ende der Welt. Es klappt aber nicht richtig. Er arbeitet weiter in Detroit als Bauarbeiter. Er versucht sich als Politiker. Das klappt auch nicht richtig. Er setzt sich für andere ein und studiert Philosophie. Aber er verlässt seine Bauarbeiterwelt nie.

Was er nicht weiß, ist, dass sein erstes Album später auf Umwegen nach Südafrika gelangt ist und sich dort unglaublich gut verkauft hat. In den 70ern haben die progressiven Leute in Südafrika drei Platten im Schrank: *Abbey Road* von den Beatles, *Bridge Over Troubled Water* von Simon & Garfunkel und ein »Cold Fact« Album von Rodriguez. Er ist dort bekannter als Elvis. Seine Songs werden zum Soundtrack im Kampf gegen die Apartheid. Aber da Südafrika in diesen Zeiten sehr isoliert ist, hat niemand Informationen über diesen mysteriösen Rodriguez. Die Legende von seinem Tod auf der Bühne hält sich erfolgreich.

Dann recherchieren zwei Musikjournalisten Anfang der 90er-Jahre zum Fluss der Tantiemen seiner Alben. Nach dem Motto »Folge dem Geld und du erfährst, wo es hinführt.« Es führt erst mal zu seiner alten Plattenfirma. Schließlich stöbern sie ihn durch mehrere Zufälle auf. Sie finden heraus, dass sich Rodriguez gar keine Kugel in den Kopf gejagt hat, sondern fleißig als Bauarbeiter arbeitet und Kinder großgezogen hat. Tantiemen von den verkauften Alben in Südafrika hat er allerdings wohl nie bekommen. Die Journalisten überreden ihn, nach Südafrika zu kommen. 1998 fliegt er dann tatsächlich hin und die Massen strömen. Am Anfang glauben die Menschen, es könnte ein großer PR-Coup sein. Eine falsche Person würde da Musik eines Toten spielen. Aber er ist es tatsächlich und spielt seine Musik. Die Konzerte sind umjubelt und Rodriguez kann es selbst nicht fassen. Eine späte, aber verdiente Anerkennung. Aus seinem Stoff wurde ein Dokumentarfilm gedreht *Searching for Sugar Man*, benannt nach seinem berühmtesten Song. Eine wundervolle Geschichte über die Hoffnung.

Ohrwurm der Stunde

* »Sugar Man« von Rodriguez

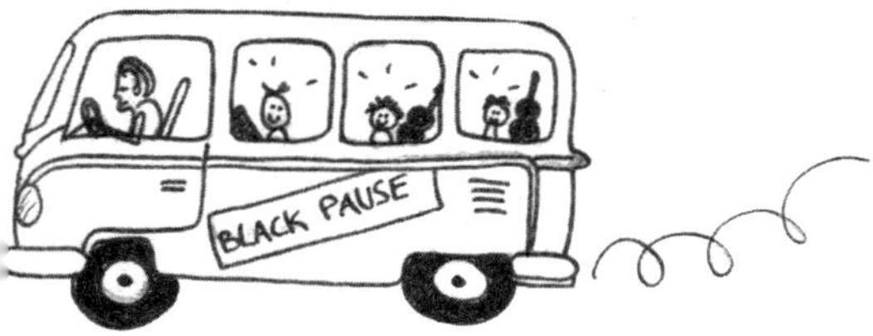

MEINE KLEINE GESCHICHTE

ODER EIN LEBEN ALS MUSIKER

Das Leben eines Musikers hatte ich mir als Teenager in den schillerndsten Farben ausgemalt. Das Paradies. Nicht wie in der Schule um 7 Uhr aufstehen, sondern erst, ich wollte richtig krass sein, um 8 Uhr. Das verband ich mit absoluter Freiheit und Rebellion. Den ganzen Tag Musik machen, keine Verantwortung für irgendwas, keine Mathe, keine Physik, nur das Klavier und ich. Und natürlich Sex, Drugs, Rock'n'Roll. Was das sein sollte, konnte ich mir nicht richtig vorstellen. Aber es klang so gut.

Mein gesamtes Wissen über die Musikwelt stammte aus dem Ersten Deutschen Fernsehen. Ich kannte in meiner ostdeutschen Kleinstadt außer Michael Jackson oder Prince auch niemanden, der von Musik leben konnte, außer einem Lehrer, der mit Karnevalsmusik sein Gehalt aufbesserte, und das wollte ich auf keinen Fall. Tusch, Witz, Tusch, Witz, das war nicht meine Vorstellung von einem Musikerleben. Nein, danke. In meiner Jugend gründete ich eine Schülerband mit meinen Kumpels unter dem merkwürdigen Namen »Black Pause«. Wir spielten mit Schlagzeug, Bass, Gitarre, Keyboard und Gesang. Es machte riesigen Spaß. Ich versuchte Lieder zu schreiben, die nach meinen Idolen klangen – Keimzeit und Element of Crime. Ich liebe sie noch immer. Die Erfüllung aller Träume wurde mir als 17-Jähriger zuteil: Vorband von Keimzeit in unserem Stadtteilzentrum. Ich war unglaublich aufgeregt. Wir wussten glücklicherweise nicht, wie schlecht wir waren, aber wir hatten Spaß. Danach kam der Sänger von Keimzeit zu mir und sagte: »Ihr spielt ganz schön, aber manchmal zerfällt die Musik wie Sand.« Ich mochte dieses Bild, hatte es zwar nicht verstanden, aber er hatte es gesagt. Da musste es stimmen. Man baut als Musiker eine Sandburg aus Musik, und wenn es nicht gut klingt, zerrinnt sie zwischen den Fingern. Wir probten und probten und probten. Die Magie der Musik zeigte sich mir in unserer Schülerband und wir verbrachten jedes Wochenende zusammen. Herrlich. Unsere Väter chauffierten uns durch die Gegend und Essen gab es bei den Müttern. Was für ein Leben: nur Musik, zu Gigs fahren und essen. Kein Wunder, dass es mein großes Ziel war, Musiker zu werden, Songs zu schreiben und wie Keimzeit durch die Gegend zu touren. Gesagt, gescheitert. Die höchste Stufe unseres Schülerbanderfolgs war, dass wir für ein paar Wochen einen Fanclub in der Nachbarstadt mit sage und schreibe fünf Fans hatten, die mit Fan-T-Shirts in der ersten und einzigen Reihe standen. Ich war happy!

Die Schülerband zog es nach dem Abitur auseinander. Anstelle von Konzerten mit eigener Musik folgten Auftritte als Amateurpianist mit Coversongs und ohne Gesang bei Rechtsanwaltskanzleieröffnungen und Gartenpartys mit anderen Musikern. Wir nannten es »Tapete spielen«. Man sollte da sein und Livemusik spielen, aber unauffällig wie eine Tapete. Andere sagen auch: Musik, die nicht beim Bügeln stört. Wir bezeichneten die Musik als Jazz. Glücklicherweise hatte unser Publikum in der Provinz keine große Ahnung vom Jazz und kaufte es uns ab.

Voller Naivität bewarb ich mich mit 18 Jahren an der Leipziger Musikhochschule für ein Jazzstudium, das so verlockend klang – und wurde tatsächlich genommen. Parallel dazu hatte ich es auch an der Berliner Universität der Künste probiert. Von dort kam danach ein schöner Brief, dass ich auf absehbare Zeit ein Studium nicht absolvieren könne, da mir die nötigen Fähigkeiten und das Talent fehlten. Ich habe das einfach ignoriert. Und nie bereut.

Ich habe Musik studiert und mit Konzertexamen abgeschlossen. Allerdings ist der Kosmos der Musikhochschulen eine Realität für sich. Hier geht es um höher, schneller, krasser, schräger, weiter. Ich stand vor einer

Literatur eines fremden Planetensystems – Jazz. Ich war geplättet. Außerdem musste ich akzeptieren, dass ich nicht aus der New Yorker Bronx, sondern aus einer ostdeutschen Stadt namens Dessau komme. New York und Dessau unterscheiden sich nur leicht, wie Sie sich denken können. New York war die Wiege des Jazz und Dessau nicht. Vor 100 Jahren war Dessau mal für ein paar Jahre ein Stern mit illustren Gästen. Hugo Junkers entwickelte seine Flugzeuge und baute Gasthermen. Das Bauhaus kam in die Stadt mit seinen Meistern Klee, Kandinsky und Gropius. Aber eben 100 Jahre her und nix mit Jazz. Was sollte ich machen. Üben!

Ich begann mein Leben als angehender Jazzmusiker sonntags im Leipziger Kempinski Hotel am Flügel. Dort sollte ich die mampfenden Brunchgäste mit leichten Jazz- und Popmelodien versorgen. Immerhin ein Anfang. Danach ging ich, als ich die Aufnahmeprüfung dort bestand, nach Berlin an die Musikhochschule Hanns Eisler. Nicht mehr Kempinski Leipzig, dafür wieder Rechtsanwaltskanzleieröffnungen und Sommerfeste in Berlin. Dann war Zeit für etwas Neues, etwas Eigenes. Mit Freunden und der Sängerin der Schülerband nahm ich die erste CD auf. Goodbye Sommerfeste. Wir begannen Konzerte zu spielen mit unserer selbst komponierten Musik. Ich war im siebten Himmel, sogar Sony veröffentlichte Alben von uns. Wir nannten die Band nach unserer Sängerin das Cristin Claas Trio. Es existiert bis heute.

Dann überlegte ich schwer, ob ich die in meinem Studium erworbenen Fähigkeiten für immer in Jazzclubs vor Rotwein trinkenden älteren Herren präsentieren wollte. Als ich diese Frage verneinte, gründete ich mit anderen Freunden eine Band, um in Clubs Jazz mit elektronischer House-Musik zu verbinden. Das brachte mich viele Jahre zu nachtschlafender Zeit mit tanzwütigen Menschen zusammen. Die Band nannten wir ye:solar. Als musikalischen Gegenpol dazu begann ich tagsüber an Klavier-Solokonzerten zu arbeiten. Ich improvisierte leidenschaft-

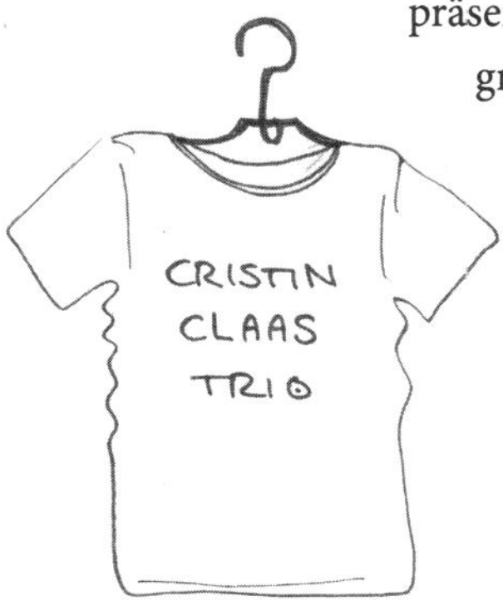

lich über klassische Musikstücke. Am Anfang realisierte ich, dass es für einen Piano-Soloabend schon ein Erfolg ist, wenn vor der Bühne mehr Menschen sitzen als auf der Bühne. Das sollte sich erst langsam ändern.

Das Leben ging weiter und ich brauchte neue Herausforderungen. Auf der Bühne fand ich es irgendwann eintönig, zwischen den Stücken zu sagen: »Das nächste Stück schrieb Herr Bach im Jahr 1723.« Das ist interessant, aber nicht immer aufregend. Fazit: Meine Ansagen wurden länger. Das Erzählen von wahren Geschichten, vermischt mit echtem Quatsch, war einfach verlockend. Mit einem Freund schloss ich eine Wette ab. Er wettete, dass ich mich nicht trauen würde, auf eine Bühne zu gehen und einen eigenen musikalischen Kabarettabend zu spielen. Nun, ich wettete dagegen und er organisierte wirklich einen Auftritt für mich. Oje. Ich machte mich daran, ein eigenes Programm auf die Beine zu stellen. Kennen Sie Prokrastination? Das ist ein schönes Wort dafür, Dinge immer wieder zu vertagen, und die Tage wurden immer weniger. Falls Sie sich fragen, ob das beim ersten Auftritt gut gegangen ist, sage ich ehrlich: »Nein, ist es nicht.« Das hat mich aber nicht davon abgehalten, Spaß dabei zu haben. Es gibt einen schönen Merksatz im Kabarett: Untergehen ist okay, aber nur mit großer Freude! Ich hatte Blut geleckt, das wollte ich noch viel öfter erleben.

Bei einem Auftritt als Pianist in Berlin-Hohenschönhausen lernte ich den Kabarettisten Dr. Eckart von Hirschhausen kennen, der dort moderierte. Seit dieser Zeit begleite ich seine Liveauftritte als sein Bühnenpianist. Mein erster eigener Kabarettabend (also streng genommen der zweite, nach dem verunglückten) bekam den Titel »Alle sind musikalisch! (außer manche)« – und das ist der Grund dafür, dass Sie dieses Buch in den Händen halten können, denn ohne dieses Programm gäbe es das Buch nicht. Aber, nur als kleine Information, mein Liveprogramm enthält sehr viel mehr Livemusik als dieses Buch. Da bekommen Sie ein Best of der Geschichten und noch ganz anderes auf der Bühne zu hören. Wir sehen uns – alle (außer manche)!

Ohrwurm der Stunde

* »Weißes Papier« von Element of Crime
* »Kling Klang« von Keimzeit

AUFLÖSUNG DER RÄTSEL

Kapitel »Noten lesen lernen«, S. 277: D, F, Ges, A, Bb, E, Ais, Des
Kapitel »Ganz- und Halbtonschritte – der Code«, S. 281/282: Ganzton, Halbton, Halbton, Ganzton
Kapitel »Intervalle – der Rest«, S. 297: Quinte, kleine Sexte, kleine Sekunde, große Sekunde
Kapitel »Der Rhythmus«, S. 303 (Eichhörnchen); S. 305 (Pausen):

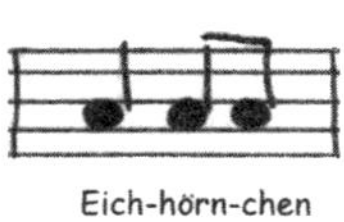

Viertelpause, Achtelpause

Kapitel »Akkorde«, S. 312: Dur, Moll, Dur
Kapitel »Die Melodie«, S. 331: Eine kleine Nachtmusik von Mozart

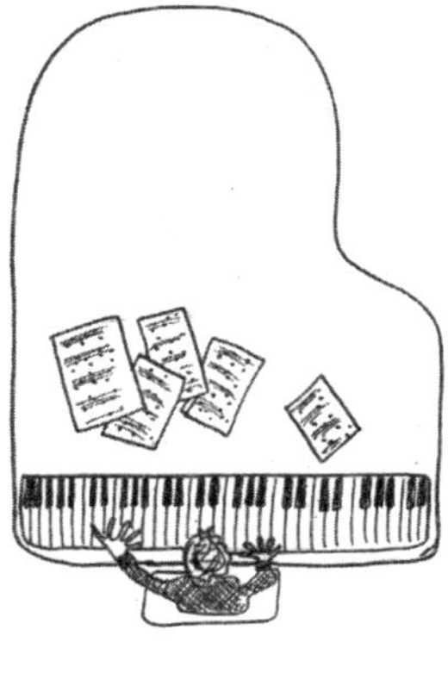

DANKSAGUNG

Mein Dank gilt zu allererst meiner Frau Catrin, die mir mit Rat und Tat zur Seite gestanden hat, dieses Buch Wirklichkeit werden zu lassen. Vielen Dank an dich! Ohne dich hätte ich das nicht geschafft.

Des Weiteren möchte ich mich bei meiner Lektorin Angelika Winnen für ihre Geduld und Sachkenntnis bedanken und natürlich bei der Illustratorin Inka Hagen, die diese herrlichen Bilder gezeichnet hat. Jessica Hein vom Heyne Verlag gilt mein besonderer Dank. Sie hat dieses Buchprojekt von Anfang an intensiv begleitet.

Ganz herzlichen Dank auch an Daniel Wichmann für die Initialzündung sowie allen Ideengebern, Unterstützern und Musikverrückten.
Es hat mir große Freude gemacht, dieses Buch zu schreiben.